憲法判例研究

〔16〕

社團
法人 韓國憲法判例研究學會 編

집 현 재

STUDIES ON CONSTITUTIONAL CASES

[16]

Edited by
Korean Association of Constitutional
Case Studies

JypHyunJae Publishing Co.
Seoul, Korea

머 리 말

헌법은 역사의 산물인 동시에 그 자체가 과정으로서 역사이다. P. Kirchhof의 말을 빌리면 헌법은 "당대의 문화수준과 이 문화수준과 교섭하는 법사상에 따라 형성되는, 법에 대한 지금 여기에서의 기초적인 질문에 대한 답"(Das Gesetz der Hydra Gebt den Bürgern ihren Staat zurück!, Dreomer, 2006. 116면)이다. 역사교과서 국정화를 둘러싸고 격한 논란이 이어지고 있다. 토론과 대화가 아니라 거의 전쟁의 양상이다. 찬반의 입장을 떠나서 우리 문화의 현황과 그것을 가늠해볼 수 있는 담론의 수준에 대하여 많은 생각을 하게 한다. 예상컨대 헌법재판소에게 또 하나의 난제가 주어질 것 같다. 역사와 역사교육에 대하여 헌법이 주는 답은 무엇인가?

2014년도에도 통합진보당 해산결정을 비롯하여 중요한 헌법판례들이 적지 않았다. 그중에 극히 일부만을 다룰 수밖에 없는 것이 못내 아쉽고, 그나마 이런저런 사정으로 평석원고를 수합하는 것조차 여의치 않은 것도 안타깝다. 이런 상황에서 기꺼이 옥고를 내어준 필자들에게 심심한 사의를 표한다.

올해부터 발행일을 종전까지 2월 말로 하였던 것을 6월 말로 변경하였다. 전년도 헌재 판례를 대상으로 한 평석을 내용으로 하기 때문에 2월 말은 전체적으로 촉박하기도 하거니와, 특히 후반기나 연말에 나오는 판례들의 경우 좀 더 깊은 연구를 위해서는 시간이 더 필요하다는 점을 고려하였다.

다시 한 번 필자들에게 감사의 뜻을 전하고, 집현재 위 호준 대표에게도 번창기원으로 사의를 대신한다.

2015년 6월

한국헌법판례연구학회장 **이 덕연**

目 次

Table of Contents

2014년 중요헌법판례

강일신* · 정필운**

[국문초록]

본고는 2014년 헌재 활동을 통계를 통해 살펴보고, 2014년 헌재 결정들 중 헌법이론적으로 중요한 의미를 갖거나 국민생활에 영향을 미치는 결정 10개를 선정하여 개괄적으로 소개하고 분석하였다.

2014년 헌재는 전년도 미제사건 743건 이외에, 1,969건을 새롭게 접수하여 총 2,712건 접수사건 중 1,888건(1,865건 결정, 23건 취하)을 처리하여 결과적으로 824건 미제사건을 남겼다. 인용사건을 사건유형별로 살펴보면, 위헌법률심판에 대한 인용이 7건(위헌결정 3건, 헌법불합치결정 1건, 한정위헌결정 3건), 정당해산심판에 대한 인용이 1건, 권리구제형 헌법소원심판에 대한 인용이 30건(위헌결정 3건, 헌법불합치결정 11건, 인용 16건), 규범통제형 헌법소원심판에 대한 인용이 8건(위헌결정 5건, 헌법불합치결정 3건)이었다.

내용적 측면에서, 2014년에는 선거제도, 정당제도 등 민주적 정치제도 관련사건들 중 주목할 만한 결정들이 많았다. 선거구간 인구편차 허

* 연세대학교 법학연구원 연구교수, 법학박사
** 한국교원대학교 일반사회교육과 교수(공법학), 법학박사

용기준을 강화하고, 수형자·재외국민의 참정권을 확대하는 결정이 내려졌으며, 정당등록취소규정에 대한 위헌성이 확인되어 실질적으로 민주적 의사형성에 참여하는 정당의 정당설립의 자유가 보장되었다. 한편, 헌정사상 처음으로 위헌정당해산심판이 제기되어 요건 등에 대하여 헌법이론적으로 해명하는 계기도 마련되었다. 기본권영역에서도 관행화된 수사기관의 피의자신상 언론공개를 제어하는 결정이 내려졌으며, 형량만 가중하면서 검사에게 기소재량을 허용하는 특별형법조항의 위헌성이 확인되었고, 야간시위 전면금지에 대한 한정위헌결정도 있었다.

이처럼, 2014년에도 헌재는 헌정질서·기본권 수호자로서 역할을 충실히 수행했음에도 불구하고, 민주적 정치과정에 맡겨두어야 할 정당해산을 무리하게 인정하였다는 비판, 야간시위 전면금지에 대한 한정위헌결정에서처럼 권력분립에 반할 소지가 있는 내용의 결정유형을 선택함으로써 권한을 유월했다는 비판 또한 제기되었다. 권한을 무리하게 확장하기보다는 합리적이고 설득력있는 논증을 통해서 국민일반을 설득하려는 노력이 필요할 것으로 보인다.

[핵심어]
헌법재판, 헌법재판소, 위헌법률심판, 위헌정당해산심판, 헌법소원심판

Ⅰ. 머리말

우선, 2014년 한해 우리 헌법재판소(이하, 헌재) 활동을 통계로 살펴보면 다음과 같다.[1)]

1) 헌법재판소 홈페이지(http://www.ccourt.go.kr/cckhome/kor/info/selectEventGeneralStats.do) 참조.

〈2014년 헌재 심판사건 통계〉

구분		접수	처리											미제
			위헌	헌법불합치	한정위헌	한정합헌	인용	합헌	기각	각하	기타	취하	계	
위헌법률		26	3	1	3			6		1			14	50
탄 핵														
정당해산							1						1	
권한쟁의		1								1		1	2	3
헌법소원	§68①	1,440	3	11			30		151	1,155 (1,114)		18	1,368	440
헌법소원	§68②	502	5	3				98		393 (364)		4	503	331
헌법소원	계	1,942	8	14			30	98	151	1,548 (1,478)		22	1,871	771
합계		1,969	11	15	3		31	104	151	1,550 (1,478)		23	1,888	824

※ 각하사건 중 ( )안에 기재된 숫자는 지정재판부처리사건을 뜻함.

2014년 헌재는 전년도 미제(未濟)사건 743건 이외에 1,969건을 새롭게 접수하여 총 2,712건 접수사건 중 1,888건(1,865건 결정, 23건 취하)을 처리하여 결과적으로 824건 미제사건을 남겼다. 새로 접수된 사건을 사건유형별로 살펴보면 헌법소원심판사건이 1,942건으로 압도적으로 많았고, 그 중 권리구제형 헌법소원심판사건(헌재법 제68조 제1항)은 1,440건, 규범통제형 헌법소원심판사건(헌재법 제68조 제2항)은 502건이었다. 위헌법률심판사건은 26건, 권한쟁의심판사건은 1건이 새롭게 접수되었으며, 헌재 출범이후 처음으로 위헌정당해산심판사건 1건이 접수·처리되었다. 탄핵심판사건 접수는 없었다.

사건처리내용을 보면, 위헌결정이 11건, 헌법불합치결정이 15건, 한정위헌결정이 3건으로 총 29건 사건에서 위헌이 선언되었다. 한편, 권리구제형 헌법소원심판사건에 대한 인용건수는 30건, 권한쟁의심판사건에 대한 인용건수는 0건, 정당해산심판사건에 대한 인용건수는 1건이었다. 인용사건을 다시 사건유형별로 살펴보면, 위헌법률심판사건에 대한 인용이 7건(위헌결정 3건, 헌법불합치결정 1건, 한정위헌결정 3건), 정당해산심판사건에 대한 인용이 1건, 권리구제형 헌법소원심판사건에 대한 인용이 30건(위헌결정 3건, 헌법불합치결정 11건, 인용 16건), 규범통제형 헌법소원심판사건에 대한 인용이 8건(위헌결정 5건, 헌법불합치결정 3)이었다.

전체적으로, 위헌법률심판사건 접수는 예년수준을 유지하였으나, 헌법소원심판사건 접수가 급격히 늘어남으로써, 예년보다 많은 사건을 처리하였음에도 불구하고 미제사건이 늘어나고, 인용율도 하락한 것으로 보인다.[2)] 새로운 권한쟁의심판사건 접수는 없었던 반면, 헌정사상 처음으로 위헌정당해산심판이 접수·인용되었다. 내용적 측면에서는, 정당제도, 선거제도 관련하여 중요한 결정들이 선고되었고, 인격권, 평등권 등 관련하여서도 주목할 만한 결정들이 내려졌다. 본고는 2014년 헌재가 행한 결정들 중 헌법이론적으로 음미해볼 필요성이 있거나 국민생활에 중대한 영향을 미치는 결정 10개를 선정하여 개괄적으로 소개·분석하였다. 해당 결정들에 대한 정치한 분석은 이어지는 평석논문들을 참고하기 바란다.

---

2) 헌법소원심판사건 급증으로 인해 헌재 출범이후 가장 많은 1,888건 사건을 처리하였음에도 불구하고(전년 대비 303건 증가), 미제사건이 늘었으며(전년 대비 81건 증가), 인용율도 하락하였다(전년 대비 1.4% 하락). 한편, 주춤하던 헌법소원심판사건 청구건수가 늘어나고 있는 원인에 대해서는 접수사건 유형·내용을 분석하는 (헌)법사회학적, 경험적 연구가 필요할 것으로 판단된다.

Ⅱ. 중요결정례

1. 공직선거법 제25조 제2항 별표 1 위헌확인 등[3)]

(1) 사건개요

대전, 수원, 용인, 천안 등에 거주하는 청구인들이 공직선거법상 국회의원선거구구역표가 전국 선거구 평균인구수 기준 인구편차 상하 50%를 기준으로 작성되었으며, 일부 행정구를 분할하여 자의적으로 다른 선거구에 통합함으로써, 자신들의 선거권·평등권을 침해한다고 주장하면서 헌법소원심판을 청구한 사건이다.

(2) 결정내용

헌재는 전국 선거구 평균인구수 기준 인구편차 상하 50%이던 선거구구역표 위헌성 판단기준을 인구편차 상하 33$\frac{1}{3}$%로 강화하면서, 선거구구역표 중 인구편차 상하 33$\frac{1}{3}$% 기준을 넘어서는 선거구에 관한 부분은 청구인들의 선거권·평등권을 침해한다고 확인하면서, 계속적용 헌법불합치결정을 내렸다.[4)]

헌재는 "인구편차 상하 33$\frac{1}{3}$%를 넘어 인구편차를 완화하는 것은

3) 헌재, 2014. 10. 30. 선고, 2012헌마190·192·211·262·325, 2013헌마781, 2014헌마53(병합), 판례집 26-2(상), 668.

4) 헌재는 재·보궐선거가 실시될 경우 국회의원지역선거구구역표가 존재하지 아니하게 되는 법의 공백이 생기게 될 우려가 큰 점 등을 고려하여 계속적용 헌법불합치결정을 내렸다. 한편, 일부 행정구를 분할하여 자의적으로 다른 선거구에 통합하였다는 청구(이른바 '게리멘더링' 주장)에 대해서는, 선거구간 인구편차를 줄일 수 있는 다른 방법을 찾기 어려웠고, 지역적 인접성으로 인해 생활환경, 교통, 교육환경 등이 유사하기 때문에, 국회가 특정 지역에 주소지를 두고 있는 선거인을 차별하고자 하는 의도를 가지고 있었다거나 이러한 선거구획정으로 인해 선거인들에 대한 실질적인 차별효과가 명백하게 드러났다고 볼 수도 없다는 이유로 기각하였다.

지나친 투표가치의 불평등을 야기하는 것으로, 이는 대의민주주의의 관점에서 바람직하지 아니하"다고 보면서, "국회를 구성함에 있어 국회의원의 지역대표성이 고려되어야 한다고 할지라도 이것이 국민주권주의의 출발점인 투표가치의 평등보다 우선시 될 수는 없다"고 선언했다. 헌재는 구체적인 판례변경 이유로 ① "지방자치제도가 정착되어 지역대표성을 이유로 헌법상 원칙인 투표가치의 평등을 현저히 완화할 필요성이 예전에 비해 크지 아니하다"는 점, ② "인구편차의 허용기준을 완화하면 할수록 과대대표되는 지역과 과소대표되는 지역이 생길 가능성 또한 높아지는데, 이는 지역정당구조를 심화시키는 부작용을 야기할 수 있다"는 점, ③ "같은 농·어촌 지역 사이에서도 나타날 수 있는 이와 같은 불균형은 농·어촌 지역의 합리적인 변화를 저해할 수 있으며, 국토의 균형발전에도 도움이 되지 아니한다"는 점 등을 제시하였다.

한편, 위와 같은 법정의견에 대해서 재판관 3인이 반대의견을 내놓았다.[5] 반대의견은 현상황이 헌재가 인구편차 상하 50%를 기준으로 위헌 여부를 판단하였던 2001년 상황과 별반 다르지 않다고 판단하였다. 반대의견은 인구편차 상하 50%를 기준으로 위헌성을 판단하여야 하는 이유로 ① "도농 간에 나타나고 있는 경제력의 현저한 차이나 인구 격차는 아직도 해소되지 않고 있어, 지역이익이 대표되어야 할 이유는 여전"하다는 점, ② "단원제를 채택하고 있는 우리나라는 일원화되어 있는 의회에서 지역이익도 함께 대표될 수 있어야 하므로 국회의원 선출시 지역대표성을 감안한 제도의 마련이 필요하"다는 점, ③ "선거구 획정에 있어 행정구역의 분리 금지 및 국회의원정수 고정과 같은 선거구 조정에 관한 공직선거법상 장애 요소 역시 존속하고 있다" 점 등을 제시하였다.

5) 재판관 박한철, 재판관 이정미, 재판관 서기석의 반대의견, 판례집 26－2(상), 690.

(3) 평가

헌재는 95헌마224·239·285·373(병합) 사건에서 인구편차 상하 60%를 초과하는 국회의원 선거구구역표를 위헌으로 판단한 이래, 2000헌마92·240(병합) 사건에서는 위헌성 판단기준을 강화하여 인구편차 상하 50%를 초과하는 국회의원 선거구구역표를 위헌으로 판단한 바 있다. 한편, 2000헌마92·240(병합) 결정에서 헌재는 위헌성 판단기준 강화를 예고하였던 바,[6] 금번 결정은 엄격한 심사척도 적용을 통해, 선거구획정에 있어서 인구비례원칙에 따른 투표가치 평등이 기본적이고 일차적인 기준이라는 입장을 확인하면서, 여타의 고려요소들로 인해 평등선거원칙이 훼손될 수 없음을 강조하였다는데 의미가 있다. 민주적 정치과정을 형성하는 선거제도와 관련하여서 만큼은 헌재가 엄격한 심사척도를 적용함으로써 민주적 의사형성과정이 왜곡되지 않도록 하는 동시에 선거권을 실질적으로 보장하는 역할을 수행해야 한다는 점을 고려할 때, 긍정적으로 평가할 수 있는 결정이다.

2. 공직선거법 제18조 제1항 제2호 위헌확인 등[7]

(1) 사건개요

청구인들은 집행유예를 선고받았거나 징역형을 선고받고 복역중인

6) "우리 재판소가 선거구획정에 따른 선거구간의 인구편차의 문제를 다루기 시작한지 겨우 5년여가 지난 현재의 시점에서 너무 이상에 치우친 나머지 현실적인 문제를 전적으로 도외시하기는 어렵다고 할 것이어서, 이번에는 평균인구수 기준 상하 50%의 편차를 기준으로 위헌 여부를 판단하기로 한다. 그러나, 앞으로 상당한 기간이 지난 후에는 인구편차 상하 $33\frac{1}{3}$% 또는 그 미만의 기준에 따라 위헌 여부를 판단하여야 할 것이다." 헌재 2001. 10. 25. 선고, 2000헌마92·240(병합), 판례집 13-2, 515. 금번 결정에서 법정의견, 반대의견간 대립지점은 2001년 결정에서 언급한 "상당한 기간" 경과함으로써 위헌성 판단기준을 강화할 필요성이 있는 상황변화가 있었는지를 둘러싼 것이라고 할 수 있다.

7) 헌재 2014. 1. 28. 선고, 2012헌마409·510, 2013헌마167(병합), 판례집 26-1(상), 136.

사람들로서, 형이 확정됨에 따라 제19대 국회의원선거에서 "선거권이 없는 자"에 해당한다는 이유로 선거권을 행사하지 못하였다. 이에, 청구인들이 관련규정이 자신들의 선거권을 침해한다는 이유로 헌법소원심판을 청구한 사건이다.

(2) 결정내용

헌재는 관련규정이 선거권을 침해하고, 보통선거원칙에 위반하여 집행유예자와 수형자를 차별취급하는 것으로서 평등원칙에도 어긋난다고 보아, 관련규정 중 집행유예자에 관한 부분에 대해서는 단순위헌결정을 선고하고, 수형자에 관한 부분에 대해서는 선거권을 부여하는 구체적인 방안이 입법형성의 범위에 놓여있다는 이유로 헌법불합치결정을 선고하였다.

헌재는 "범죄자에게 형벌을 내용으로 선거권을 제한하는 경우에도 선거권 제한 여부, 적용범위의 타당성에 관해 보통선거원칙에 입각한 선거권 보장과 그 제한의 관점에서 헌법 제37조 제2항에 따라 엄격한 비례심사를 해야 한다"고 보았다. 이에 기초하여 헌재는 엄격한 비례심사를 수행하였는 바, 우선 관련규정은 "시민으로서 책임성을 함양하고 법치주의에 대한 존중의식을 제고하는 데도 기여할 수 있"다는 점에서 입법목적의 정당성, 수단의 적합성을 갖추었다고 판단하였다. 하지만, 헌재는 관련규정이 "집행유예자와 수형자에 대하여 전면적·획일적으로 선거권을 제한하고 있"는 바, "구체적인 범죄의 종류나 내용, 불법성의 정도 등과 관계없이 이와 같이 일률적으로 선거권을 제한하여야 할 필요성이 있다고 보기는 어"렵기 때문에, 관련규정에 따른 선거권제한은 침해최소성원칙에 어긋난다고 보았다. 아울러, 헌재는 관련규정을 통해 "달성하고자 하는 '중대한 범죄자에 대한 제재나 일반 시민의 법치주의에 대한 존중의식 제고' 등의 공익보다 이로 인하여 침해되는 '집행유예자와 수형자 개인의 사익 또는 민주적 선거제도의 공익적 가치'가 더 크다"고 보아, 관련규정이 법익균형성에도 어긋난다고 판단하였다. 다만, 수형자 부분에 관해서는 "위헌성을 제거하고 수형자에게 헌법합치적으로 선거권을 부여하는 것은 입법자의 형성재량에 속"한다는 이유를 들어, 단순위헌이 아닌 헌법불합치결정을 선고하였다.

한편, 수형자에 대한 제재가 "참정권 중 가장 기본적 권리인 선거권을 제한하는 방법으로 발현되어야 하는 것은 아니"며, 선거권제한이 "수형자가 정상적이고 자유로운 사회생활에 복귀하기 위한 목적에 부응하"지도 않기 때문에, 입법목적의 정당성을 인정할 수 없고, 따라서 헌법적으로 허용될 수 없다는 반대의견이 제시되었다.[8] 반면, 수형자의 경우, "범행의 불법성이 커 공동체로부터 격리돼 정상적인 사회생활이 불가능해진 경우이므로 격리기간 동안 통치조직의 구성과 공동체의 방향을 결정짓는 선거권을 정지시키는 것은 과도한 것이라고 보이지 않는다"는 이유를 들어 수형자에 대한 선거권제한은 합헌이라는 반대의견도 제시되었다.[9]

(3) 평가

헌재는 2002헌마411, 2007헌마1462 결정에서, 두 차례에 걸쳐 수형자의 선권제한이 합헌이라고 판단한 바 있다.[10] 금번 결정은 선거권제한

---

8) 재판관 이진성의 집행유예자 부분에 대한 별개의견 및 수형자 부분에 대한 위헌의견, 판례집 26－1(상), 148. 이 반대의견은 수형자 부분에 대해서도 단순위헌을 선언해야 한다는 견해를 내놓았다.

9) 재판관 안창호의 수형자 부분에 대한 반대의견, 판례집 26－1(상), 150. 이 반대의견은 "선거권이란 천부의 자연권이 아니라 헌법 제24조에 근거해 법률이 정하는 바에 의하여 보장되는 실정권이므로 그에 대한 입법은 그것이 현저히 불합리하고 불공정한 것이 아닌 한 원칙적으로 입법자의 재량영역에 속한다"고 하여, 엄격심사를 수행한 법정의견에 반대되는 전제하에서 심사를 수행하였다.

10) 2002헌마411 결정에서는 재판관 1인의 위헌의견이 있었으나, 8인의 합헌의견에 따라 합헌결정이 내려졌고, 2007헌마1462 결정에서는 재판관 5인의 위헌의견이 있었으나 재판관 3인이 기각의견을, 재판관 1인이 각하의견을 표명함으로써, 인용정족수에 이르지 못하여 심판청구를 기각하였다.

과 관련하여 집행유예자에 대해서는 위헌결정을, 수형자에 대해서는 헌법불합치결정을 내림으로써, 수형자 선거권제한과 관련하여 끊임없이 제기되어온 위헌성논란을 일단락시면서, 수형자의 선거권을 인정하는 세계적인 추세에 부응하였다는데 의미가 있다. 아울러, 금번 헌재 결정이 민주적 헌법국가에서 국민주원원리·민주주의원리 실현을 위해 참정권이 갖는 중요성을 확인하면서, 설령 범죄인이라고 하더라도, 선거권제한에 관한 한, 엄격한 비례심사를 수행해야 함을 확인했다는 측면에서 긍정적으로 평가할 수 있다.[11] 한편, 금번 결정에서 헌재는 수형자 선거권제한과 관련하여, "범죄의 중대성과 선고형의 관계, 선거의 주기 등을 종합적으로 고려하여 선거권제한의 기준이 되는 선고형을 정하고, 일정한 형기 이상의 실형을 선고받아 그 형의 집행 중에 있는 수형자의 경우에만 선거권을 제한하는 방식으로 입법하는 것이 바람직하다"는 견해를 피력하였는 바, 이에 입법자는 시민적 책임성을 담보하면서도 수형자 선거권을 보장할 수 있는 균형점 발견해야만 하는 임무를 떠안게 되었다.

3. 공직선거법 제218조의4 제1항 등 위헌확인[12]

(1) 사건개요

① 주민등록이 되어 있지 않고 국내거소신고도 하지 않은 재외국민에게 임기만료지역구국회의원선거권을 인정하지 않는 공직선거법 관련규

11) 헌법 제24조는 모든 국민은 "법률이 정하는 바에 의하여" 선거권을 갖는다고 규정하고 있지만, 이는 선거권을 법률을 통해 구체적으로 실현·보장하라는 취지이지, 선거권에 관한 입법자의 폭넓은 형성재량이 인정된다는 의미는 아니다. 따라서, 안창호 재판관의 반대의견은 선거권 제한입법에 대한 위헌성심사와 관련하여 이론적으로 문제점을 안고 있다. 전통적인 (천부적) 자유권에 속하는지 여부에 따라 입법재량 존중 정도를 결정할 것이 아니고, 헌법국가에서 당해 기본권이 수행하는 기능에 따라 입법재량 존중 정도를 결정해야 할 것이기 때문이다.

12) 헌재 2014. 7. 24. 선고, 2009헌마256, 2010헌마394(병합), 판례집 26-2(상), 173.

정, ② 재외선거인으로 하여금 선거를 실시할 때마다 재외선거인 등록신청을 하도록 한 공직선거법 관련규정, ③ 재외선거인에게 국회의원 재·보궐선거의 선거권을 인정하지 않는 공직선거법 관련규정, ④ 인터넷투표방법이나 우편투표방법을 채택하지 아니하고 원칙적으로 공관에 설치된 재외투표소에 직접 방문하여 투표하는 방법을 채택한 공직선거법 관련규정, ⑤ 주민등록이 되어 있지 않고 국내거소신고도 하지 않은 재외국민에게 국민투표권을 인정하지 않는 국민투표법 관련규정 등이 재외국민인 청구인들의 선거권, 국민투표권을 침해한다고 주장하면서 헌법소원심판을 청구한 사건이다.

(2) 결정내용

헌재는 주민등록이 되어 있지 않고 국내거소신고도 하지 않은 재외국민에게 국민투표권을 인정하지 않는 국민투표법 관련규정에 대해서만 계속적용을 명하는 헌법불합치결정을 선고하고(⑤에 대한 판단),[13] 나머지 청구는 모두 기각하였다(① - ④에 대한 판단).

헌재는 "전국을 단위로 선거를 실시하는 대통령선거와 비례대표국회의원선거에 투표하기 위해서는 국민이라는 자격만으로 충분한 데 반해, 특정한 지역구의 국회의원선거에 투표하기 위해서는 '해당 지역과의 관련성'이 인정되어야 한다"고 전제하면서, 국내거소신고도 하지 않은 재외국민에게 임기만료지역구국회의원선거권을 인정하지 않는 조항이 재외선거인의 선거권을 침해하거나 보통선거원칙에 위배된다고 볼 수 없다고 판단했다(①에 대한 판단). 다음으로, 헌재는 재외선거인으로 하여금

13) 헌재는 "국민투표법조항이 위헌으로 선언되어 즉시 효력을 상실하면 국민투표를 실시하고자 하여도 투표인명부를 작성할 수 없게 되므로, 입법자가 국민투표법조항을 개선할 때까지 일정 기간 국민투표법조항을 잠정적으로 적용할 필요가 있"고, "국민투표의 절차상 기술적인 측면과 국민투표의 공정성 확보의 측면에서 해결되어야 할 많은 문제들이 존재"한다는 이유를 들어, 현행 국민투표권조항에 대하여 개선입법이 있을 때까지 계속적용을 명하였다.

선거를 실시할 때마다 재외선거인 등록신청을 하도록 하는 것은 "해당 선거에서 투표할 권리가 있는지 확인함으로써 투표의 혼란을 막고, 선거권이 있는 재외선거인을 재외선거인명부에 등록하기 위한 합리적인 방법"이므로, 재외선거인의 선거권을 침해하지 않는다고 판단했다(②에 대한 판단). 또한, 헌재는 "잦은 재·보궐선거는 재외국민으로 하여금 상시적인 선거체제에 직면하게 하는 점, 재외 재·보궐선거의 투표율이 높지 않을 것으로 예상되는 점, 재·보궐선거 사유가 확정될 때마다 전 세계 해외 공관을 가동하여야 하는 등 많은 비용과 시간이 소요된다는 점을 종합적으로 고려"해볼 때, 재외선거인에게 국회의원의 재·보궐선거권을 부여하지 않은 것이 재외선거인의 선거권을 침해하거나 보통선거원칙에 위배된다고 볼 수 없다고 보았다(③에 대한 판단). 나아가, 헌재는 "입법자가 선거 공정성 확보의 측면, 투표용지 배송 등 선거기술적인 측면, 비용 대비 효율성의 측면을 종합적으로 고려"해볼 때, 인터넷투표방법이나 우편투표방법을 채택하지 아니하고 원칙적으로 공관에 설치된 재외투표소에 직접 방문하여 투표하는 방법을 채택한 것은 현저히 불공정하고 불합리하다고 볼 수는 없으므로 재외선거인의 선거권을 침해하지 않는다고 보았다(④에 대한 판단). 다만, 헌재는 "헌법 제72조의 중요정책 국민투표와 헌법 제130조의 헌법개정안 국민투표는 대의기관인 국회와 대통령의 의사결정에 대한 국민의 승인절차에 해당한다"고 보면서, "재외선거인은 대의기관을 선출할 권리가 있는 국민으로서 대의기관의 의사결정에 대해 승인할 권리가 있으므로, 국민투표권자에는 재외선거인이 포함된다"고 판단했다. 아울러, 이처럼 "국민의 본질적 지위에서 도출되는 국민투표권을 추상적 위험 내지 선거기술상의 사유로 배제하는 것은 헌법이 부여한 참정권을 사실상 박탈한 것과 다름없"는 바, 재외선거인의 국민투표권을 제한한 국민투표법은 재외선거인의 국민투표권을 침해한다고 보았다(⑤에 대한 판단).

한편, "자유위임제도를 채택하고 있는 헌법 하에서 국회의원은 해당 선거구에서 선출되기는 하나, 선거모체인 선거구의 선거인이나 정당의 지령에도 법적으로 구속되지 아니하는 '국민의 대표'"임을 고해볼 때, 재외선거인으로부터 지역구국회의원 선거권을 박탈하는 것은 "국회의원의 국민대표성에 정면으로 반하"는 것으로서 보통선거원칙에 위배될 뿐만 아니라, 투표의 계산가치 불평등, 의석배분에 있어서 결과가치 불평등을 초래하는 것으로서 평등선거원칙에도 위배되고, 동시에 선거권을 침해라는 반대의견이 제시되었다(①에 대한 반대의견).[14] 다른 한편, 재외선거인으로 하여금 직접 공관을 방문하여 투표하는 방법만을 허용하는 것은 "재외공관이 설치되지 않은 국가에 거주하는 재외선거권자, 공관으로부터 멀리 떨어진 지역에 거주하는 재외선거권자 등의 선거권을 실질적으로 보장해주지 못하는" 문제점이 있고, "부정행위를 방지하면서 재외국민의 선거권을 실질적으로 보장하는 방법을 강구할 수 있는데도 불구하고, 직접 공관을 방문하여 투표하는 방법만을 허용하는 것은 재외선거인의 선거권 행사를 현저히 곤란하게 하는 것이므로" 재외선거인의 선거권을 침해한다는 반대의견도 제시되었다(④에 대한 반대의견).[15] 반면, "국민투표는 대한민국의 헌법질서에서 가장 핵심적인 영역에 대해 국민의 의사를 직접적으로 반영하는 절차이므로, 국내에서 어느 정도로 생활을 영위하는지 그 밀접성의 정도에 따라 국민투표권의 범위를 제한할 수 있다"고 보면서, 정치참여 요구의 진지성·밀접성 등을 고려해볼 때, 주민등록이 되어 있지 않고 국내거소신고도 하지 않은 재외국민에게 국민투표권을 인정하지 않는 것은 헌법에 위배되지 않는다는 반대의견도 제시되었다(⑤에 대한 반대의견).[16]

---

14) 재판관 이진성, 재판관 서기석의 선거권조항 및 재외선거인 등록신청조항 중 임기만료 지역구국회의원선거에 관한 반대의견, 판례집 26－2(상), 196.

15) 재판관 이정미, 재판관 김이수, 재판관 이진성의 재외선거 투표절차조항에 관한 반대의견, 판례집 26－2(상), 198.

16) 재판관 이진성, 재판관 김창종, 재판관 조용호의 국민투표법조항에 관한 반대의견, 판례집 26－2(상), 199.

(3) 평가

헌재는 2004헌마644, 2005헌마360(병합) 사건에서 종전 견해를 변경하여, 재외국민의 선거권, 국민투표권을 부정하는 공직선거법, 국민투표법 관련규정에 대하여 헌법불합치결정을 선고하면서 입법개선을 명한 바 있다. 이에 따라, 입법자는 대통령선거·비례대표국회의원선거에 있어서는 '등록'을 전제로 선거권을 인정하고, 지역구국회의원선거·국민투표에 있어서는 주민등록 또는 국내거소신고가 되어있는 경우에 한하여 선거권·국민투표권을 인정하면서, 재보궐선거에서는 재외국민의 선거권을 부정하고, 선거권·국민투표권 행사방법은 해외공관을 방문하여 투표하는 방식으로 한정하는 방향으로 입법개선을 하였고, 금번 헌재 결정은 이러한 개선입법이 2007년 2004헌마644, 2005헌마360(병합) 결정의 취지를 적절히 반영하고 있는지를 판단하였다는데 의미가 있다. 우선, 헌재가 선거관리상 필요성 측면에서, 재외선거인으로 하여금 선거를 실시할 때마다 재외선거인 등록신청을 하도록 하는 것, 재외선거인에게 국회의원의 재·보궐선거권을 부여하지 않은 것 합헌성을 인정한 부분은 수긍할 수 있다. 다만, 헌재 결정은 다음과 같은 측면에서 헌법이론적으로 몇몇 문제점을 내포하고 있다. 첫째, 헌재는 전국단위/지역단위 선거·투표를 구별하는 논리를 전개하고 있는 바, 이것이 국회의원의 국민대표성을 강조한 최근 결정들과 일치하는지 의문이다. 둘째, 헌재는 보통선거원칙만을 주된 판단기준으로 삼고 있는데, 반대의견이 적절히 지적하고 있듯이, 문제되는 선거원칙에는 평등선거원칙도 포함되어야 하는 것은 아닌지 의문이다. 국회의원선거에 관한 한, 국내거주 국민은 1인 2표, 국내에 주민등록이나 거소신고가 없는 재외국민은 1인 1표를 행사하도록 하고 있기 때문이다. 셋째, 재외국민 선거·투표방법과 관련하여서도 반대의견이 적절히 지적하고 있듯이 투표의 공정성을 해치지 않는 범위 안에서 덜 제한적인 투표방법들이 존재할 수 있음에도 불구하고, 방문투표방법만을 인정하는 것은 최소침해성원칙 내지 법익균형성원칙에 어긋나는 것이 아닌지 의문이다. 넷째, 헌재는 국민투표의 성격을 대의의기관의 의사결정에 대한 '승인'으로 한정하여 이해하는 전제위에서 논증을 수행하고 있는 바, 국민투표권은 정치공동체로서 헌법공동체의 미래 내지 운명에 관한 주권자 인민의 직접 '결정'이라는 성격을 내포한다는 점을 고려하면, 반대의견의 논리와 같이 당해 결정에 임하는 진지성, 공동체 운명과의 근접성을 기준으로 그 부여여부를 판단해야 하는 것은 아닌지 여부도 숙고해보아야 할 헌법이론적 쟁점이 아닐 수 없다.

4. 정당법 제41조 제4항 위헌확인 등[17)]

(1) 사건개요

진보신당·녹색당·청년당은 2012년 4월 제19대 국회의원선거에 참여하였으나 의석을 얻지 못하고 유효투표총수의 100분의 2 이상을 득표하지 못하여 정당법 관련규정에 따라 정당등록이 취소되었고, 동시에 진보신당·녹색당·청년당이라는 명칭을 사용할 수 없게 되었다. 이에, 청구인들이 정당법 관련조항의 위헌확인을 구하는 헌법소원심판을 청구하는 한편, 중앙당등록취소처분의 취소를 구하는 소를 제기하고, 소송계속중 정당법 관련규정에 대한위헌법률심판제청신청을 하고, 법원이 이를 받아들여 위헌법률심판제청을 한 사건이다.

(2) 결정내용

헌재는 재판관 전원의 일치된 의견으로, 국회의원선거에 참여하여 의석을 얻지 못하고 유효투표총수의 100분의 2 이상을 득표하지 못한 정당에 대해 그 등록을 취소하도록 하면서, 등록취소된 정당의 명칭과 같은 명칭을 등록취소된 날부터 최초로 실시하는 임기만료에 의한 국회

---

17) 헌재 2014. 1. 28. 선고, 2012헌마431, 2012헌가19(병합), 판례집 26－1(상), 155.

의원선거의 선거일까지 사용할 수 없도록 한 정당법 관련규정이 정당설립의 자유를 침해하는 것으로서 위헌이라고 결정했다.

헌재는 "정당의 명칭은 그 정당의 정책과 정치적 신념을 나타내는 대표적인 표지에 해당하므로, 정당설립의 자유는 자신들이 원하는 명칭을 사용하여 정당을 설립하거나 정당활동을 할 자유도 포함한다"고 보면서, 정당의 명칭을 자유롭게 선택하여 사용하는 것을 정당설립의 자유의 한 내용으로 포섭하였다. 나아가, 헌재는 대의제민주주의하에서 정당이 차지하는 위상·기능에 비추어 볼 때, "입법자는 정당설립의 자유를 최대한 보장하는 방향으로 입법하여야 하고, 헌법재판소는 정당설립의 자유를 제한하는 법률의 합헌성을 심사할 때에 헌법 제37조 제2항에 따라 엄격한 비례심사를 하여야 한다"고 보았다. 헌재는 "실질적으로 국민의 정치적 의사형성에 참여할 의사나 능력이 없는 정당을 정치적 의사형성과정에서 배제함으로써 정당제 민주주의 발전에 기여하고자 하는 한도에서 정당등록취소조항의 입법목적의 정당성과 수단의 적합성을 인정할 수 있"다는 점을 인정하면서도, "정당등록의 취소는 정당의 존속 자체를 박탈하여 모든 형태의 정당활동을 불가능하게 하므로, 그에 대한 입법은 필요최소한의 범위에서 엄격한 기준에 따라 이루어져야" 하는 바, 관련규정들보다 "덜 기본권 제한적인 방법을 상정할 수 있"음에도 불구하고 등록을 취소하도록 한 것은 과도한 제한일뿐만 아니라, "어느 정당이 대통령선거나 지방자치선거에서 아무리 좋은 성과를 올리더라도 국회의원선거에서 일정 수준의 지지를 얻는 데 실패하면 등록이 취소될 수밖에 없어 불합리하고, 신생·군소정당으로 하여금 국회의원선거에의 참여 자체를 포기하게 할 우려도 있"기 때문에, 최소침해성·법익균형성에 어긋난다고 판단하였다. 한편, "정당명칭사용금지조항은 정당등록취소조항을 전제로 하고 있으므로", 같은 이유에서 정당설립의 자유를 침해한다고 판단하였다.

(3) 평가

정당은 민주적 의사형성 중개체로서 민주적 헌정국가에서 핵심기능을 수행하는 단체인 바, 우리헌법은 정당설립의 자유를 폭넓게 인정하면서, 정당을 특별히 보호하는 장치들을 마련하고 있다. 금번 결정에서 헌재는 정당의 명칭사용이 정당의 자유의 한 내용임을 확인하면서, 엄격한 비례심사를 통해 이른바 '등록취소조항', '명칭사용금지조항'의 위헌성을 인정하였다. 종래부터 이 규정들에 대해서는 신생정당, 군소정당, 지역정당의 출현을 가로막는 장애물로서 위헌적인 것이라는 비판들이 제기되었는 바, 동 결정은 정당이 실질적으로 민주적 의사형성에 참여하고 있는 한, 함부로 그 설립의 자유를 제한하는 것은 과도한 입법이며, 헌법정신에 위반된다는 점을 확인한 것으로서 중요한 의미를 갖는다. 정리하면, 금번 결정은 정당설립의 자유를 제한하는 입법은 민주적 의사형성과정을 통제하는 법률로서, 엄격한 비례심사를 통과하여야 하고, 정당이 민주적 의사형성과정에 참여하고 있는지 여부는 형식적으로 판단할 것이 아니고 실질적으로 판단해야 함을 밝혔다는 점에서 긍정적으로 평가할 수 있는 결정이다.

5. 헌법재판소법 제40조 제1항 등 위헌확인[18)]

(1) 사건개요

정부는 통합진보당의 목적·활동이 민주적 기본질서에 위배된다면서 위헌정당해산심판을 청구하면서, 종국결정 전까지 당해 정당의 합당·분당·해산의 금지 및 소속당원의 활동 금지를 내용으로 하는 정당활동정

18) 헌재 2014. 2. 27. 선고, 2014헌마7, 판례집 26－1(상), 310. 본 결정에 대한 정치한 분석은 뒤따르는 평석논문 "판단의 정오(正誤)가 아니라 '수사'(rhetoric)로 본 통진당 해산결정"을 참조하기 바란다.

지 가처분을 신청하였다. 이에, 피청구인 통합진보당은 정당해산심판절차에 민사소송에 관한 법령을 준용할 수 있도록 한 헌재법 관련규정은 공정한 재판을 받을 권리를 침해하는 것이며, 정당해산심판에 가처분을 허용하는 헌재법 관련규정은 헌법상 근거없이 정당활동의 자유를 침해하는 것이라고 주장하면서, 헌법소원심판을 청구한 사건이다.

(2) 결정내용

헌재는 재판관 전원의 일치된 의견으로, 정당해산심판절차에 민사소송에 관한 법령을 준용할 수 있도록 규정한 헌재법 관련규정 및 정당해산심판에 가처분을 허용하는 헌재법 관련규정이 청구인의 정당활동의 자유를 침해하지 않는다는 이유로, 헌법소원심판청구를 기각하였다.

헌재는 우선, 준용규정은 "헌법재판에서의 불충분한 절차진행규정을 보완하고, 원활한 심판절차진행을 도모하기 위한 조항으로, 그 절차보완적 기능에 비추어 볼 때, 소송절차 일반에 준용되는 절차법으로서의 민사소송에 관한 법령을 준용하도록 한 것이 현저히 불합리하다고 볼 수 없다"고 보았다. 아울러, 헌재는 준용규정은 '헌법재판의 성질에 반하지 아니하는 한도'에서 민사소송에 관한 법령을 준용하도록 규정하고 있는 바, 여기서 '헌법재판의 성질에 반하지 아니하는 한도'는 당해 헌법재판이 갖는 고유의 성질, 헌법재판과 일반재판의 목적 및 성격의 차이, 준용 절차와 대상의 성격 등을 종합적으로 고려하여 헌재가 구체적·개별적으로 판단할 수 있기 때문에, 청구인의 공정한 재판을 받을 권리를 침해한다고 볼 수 없다고 판단하였다. 한편, 헌재는 가처분규정은 정당해산심판이 갖는 헌법보호 수단이라는 측면에 비추어 볼 때, 그 필요성이 인정되므로 입법목적의 정당성, 수단의 적합성이 인정된다고 보았다. 또한, 헌재는 가처분과 동등하거나 유사한 효과가 있는 덜 침해적인 사후적 수단이 존재한다고 볼 수도 없으므로 침해최소성 요건도 충족하며, 정당해산심판의 실효성 확보 및 헌법질서의 수호라는 공익은 정당해산심판의 종국결정시까지 잠정적으로 제한되는 정당활동의 자유에 비하여 결코 작다고 볼 수 없으므로 법익균형성 요건도 충족하기 때문에, 가처분 규정은 정당활동의 자유를 침해한다고 볼 수 없다고 판단하였다.

한편, 민사소송과 구별되는 정당해산심판의 특수성을 고려할 때, 민사소송법령의 준용범위는 제한적으로 해석되어야 하며, 특히 민사소송법상 공문서의 진정성립 추정에 관한 규정은 준용될 수 없고, 형사소송법상 전문증거의 증거능력 제한이나 위법수집증거, 임의성이 의심되는 자백의 증거능력을 배제하고 범죄사실의 인정은 합리적인 의심이 없는 정도의 증명에 이르러야 한다는 규정 등을 준용해야 할 것이라고 보면서, 준용규정을 제한해석 하여야 한다는 별개의견이 제시되었다.[19)]

(3) 평가

헌정사상 처음으로 위헌정당해산심판이 제기됨에 따라, 위헌정당해산심판 절차규율과 관련하여 헌재법상 정당해산심판과 관련한 준용규정·가처분규정의 위헌성이 문제된 사안으로서, 헌재가 당해 규정들의 합헌성을 인정하면서도 엄격한 해석기준을 제시하였다는데 의미가 있는 결정이다. 가처분규정의 경우, 헌재의 판단대로 엄격한 비례원칙하에서 적용한다는 것을 전제로, 합헌성을 인정할 수 있을 것이다. 한편, 준용규정과 관련하여, 헌재는 "증거조사와 사실인정에 민사소송법의 규정을 적용함으로써 실체적 진실과 다른 사실관계가 인정될 수 있는 규정은 정당해산심판의 성질에 반해 준용될 수 없고, 이에 따라 법률의 공백이 생기는 부분에 대해 정당해상심판의 성질에 맞는 절차를 창설해 메우는 것이 헌법재판소의 권한이자 의무"라고 밝힘으로써, 실제에 있어서는 피청구인 정당의 절차적 권리를 보장하고 구체적 타당성을 도모하는 결론에 이를 수 있음을 확인하고 있다. 다만, 현행 헌재법에 따를 경우, 헌재의 재량에 따라 위헌정당해산심판에 적용되는 규범이 사건별로 결정되는

19) 재판관 김이수의 별개의견, 판례집 26-1(상), 319.

바, 법치국가적 예측가능성을 담보하고 피청구인 정당의 절차적 권리를 실효적으로 보장한다는 차원에서, 헌재법에 피청구인 정당의 방어권행사, 증거법칙 등 관련하여서는 형사소송법을 준용하도록 명시적으로 규정하거나, 헌재법에 위헌정당해산심판에 적용되는 독자적인 절차규정을 마련하는 것이 바람직할 것이다.

6. 통합진보당 해산[20)]

(1) 사건개요

정부가 2013. 11. 5. 국무회의의 심의·의결을 거쳐, 피청구인 통합진보당의 목적과 활동이 민주적 기본질서에 위배된다는 이유로, 피청구인의 해산, 피청구인 소속 국회의원에 대한 의원직 상실을 구하는 위헌정당해산심판을 청구한 사건이다.

(2) 결정내용

헌재는 재판관 8인의 찬성으로, 피청구인 통합진보당의 목적과 활동이 민주적 기본질서에 위배된다고 판단하면서, 피청구인 정당의, 그 소속 국회의원 5인의 의원직상실을 결정하였다.

우선, 헌재에 따르면, "정당의 목적이란, 어떤 정당이 추구하는 정치적 방향이나 지향점 혹은 현실 속에서 구현하고자 하는 정치적 계획 등을 통칭"하는 것으로, 주로 정당의 공식적인 강령이나 당헌의 내용을 통해 드러나겠지만, 만약 정당의 진정한 목적이 숨겨진 상태라면 강령 이외의 자료를 통해 진정한 목적을 파악해야 한다. 한편, 헌재에 따르면,

20) 헌재, 2014. 12. 19. 선고, 2013헌다1, 판례집 26-2(하), 1. 본 결정에 대한 정치한 분석은 뒤따르는 평석논문 "판단의 정오(正誤)가 아니라 '수사'(rhetoric)로 본 통진당 해산결정"을 참조하기 바란다.

"정당의 활동이란, 정당 기관의 행위나 주요 정당관계자, 당원 등의 행위로서 그 정당에게 귀속시킬 수 있는 활동 일반"을 뜻한다. 다음으로, 헌재는 헌법 제8조 제4항 민주적 기본질서는 "개인의 자율적 이성을 신뢰하고 모든 정치적 견해들이 각각 상대적 진리성과 합리성을 지닌다고 전제하는 다원적 세계관에 입각한 것으로서, 모든 폭력적·자의적 지배를 배제하고, 다수를 존중하면서도 소수를 배려하는 민주적 의사결정과 자유·평등을 기본원리로 하여 구성되고 운영되는 정치적 질서를 말하며, 구체적으로는 국민주권의 원리, 기본적 인권의 존중, 권력분립제도, 복수정당제도 등이 현행 헌법상 주요한 요소"라고 보았다. 또한, 민주적 기본질서에 위배된다 함은 "민주적 기본질서에 대한 단순한 위반이나 저촉을 의미하는 것이 아니라, 민주사회의 불가결한 요소인 정당의 존립을 제약해야 할 만큼 그 정당의 목적이나 활동이 우리사회의 민주적 기본질서에 대하여 실질적인 해악을 끼칠 수 있는 구체적 위험성을 초래하는 경우를 가리킨다"고 보았다. 이에 덧붙여, 헌재는 "강제적 정당해산은 헌법상 핵심적인 정치적 기본권인 정당활동의 자유에 대한 근본적 제한이므로, 헌법재판소는 이에 관한 결정을 할 때 헌법 제37조 제2항이 규정하고 있는 비례원칙을 준수해야만"하며, "해당 정당의 위헌적 문제성을 해결할 수 있는 다른 대안적 수단이 없고, 정당해산결정을 통하여 얻을 수 있는 사회적 이익이 정당해산결정으로 인해 초래되는 정당활동 자유 제한으로 인한 불이익과 민주주의 사회에 대한 중대한 제약이라는 사회적 불이익을 초과할 수 있을 정도로 큰 경우에 한하여 정당해산결정이 헌법적으로 정당화될 수 있다"고 하여, 엄격한 비례원칙 하에서 위헌정당해산심판이 인용될 수 있음을 확인하였다.

이처럼, 위헌정당해산심판 요건들을 분설한 후, 헌재는 통합진보당의 목적·활동이 당해 요건들에 포섭되는지를 검토하고 있다. 우선, 헌재는 피청구인 통합진보당의 진정한 목적을 1차적으로 폭력에 의하여 진보적 민주주의를 실현하고 최종적으로는 북한식 사회주의를 실현하는 것으로 파악하였다. 다음으로, 헌재는 내란관련 사건, 비례대표 부정경선 사건, 중앙위원회 폭력 사건, 관악을 지역구 여론조작 사건으로 같은 피청구인 통합진보당의 일련의 활동들을 판단하여 보건대, 내용적 측면에서는 국가의 존립, 의회제도, 법치주의 등을 부정하는 것이고, 수단이나 성격의 측면에서는 자신의 의사를 관철하기 위해 폭력 등을 적극적으로 사용하여 민주주의 이념을 부정하는 것인 바, 피청구인 통합진보당의 일련의 활동들을 민주적 기본질서에 대해 실질적인 해악을 끼칠 수 있는 구체적 위험성을 초래하는 것으로 판단했다. 아울러, 헌재는 "북한식 사회주의를 실현하고자 하는 피청구인의 목적과 활동에 내포된 중대한 위헌성, 대한민국 체제를 파괴하려는 북한과 대치하고 있는 특수한 상황, 피청구인 구성원에 대한 개별적인 형사처벌로는 정당 자체의 위험성이 제거되지 않는 등 해산 결정 외에는 피청구인의 고유한 위험성을 제거할 수 있는 다른 대안이 없는 점, 그리고 민주적 기본질서의 수호와 민주주의의 다원성 보장이라는 사회적 이익이 정당해산결정으로 인한 피청구인의 정당활동의 자유에 대한 근본적 제약이나 다원적 민주주의에 대한 일부 제한이라는 불이익에 비하여 월등히 크고 중요하다는 점을 고려하면, 피청구인에 대한 해산결정은 민주적 기본질서에 가해지는 위험성을 실효적으로 제거하기 위한 부득이한 해법으로서 비례원칙에 위배되지 아니한다"고 판단하였다. 나아가, "정당해산심판제도의 본질은 민주적 기본질서에 위배되는 정당을 정치적 의사형성과정에서 배제함으로써 국민을 보호하는 데에 있는데 해산정당 소속 국회의원의 의원직을 상실시키지 않는 경우 정당해산결정의 실효성을 확보할 수 없게 되므로, 이러한 정당해산제도의 취지 등에 비추어 볼 때 헌법재판소의 정당해산결정이 있는 경우 그 정당 소속 국회의원의 의원직은 당선 방식을 불문하고 모두 상실되어야 한다"고 판단하였다.

한편, 반대의견은 우선, 피청구인이 폭력적 수단이나 그 밖에 민주주의 원칙에 반하는 수단으로 변혁을 추구하거나 민주적 기본질서의 전복을 추구하려 한다는 점이 구체적으로 입증되지 아니하는 한, 피청구인의 목적·활동이 민주적 기본질서에 실질적 해악을 끼칠 구체적 위험이 있다고 볼 수 없다고 판단했다. 다음으로, 반대의견은 "피청구인에 대한 해산결정을 통해 얻을 수 있는 이익은 상대적으로 미약한 데 반하여 그로 인해 우리 사회의 민주주의에 야기되는 해악은 매우 심각하므로, 정당해산결정은 그러한 이익이라도 긴절하게 요구되는 매우 제한적인 경우에 한하여 최후적이고 보충적으로 선고되어야 하는데, 피청구인 소속 당원들 중 대한민국의 민주적 기본질서를 전복하려는 세력이 있다면 형사처벌 등을 통해 그러한 세력을 피청구인의 정책결정과정으로부터 배제할 수 있는 점, 정당해산 여부는 원칙적으로 정치적 공론의 장에 맡기는 것이 적절한데 지방선거 등 우리 사회의 정치적 공론 영역에서 이미 피청구인에 대한 실효적인 비판과 논박이 이루어지고 있는 점, 피청구인에 대한 해산결정이 피청구인의 대다수 일반 당원들에게 가하게 될 사회적 낙인 효과, 그리고 현격한 국력차를 비롯한 오늘날 남북한의 변화된 현실 등을 고려할 때, 피청구인에 대한 해산결정은 비례원칙에 위배된다"고 판단하였다.[21)]

(3) 평가

헌정사상 처음으로 위헌정당해산심판이 제기됨에 따라, 헌법 제8조 제4항의 규범적 의의, 요건 등을 해명할 수 있는 계기가 마련되었다는데 금번 결정의 의미가 있다. 다만, 헌재가 "남북이 대립되어 있는 현재 한반도의 상황과 무관하지 않은 이 사건에서 우리는 입헌주의의 보편적 원리에 더하여, 우리 사회가 처해 있는 여러 현실적 측면들, 대한민국의 특수한 역사적 상황 그리고 우리 국민들이 공유하는 고유한 인식과 법감정들의 존재를 동시에 숙고할 수밖에 없다"는 언급에 걸맞는 논증의무를 다하고 있는지는 의문이 아닐 수 없다. 민주적 정치과정에 관한 한, 헌재가 조건을 형성하는 역할을 넘어서 민주적 정치과정 자체에 개입하는 데로 나아갈 경우 신중해야 한다는 점을 고려하면, 금번 결정이

21) 재판관 김이수의 반대의견, 판례집 26-2(하), 144.

엄밀한 논증을 통해 우리사회 일반을 설득하는데 성공하고 있는지는 헌재 스스로 반문해 보아야할 할 것이다.

7. 피의사실 언론공표 등 위헌확인[22)]

(1) 사건개요

경찰관이 사기혐의로 구속된 피의자와 관련하여 "교통사고 위장, 보험금 노린 형제 보험사기범 검거"라는 제목의 보도자료를 배포하고, 기자들의 취재 요청에 응하여 피의자가 양손에 수갑을 찬 채 조사받는 모습을 촬영할 수 있도록 허용하였는 바, 각 언론사는 이를 보도하면서, 피의자를 익명으로 표현하였고, 피의자가 수갑을 차고 얼굴을 드러낸 상태에서 경찰로부터 조사받는 장면을 흐릿하게 처리하여 방송하였다. 이에, 피의자인 청구인이 피청구인이 언론에 보도자료를 배포함으로써, 청구인에 관한 피의사실을 알리고 기자들로 하여금 청구인의 모습을 촬영할 수 있도록 허용한 행위가 무죄추정원칙에 위반하여 청구인의 인격권을 침해하였다고 주장하면서 위헌확인을 구하는 헌법소원심판을 청구한 사건이다.

(2) 결정내용

헌재는 피청구인이 청구인에 관한 보도자료를 기자들에게 배포한 행위에 대해서는 보충성원칙 위반을 이유로 각하하면서, 피청구인이 보도자료 배포 직후 기자들의 취재 요청에 응하여 청구인이 양손에 수갑을 찬 채 조사받는 모습을 촬영할 수 있도록 허용한 행위에 대해서는 청구인의 인격권을 침해하였다는 이유로 위헌확인결정을 내렸다.

헌재는 "보도자료 배포행위는 수사기관이 공소제기 이전에 피의사

---

22) 헌재 2014. 3. 27. 선고, 2012헌마652, 판례집 26－1(상), 534.

실을 대외적으로 알리는 것으로서, 이것이 형법 제126조의 피의사실공표죄에 해당하는 범죄행위라면 청구인은 이를 수사기관에 고소하고 그 처리결과에 따라 검찰청법에 따른 항고를 거쳐 재정신청을 할 수 있으므로, 위와 같은 권리구제절차를 거치지 아니한 채 제기한 보도자료 배포행위에 대한 심판청구는 보충성요건을 갖추지 못하여 부적법하다"고 판단하였다. 다만, 헌재는 "사람은 자신의 의사에 반하여 얼굴을 비롯하여 일반적으로 특정인임을 식별할 수 있는 신체적 특징에 관하여 함부로 촬영당하지 아니할 권리를 가지고 있"는 바, 이 사건 촬영허용행위는 "헌법 제10조로부터 도출되는 초상권을 포함한 일반적 인격권을 제한" 하는 것인데, "'범죄사실' 자체가 아닌 그 범죄를 저지른 자에 관한 부분은 일반 국민에게 널리 알려야 할 공공성을 지닌다고 할 수 없고, 이에 대한 예외는 공개수배의 필요성이 있는 경우 등에 극히 제한적으로 인정될 수 있을 뿐이"므로, 청구인에 대하여는 "수사 장면을 공개 및 촬영하게 할 어떠한 공익 목적도 인정하기 어려"워서 목적의 정당성을 인정할 수 없다고 판단하였다. 나아가, 헌재는 "피의자의 얼굴을 공개하더라도 그로 인한 피해의 심각성을 고려하여 모자, 마스크 등으로 피의자의 얼굴을 가리는 등 피의자의 신원이 노출되지 않도록 침해를 최소화하기 위한 조치를 취하여야 하는데, 피청구인은 그러한 조치를 전혀 취하지 아니하였으므로 침해의 최소성 원칙도 충족하였다고 볼 수 없다" 고 보면서, "촬영허용행위는 언론 보도를 보다 실감나게 하기 위한 목적 외에 어떠한 공익도 인정할 수 없는 반면, 청구인은 피의자로서 얼굴이 공개되어 초상권을 비롯한 인격권에 대한 중대한 제한을 받았고, 촬영한 것이 언론에 보도될 경우 범인으로서의 낙인 효과와 그 파급효는 매우 가혹하여 법익균형성도 인정되지 아니하므로", 이 사건 촬영허용행위는 과잉금지원칙에 위반하여 청구인의 인격권을 침해한다고 판단하였다.

한편, "보도자료 배포행위와 촬영허용행위는 동일한 목적 아래 시간적·장소적으로 밀접하게 이루어진 것이므로, 전체적으로 볼 때 피청구인이 언론기관에 청구인의 피의사실을 알리는 일련의 행위로서 하나의 공권력행사라고 보아야" 하므로, 촬영허용행위도 포괄하여 보충성 요건을 갖추지 못하여 부적법하다는 반대의견이 있었다.[23] 나아가, 반대의견은 "피청구인의 행위 중 촬영허용행위를 분리하여 보더라도, 청구인의 동의 없이 촬영을 허용한 행위가 위법하다는 것은 관련 규정의 해석상 명백하고, 피청구인 스스로도 청구인의 의사에 관계없이 수갑을 차고 얼굴을 드러낸 상태에서 조사받는 장면을 촬영할 수 있도록 허용하는 것이 위법하다는 점을 충분히 인식하고 있었으므로 침해행위가 반복될 위험성이 없"고, "헌법질서의 수호·유지를 위하여 그 해명이 긴요한 경우라 할 수 없"어, 주관적 권리보호이익뿐만 아니라 예외적인 심판청구이익도 없어 부적법한 청구라고 판단하였다.

(3) 평가

유죄의 확정판결이 있기까지 범죄혐의자는 무죄로 추정되며, 이는 형사사법절차의 대원칙일뿐만 아니라 언론보도에서도 지켜져야 할 헌법정신이다. 따라서, 범죄피의자에 대한 신상자료는 중대한 공익이 인정되는 예외적인 상황이 아닌 한, 원칙적으로 함부로 언론에 노출되어서는 아니된다. 그럼에도 불구하고, 실제 수사절차에 있어서 범죄피의자의 신상이 공개됨으로써, 범죄피의자가 유죄의 확정판결전에 사회적 낙인의 대상이 되는 경우가 빈번하였다. 예외적으로 신상공개의 필요성이 있는 경우가 아님에도 수사기관이 범죄피의자의 얼굴이 노출된 상태로 촬영을 허용한 행위에 대하여 인격권 침해를 이유로 그 위헌성을 확인한 결정으로서, 수사기관이 보도자료 배포, 촬영허용 등을 통해 범죄피의자의 신상을 공개함으로써 헌법상의 무죄추정원칙을 훼손하고 피의자의 인격권을 침해해온 관행에 대해서 경종을 울린 사건이라고 할 수 있다.

---

23) 재판관 김창종, 재판관 강일원의 촬영허용행위 부분에 대한 반대의견, 판례집 26－1(상), 543.

8. 특정범죄 가중처벌 등에 관한 법률 제11조 위헌소원[24)]

(1) 사건개요

청구인은 메스암페타민을 밀수입하여 판매하였다는 이유로 마약류관리에관한법률(이하, 마약법) 위반죄로 기소되어 1심에서 징역 4년을 선고받았다. 그런데, 청구인은 항소심에서 특정범죄가중처벌등에관한법률(이하, 특가법) 위반죄로 공소장이 변경됨으로써 징역 6년을 선고받았다. 이에, 상고심 계속중 청구인이 마약법 처벌규정과 동일한 내용의 구성요건을 규정하면서 법정형의 하한만 5년에서 10년으로 올려놓은 특가법 처벌규정에 대하여 위헌법률심판제청신청을 하였으나 기각되자, 헌법소원심판을 청구한 사건이다.

(2) 결정내용

헌재는 재판관 전원의 일치된 의견으로, 해당 조항이 형사특별법으로서 갖추어야 할 형벌체계상 정당성·균형성을 잃은 것으로서, 인간의 존엄과 가치를 보장하는 헌법의 기본원리에 위배되고 그 내용에 있어서도 평등원칙에 위반되어 위헌이라고 선언하였다.

헌재는 "심판대상조항은 마약법조항과 똑같은 내용의 구성요건을 규정하면서 법정형의 하한만 5년에서 10년으로 올려놓"고 있는 바, 검사가 "심판대상조항을 적용하여 기소하는 것이 특별법 우선의 법리에 부합할 것이나, 마약법조항으로 기소할 수도 있어, 어느 법률조항이 적용

---

24) 헌재, 2014. 4. 24. 선고, 2011헌바2, 판례집 26－1(상), 621. 특정범죄 가중처벌 등에 관한 법률 제10조 위헌소원사건(헌재, 2014. 11. 27. 선고, 2014헌바224, 2014헌가11(병합)) 또한 이 결정과 동일한 취지에서 위헌선언되었다. 헌재는 "특가법 제10조는 형사특별법으로서 갖춰야 할 형벌체계상의 균형을 잃은 것이 명백하므로 인간의 존엄성과 가치를 보장하는 헌법의 기본원리에 반하고 그 내용에 있어서도 평등원칙에 위반된다"고 밝혔다. 2011헌바2 결정의 연장선상에서 이루어진 결정이라고 할 수 있다.

되는지에 따라 집행유예 가능성이 달라지는 등 심각한 형의 불균형이 초래된다"고 보았다. 아울러, 헌재는 "일반법에 대비되는 특별법은 개념적으로 일반법의 모든 구성요건을 포함하면서 그 밖의 특별한 표지까지 포함한 경우를 뜻하므로, 심판대상조항 역시 이 사건 마약법조항의 구성요건 이외에 별도의 가중적 구성요건 표지를 규정하는 것이 필요한데, 심판대상조항은 그러한 표지 없이 법적용을 오로지 검사의 기소재량에만 맡기고 있어 법집행기관 스스로 법적용에 대한 혼란을 겪을 수 있고, 이는 결과적으로 국민의 불이익으로 귀결되며 수사과정에서 악용될 소지도 있다"고 보았다. 결론적으로, 헌재는 특가법 처벌규정은 형사특별법으로서 갖추어야 할 형벌체계상의 정당성·균형성을 잃은 것이 명백하므로, 인간의 존엄성과 가치를 보장하는 헌법의 기본원리에 위배되고 그 내용에 있어서도 평등원칙에 반하여 위헌이라고 판단하였다.

(3) 평가

헌재는 91헌바11 결정에서, 동일한 내용을 규정한 특가법조항을 합헌이라고 판단한 바 있다. 한편, 현재가 2008헌바170 결정에서, '산림자원의 조성 및 관리에 관한 법률' 위반죄에 관하여 새로운 가중처벌 사유 없이 형량만 올려놓은 특가법 처벌규정을 합헌이라고 판단할 당시 재판관 4인의 위헌의견이 제시된 바 있는데,[25] 금번 결정은 그 위헌의견의 취지를 수용한 것으로서 동일한 유형의 가중처벌조항 위헌성 판단에 적

---

25) 당시 법정의견은 일반 처벌조항을 그대로 둔 채 특별한 가중 사유 없이 별도로 재차 가중처벌하는 규정을 두는 것은 바람직하지 아니한 입법방식임을 인정하면서도, 이 입법방식 자체가 곧바로 책임과 형벌 간의 비례원칙에 위반된다고 할 수는 없다고 하여 합헌결정하였다. 반면, 당시 위헌의견은 문제되는 특가법 조항이 '산림자원의 조성 및 관리에 관한 법률'에서 이미 가중처벌되고 있는 동일한 범죄행위에 대하여 아무런 새로운 가중처벌사유 없이 거듭 가중처벌을 규정하고 있는 바, 어떠한 경우에 특가법 조항이 적용될 것인지에 대해서는 아무 기준이 없어, 집행기관의 자의적인 법적용을 허용하고 있다는 이유에서, 당해 조항의 위헌성을 인정한 바 있다. 헌재, 2010. 4. 29. 선고, 2008헌바170, 판례집 22-1(하), 1.

용될 기준을 변경하였다는데 의미가 있다. 우선, 금번 결정을 통해 헌재는 형사특별법은 “개념적으로 일반법의 모든 구성요건을 포함하면서 그 밖의 특별한 표지까지 포함”해야 한다는 점을 분명히 하였다. 헌재가 적절히 지적하고 있듯이, “구성요건 표지의 추가 없이 법정형만을 가중하려고 한다면 일반법의 법정형을 올리면 되지 따로 특별법을 제정할 필요가 없기 때문이다.” 아울러, 금번 결정은 검사의 기소재량을 통제하여 문제되는 규정이 피의자나 피고인으로부터 자백을 유도하거나 상소를 포기하도록 하는 수단으로 악용될 수 있는 소지를 제거했다는 점에서도 중요한 의미를 갖는다.

9. 청년고용촉진 특별법 제5조 제1항 등 위헌확인[26)]

(1) 사건개요

청년고용촉진특별법은 2014. 1. 1.부터 3년간 한시적으로 대통령령으로 정하는 공공기관, 지방공기업으로 하여금 매년 정원의 100분의 3 이상씩 청년 미취업자를 고용하도록 의무화하는 내용을 규정하고 있고, 대통령령은 해당 기관이 만 34세 이하 청년을 매년 정원의 3% 이상 의무적으로 고용하도록 규정하고 있다. 이에, 만 35세 이상인 청구인들이 이른바 ‘청년할당제’를 규정하고 있는 법규정, 시행령규정이 헌법상 보장된 청구인들의 평등권, 직업선택의 자유를 침해한다고 주장하면서, 헌법소원심판을 청구한 사건이다.

(2) 결정내용

청년할당제는 합리적 이유없이 능력주의 내지 성적주의를 배제한 채 단순히 생물학적인 나이를 기준으로 특정 연령층에게 특혜를 부여함

---

26) 헌재 2014. 8. 28. 선고, 2013헌마553, 판례집 26-2(상), 429.

으로써 다른 연령층의 공공기관 취업기회를 박탈하는 것으로서, 청구인들의 직업선택의 자유를 침해하고 헌법상 평등원칙에도 반하여 위헌이라는 재판관 5인의 위헌의견이 있었으나, 인용정족수에 달하지 못하여 기각결정이 선고되었다.

법정의견은 "청년할당제는 최근 지속되고 있는 청년실업문제를 해소하고 지속적인 경제성장과 사회 안정을 위해 도입한 것으로 청년실업을 완화하는 데 다소나마 기여한다"고 보면며, 입법목적의 정당성, 수단의 적합성을 인정하였다. 이어서, 법정의견은 청년할당제는 청년실업률 증가 속에서 국회와 정부가 공공부문에서나마 청년고용을 늘리기 위해 불가피하게 도입한 것으로, "모든 공공기관에 일률적으로 강제되는 것이 아니라 일정 규모 이상의 기관에만 적용되고 전문적인 자격이나 능력이 맞는 사람을 채용해야 하는 경우 등 상당한 예외를 두고 있"으며, "3년간 한시적으로만 시행해 혜택을 받지 못하는 연령층에 대한 불이익을 최소화하고 있"기 때문에, 피해최소성 원칙에 어긋나지 않는다고 판단하였다. 나아가, 법정의견은 "청년실업해소를 통한 지속적인 경제성장과 사회안정은 매우 중요한 공익이며 청년할당제는 이 같은 공익을 달성하는데 기여한다"고 보면서, "35세 이상 지원자들이 공공기관 취업기회에서 이 제도 때문에 새로이 불이익을 받을 가능성은 현실적으로 크다고 볼 수 없어" 법익균형성원칙도 충족한다고 판단하였다.

반면, "불가피하게 청년할당제를 선택할 수밖에 없는 사정이 있더라도, 채용정원의 일정 비율을 할당하는 이른바 경성(硬性) 고용할당제를 강제할 것이 아니라, 채용정원은 경쟁을 통하여 공정하게 선발하되 정원외 고용을 할당하거나 자발적인 추가 고용의 경우 재정지원 내지 조세감면 혜택을 주는 이른바 연성(軟性) 고용할당제를 도입하는 것이 다른 연령층의 피해를 줄일 수 있"다는 점을 고려할 때, 문제되는 청년할당제는 침해최소성원칙에 어긋나며, "청년할당제의 시행으로 얻게 되는 특정 연령층의 실업해소라는 공익보다 다른 연령층 미취업자들의 직업선택의 자유에 대한 제한이 훨씬 커서 청구인들의 직업선택의 자유를 과도하게 침해한다"는 점에 비추어 볼 때, 법익균형성원칙도 충족하지 못한 것이라는 위헌의견이 있었다.[27] 또한, 위헌의견은 헌법 제11조는 모든 영역에서 불합리한 차별을 금지하고 있고, 이러한 헌법이념을 구현하기 위하여, 입법자는 고용정책기본법, 고용상연령차별금지법, 국가인권위원회법을 통해 근로의 영역에 있어서 기회의 균등한 보장을 위한 법체계를 확립해 놓고 있는 바, 청년할당제는 이러한 헌법의 이념과 이를 구체화하고 있는 전체 법체계 내지 기본질서에 부합하지 아니하고 정책수단으로서의 합리성을 결여하여 헌법상 평등원칙에 위반된다고 판단했다.

(3) 평가

금번 결정은 작금 한국사회의 중요한 화두로 등장한 청년실업문제 해결을 위해 도입된 정책수단인 청년할당제의 헌법적 정당성을 헌재가 판단했다는데 의미가 있다. 인용정족수 미달로 청년할당제는 일단은 합헌으로 남게 되었지만, 금번 결정은 다음과 같은 문제점을 안고있다. 우선, 청년할당제가 청년실업을 완화하는 유효적절한 정책수단인지 의문이 아닐 수 없다. 청년실업문제는 청년층을 위한 새로운 일자리를 창출하는 방식으로 실현해야할 정책과제이지, 새로운 일자리창출없이 한정된 공공기관 일자리를 일부 청년들에게 할당한다고 해서 해결될 것이 아니기 때문이다. 다음으로, 청년할당제가 합헌성을 인정받으려면 엄격한 비례심사를 통과하여야 함에도 불구하고, 법정의견이 엄격한 비례심사를 수행하고 있는지도 의문이다. 위헌의견이 적절히 지적하듯이, "청년할당제는 장애인고용할당제도나 여성할당제도와 같이 역사적으로 차별을 받아왔기 때문에 특별한 보호가 필요한 장애인이나 여성과 같은 사회적 약자들에게 과거의 차별로 인한 불이익을 시정하고 이를 보상해주기 위한" 이른바 적극적 평등실현조치는 아니기 때문이다. 결론적으로, 금번 결정

27) 재판관 박한철, 재판관 이진성, 재판관 안창호, 재판관 서기석, 재판관 조용호의 위헌의견, 판례집 26－2(상), 437.

은 헌법이론적으로도 정합적이지 못할 뿐만 아니라, 입법자의 안일한 정책수단 선택에 면죄부를 부여하였다는 점에서도 비판의 여지를 남기고 있다.

10. 집회 및 시위에 관한 법률 제10조 등 위헌제청[28)]

(1) 사건개요

제청신청인들은 21시 무렵까지 개최된 야간시위에 참가하였다는 이유로, '집회 및 시위에 관한 법률'(이하, 집시법) 위반 혐의로 기소되어 재판을 받던 중 야간시위를 금지·처벌하는 집시법 관련규정이 헌법에 위반된다는 취지로 위헌법률심판제청신청을 하였고, 법원이 이를 받아들여 위헌법률심판제청을 한 사건이다.

(2) 결정내용

헌재는 해가 뜨기 전이나 해가 진 후 시위를 금지하고 있는 집시법 관련규정은, 이를 해가 진 후부터 같은 날 24시까지 시위에 적용하는 한 헌법에 위반된다고 하여, 한정위헌결정을 선고하였다.

헌재는 우선, "집시법의 전체적인 규정체계를 종합하면, 입법자는 집시법상 시위 개념을 집시법상의 집회, 옥외집회 개념으로부터 의도적으로 분리"하고 있는 바, 해가 뜨기 전이나 해가 진 후의 옥외집회를 예외적으로 허용하고 있는 집시법 제10조 단서는 시위에 대하여는 적용될 여지가 없고, 집시법상 해가 뜨기 전이나 해가 진 후의 시위는 예외없이 절대적으로 금지되고 있다고 보았다. 한편, 헌재는 "야간의 시위는 주간

28) 헌재 2014. 3. 27. 선고, 2010헌가2, 2012헌가13(병합), 판례집 26-1(상), 324. 헌재 2014. 4. 24. 선고, 2011헌가29, 판례집 26-1(상), 574 또한 동일한 구집시법 규정에 대하여 같은 취지의 한정위헌선고를 하였다.

의 시위보다 질서를 유지시키기가 어렵"기 때문에, 야간의 시위 금지는 "사회의 안녕질서를 유지하고 시민들의 주거 및 사생활의 평온을 보호하기 위한 것으로서 정당한 목적 달성을 위한 적합한 수단"이라고 판단하였다. 다른 한편, 헌재는 야간시위의 전면금지로 인해 동절기 평일의 경우, 직장인이나 학생은 사실상 시위를 주최하거나 참가할 수 없게 되는 등 집회의 자유가 실질적으로 박탈되는 결과가 초래될 수 있고, 도시화·산업화가 진행된 현대 사회에서 '해가 뜨기 전이나 해가 진 후'라는 전통적인 야간 개념은 너무 광범위하고, 이러한 야간 개념에 근거하여 일률적으로 야간시위를 금지하는 것은 목적달성을 위해 필요한 정도를 넘는 지나친 제한으로서 침해최소성원칙, 법익균형성원칙에 반하여, 집회의 자유를 침해한다고 판단하였다. 다만, 헌재는 야간시위를 절대적으로 금지하는 것에는 위헌적인 부분과 합헌적인 부분이 공존하고 있으며, 입법목적을 달성하면서도 집회의 자유를 필요최소한의 범위에서 제한하는 방법은 여러 방향에서 검토될 수 있고, 이는 원칙적으로 입법자의 판단에 맡기는 것이 바람직하다고 보면서도, 헌법불합치결정을 선고하면서 전부적용을 중지할 경우, 야간시위를 전면적으로 허용함으로써, 공공의 질서 내지 법적 평화에 대한 침해 위험이 높기 때문에, 야간시위금지규정을 시간을 기준으로 한 규율의 측면에서 볼 때 규제가 불가피하다고 보기 어려움에도 시위를 절대적으로 금지한 부분인 '해가 진 후부터 같은 날 24시까지의 시위'에 적용하는 한 헌법에 위반된다는 한정위헌결정이 적절하다고 판단하였다.

반면, "법률조항의 내용 중 일부만이 위헌이라고 하더라도, 위헌적인 부분을 명확하게 구분해 낼 수 없는 경우에는 원칙적으로 그 법률조항 자체가 헌법에 위반된다고 보아야 한다"고 보면서, "헌법재판소가 스스로 일정한 시간대를 기준으로 하여 심판대상조항들의 위헌적인 부분과 합헌적인 부분의 경계를 명확하게 정하는 것은 입법자의 일차적인 입법권한과 책임에 대한 제약으로 작용하여 권력분립의 원칙을 침해할 가능성을 배제할 수 없으며, 심판대상조항들의 위헌적인 부분을 일정한 시간

대를 기준으로 명확하게 구분하여 특정할 수는 없다고 할 것이므로, 심판대상조항들에 대하여 전부위헌결정을 하여야 할 것"이라는 전부위헌의견이 있었다.[29)]

(3) 평가

헌재는 2008헌가25 결정에서, 야간옥외집회를 원칙적으로 금지하고 예외적으로 질서유지인을 두고 미리 신고한 경우에 경찰관서장이 질서유지를 위한 조건을 붙여 집회를 허용할 수 있도록 한 집시법 제10조에 대하여 헌법불합치결정을 선고하면서, 계속적용을 명한 바 있다. 금번 결정에서 헌재는 헌법불합치결정의 부적절성을 확인하면서, 법적 공백으로 인한 혼란 방지를 이례적으로 한정위헌결정이라는 결정형식을 통해서 실현하고자 하고 있다. 기본권실현을 보장하면서도 법적 혼란을 방지하고자 하는 헌재의 고민 내지 의도가 무엇인지 십분 이해한다고 하더라도, 금번 결정은 한정위헌결정이라는 명칭에도 불구하고 합헌적 법률해석의 한계를 넘어선 것으로서 논란의 여지를 남기고 있음을 부정할 수 없다. 무엇보다, 헌재는 대법원이 기속력을 인정하지 않아 끊임없이 문제되고 있는 한정위헌결정 형식을 활용하여 입법자가 설정해야할 기준을 스스로 설정하고 있다는 점에서, 권력분립원칙에 위반하는 결정을 내렸다는 비판에서 자유롭지 못할 것으로 보인다.[30)]

---

29) 재판관 김창종, 재판관 강일원, 재판관 서기석의 전부위헌의견, 판례집 26－1(상), 338.

30) 최근 대법원은 "'해가 진 후부터 같은 날 24시까지' 부분이 헌법에 위반된다는 헌법재판소의 결정은 '일부 위헌'의 취지라고 보아야 한다"며 금번 결정이 위헌결정으로서의 효력을 갖는다는 취지의 판결을 선고했다(2011도1602). 재판부는 판결문에서 "이 사건 헌법재판소 결정은 그 주문의 표현 형식에도 불구하고 집시법의 위 각 조항의 '시위'에 관한 부분 중 '해가 진 후부터 같은 날 24시까지' 부분이 헌법에 위반된다는 일부 위헌의 취지라고 보아야 한다"면서, "헌법재판소법 제47조에서 정한 위헌결정으로서의 효력을 갖는다"고 해석했다. 이어서, 재판부는 "위 각 집시법 조항의 '시위'에 관한 부분 중 '해가 진 후부터 같은 날 24시까지' 부분은 헌법재판소법 제47조 제2항 단서에 따라 소급하여 그 효력을 상실하고 위 부분 법조를 적용해 기소한 이 사건 공소사실은 범죄로 되지 않는다"고 판단했다. 한정위헌결정에 관하여는 헌법재판소법 제

Ⅲ. 맺는 말

2014년에는 선거제도, 정당제도 등 민주적 정치제도 관련사건들 중 주목할 만한 결정들이 많았다. 선거구간 인구편차 허용기준을 강화하고, 수형자·재외국민의 참정권을 확대하는 결정이 선고되었으며, 정당등록취소규정에 대한 위헌성이 확인되어 실질적으로 민주적 의사형성에 참여하는 정당의 정당설립의 자유가 보장되었다. 한편, 헌정사상 처음으로 위헌정당해산심판이 제기되어 요건 등에 대하여 헌법이론적으로 해명하는 계기도 마련되었다. 기본권영역에서도 관행화된 수사기관의 피의자신상 언론공개를 제어하는 결정이 내려졌으며, 형량만 가중하면서 검사에게 기소재량을 허용하는 특별형법조항의 위헌성이 확인되었고, 야간시위 전면금지에 대한 한정위헌결정도 있었다.

이처럼, 헌재는 헌정질서·기본권 수호자로서 역할을 충실히 수행했음에도 불구하고, 민주적 정치과정에 맡겨두어야할 정당해산을 무리하게 인정하였다는 비판, 야간시위 전면금지에 대한 한정위헌 결정에서처럼 권력분립에 반할 소지가 있는 내용의 결정유형을 선택함으로써 권한을 유월했다는 비판에서는 자유로울 수 없게 되었다. 이 지점에서, 권한을 무리하게 확장하기보다는, 합리적이고 설득력있는 논증을 통해서 국민일반을 설득하려는 노력이 필요할 것으로 보인다. 아울러, 결정례들이 쌓여감에 따라, 판례변경이 아니면서도 이전 결정들과 내용적으로 반대되는 결정들이 등장하고 있다는 점 또한 문제로 지적될 수 있다. 재판부 구성이 달라지고 시대가 변화함에 따라, 견해변경이 불가피한 것임을 인정하더라도, 은근슬쩍 넘어가는 방식의 논증의무해태는 스스로 신뢰를 떨어뜨리는 원인임을 인식하고 합리적이고 충실한 논증을 수행하려는 노력을 보여야 할 것이다.

47조가 규정하는 위헌결정의 효력을 부여할 수 없다는 것이 대법원의 확립된 입장을 견지하면서도, 기본권구제의 실효성을 담보하기 위한 고육책으로 평가된다.

[Abstract]

A Critical Summary of Leading Constitutional Decisions in 2014

Ilshin Kang*, Pilwoon Jung**

The Constitutional Court of the Republic of Korea newly accepted 1,969 cases in 2014. Among total 2,712 cases including the pending 743 cases handed over from 2013, 1,888 cases was settled. In the settled cases, the Court decided 11 cases to be unconstitutional, 15 cases to be unconformable to constitution, 3 case to be unconstitutional in certain context, 1 cases to be accepted in adjudication on dissolution of a political party, 31 cases to be annulled, 104 cases to be constitutional, 151 cases to be rejected, 1,550 cases to be dismissed, 23 cases to be withdrawn. 824 cases remained pending. The most important feature is that the decision on adjudication on dissolution of a political party was treated and pronounced the first time in the history of the Constitution.

With respect to the contents, there were a large number of notable decisions on democratic political system-related events such as the electoral system, political institutions, etc. The criteria for the population deviation among electoral districts was strengthened, the scope of suffrage granted was expanded to prisoners and overseas Koreans, and freedom of political activity of the political parties participating in formulating substantial democratic decision was granted due to confirmation on the unconstitutionality of party registration cancellation provision. On the other hand, constitutional review on the conditions of the adjudication on dissolution of a political party was conducted for the first time in the history of the Constitution. As for fundamental rights, decisions to control the media disclosure of the suspect and

* Research Professor, Institute for Legal Studies, Yonsei University, Ph.D in Law
** Professor, Korea National University of Education, Ph.D in Law

the fact of investigation were made, and the unconstitutionality of the Special Criminal Code provisions that allow the prosecution discretion only to weigh plea was confirmed. In addition, there was limited unconstitutional decision on the overall prohibiting nighttime demonstrations.

[Keywords]
Constitutional Litigation, Constitutional Court of the Republic of Korea, Adjudication on the Constitutionality of Statutes, Adjudication on Dissolution of a Political Party, Constitutional Complaint

판단의 정오(正誤)가 아니라 '수사'(rhetoric)로 본 통진당 해산결정*

이덕연**

---

* 이 글은 헌법재판연구 제2권 제1호, 2015, 헌법재판연구원(67 - 116쪽)에 발표한 논문에서 다루지 않았던 정당해산결정시 국회의원지위 상실 여부의 문제에 대한 논의(V)를 추가한 것이다.

* 연세대학교 법학전문대학원 교수

[국문초록]

헌법보호의 수단인 정당해산심판제도는 근본적으로 '헌법의 보호'와 '정당보호'가 한계선상에서 대립하는 dilemma의 상황에서 정당의 목적이나 활동이 '국가의 존립'을 해치거나 '민주적 기본질서'에 위배되는지 여부를 헌법재판소가 판단하여 그 요건이 충족되는 경우 정당의 정치참여 자격을 강제로 박탈하는 제도이다.

정당해산결정에 대한 본고의 초점은 정당해산제도의 기본법리와 그것을 토대로 하는 '중용의 요청'의 맥락에서 해산결정의 근거로 제시된 개별 판단들이 헌재 스스로 제시한 방침, 즉 정당해산요건의 엄격한 해석과 적용의 방침에 합치되는지 여부에 대한 검토에 맞추어진다. 소송절차법적 쟁점에 대해서는, 기본적으로 민사소송법령의 포괄적인 준용이 문제될 것이 없다고 본 헌재의 결정과, 반면에 적어도 증거조사와 사실확인 등에 대해서는 형사소송법을 적용해야 한다는 논지의 비판론에 대하여, 헌재가 독자적인 '헌법재판절차 형성자'로서 정당해산심판절차에 특유한 규율을 생산하여 적용하였어야 한다고 보는 입장을 전제로 차별화된 제3의 대안의 모색을 위한 단서들을 제시한다. 해산요건의 충족여부에 대해서는, 이른바 '포섭'의 맥락에서 해산의 요건에 해당하는 '사실의 존부'에 대한 확인을 내용으로 하는 개별 판단의 타당성, 말하자면 통진당의 목적이나 활동이 '민주적 기본질서'에 대하여 '실질적인 해악을 끼칠 수 있는 정도의 구체적인 위험성'(이하 '위험성'으로 약함)이 인정되는지 여부와 심판청구의 이유나 판단이유에서 제시된 바와 같이 '위험성'에 대한 결정적인 증거로 제시되고 고려된 폭력적인 행태의 위험성이 통진당 전체에 귀속되는 것으로 본 판단의 당부가 핵심 대상인 바, 해산결정의 전체적인 타당성과 최종 결론에 이르는 과정에서 내려진 개별 판단들의 당부에 대한 구체적인 판단은 유보하고, 다만 적어도 '수사'(rhetoric)의 관점에서 볼 때, 설시문상 헌재의 논증은 결정의 설득력의 토대인 법적 사유의 타당성과 법적 추론의 적확성을 머뭇거리지 않고 수긍하기에는 전체적으로 그 논리적 완결성과 정합성의 측면에서 적잖이 미흡하다는 점을 지적한다.

[주제어]
정당해산, 헌법소송절차, 민사소송법 준용, 정당의 목적이나 활동, 수사(修辭)

Ⅰ. 서론

1. 문제의 제기

『기획된 해산 의도된 오판』[1] - 통합진보당(이하 '통진당'으로 약칭함)에 대한 해산심판사건[2]에서 통진당 측 소송대리인단의 일원이었던 변호사가 "명백한 오판에 대한 역사의 증명과 심판에 대한 기대와 그에 기여하고자 하는 의도"[3]를 갖고 낸 변론서의 제목이다. 동 사건의 변호인단을 대표하였던 변호사는 추천사를 통해 "민주주의에 대한 사망선고", "헌법재판소 자신의 존립근거를 뿌리째 뽑은 것"인 동 결정으로 대한민국은 "입헌주의의 보편적 원칙이 적용될 수 없는 어처구니없는 나라"로 전락했다고 단정하였다.[4] 헌법을 전공하는 법학 교수도 "숨은 목적과 퍼즐 맞추기라는 기상천외한 방법으로 통합진보당을 해산시킨" 동 결정은 "헌법을 유린하고 국민을 배신"한 '적나라한 국가폭력'이고, 설시는 "허술하고 가식적인 논리와 문법"으로 "헌법적 미사여구"를 동원한 "교언영색"에 불과하다는 요지의 추천사를 덧붙였다.[5]

1) 이 재화, 기획된 해산 의도된 오판, 글과 생각, 2015.
2) 헌재 2014,12,19. 2013헌다1.
3) 이 재화(주 1), 15면.
4) 김 선수, 이 재화(주 1), 4 - 6면.

동 사건의 전말을 '기획된 해산'으로 단정하고, 동 결정을 헌법의 이름으로 헌법을 유린한 '의도된 오판'으로 보는 참여자 또는 관찰자에 대하여 전제된 기본적인 선인식에 대한 찬반론을 유보 또는 은폐하고 비판과 토론의 금도를 제시하는 것은 그 자체가 또 하나의 불순한 '기획과 의도'일 수밖에 없을 것이다. 정당해산심판을 청구한 정부 또는 정부의 배후에 있는 수구 보수세력과 헌법재판소가 야합하여 소수진보야당의 강제해산을 기획하고 실행한 것이라면 그것은 규명과 규탄의 대상이지 비평과 토론이 필요한 상황이 아니기 때문이다. 하지만 헌법규범과 헌법현실의 좁지 않은 간극에도 불구하고 적어도 우리 헌정의 현실이 "한국적 민주주의라는 논리로 유신을 정당화하던 그 논리"[6]에 의해 지배되는 헌법부재의 상태에 있다고 보지는 않는 입장에서 볼 때, 헌법수호의 교두보인 헌법재판소에 대하여 원천적이고 전면적인 불신과 극단적인 절망을 전제로 저항을 부추기는 듯 보이는 격문은 눈길은 끌지언정 동 결정에 대한 분석과 비판을 위한 공론의 마당에 참석을 권하는 초대장으로는 너무 극렬하다.

"최고법원의 판단은 그것이 옳기 때문에 최종적인 것이 아니라 최종적인 것이기 때문에 옳다"는 미국 연방대법원 판사였던 Robert H. Jackson[7]의 말대로 최고의 유권헌법해석 및 헌법재판기관으로서 헌법재판소의 최종결정 자체에 대한 승복 여부는 정치적으로든, 법적으로든 의문의 대상이 될 수 없다. 헌법재판을 포함한 모든 사법제도는 효과적인 분쟁해결수단으로서 재판의 본질과 기능, 특히 종심의 존재 자체와 그 권위에 대한 사전적 합의를 핵심요소로 하기 때문이다. 하지만 최종적인 사법적 결정에 대한 승복의 당위적인 요청이 비판과 토론의 공론장에 빗장을 거는 근거와 이유가 될 수는 없다. '정치법'인 헌법을 해석 적용하는 헌법재판의 경우 일반적으로도 그러하거니와, 예컨대 위헌법률심사

---

5) 한 상희, 이 재화(주 1), 7－9면.

6) 김 선수, 이 재화(1), 6면.

7) Brown vs. Allen, 344 U.S. 443, 540(1953).

와 같이 정치적 토론의 내용과 결론의 위헌성을 판단하는 것을 넘어서 특정 정당의 정치적 경쟁의 참여자로서 적격을 심사하는 정당해산심판의 경우야말로 당사자의 입장에서든 관찰자의 입장에서든 그 입장과 관점의 차이에 따라 극심한 갈등은 불가피한 동시에 당연하고 또 필요하다. 사법적 결정으로 그 근원인 정치적 사회적 이견과 대립 자체가 해소될 수는 없기 때문에 헌재의 정당해산결정은 '법적 판단'으로서는 최종적인 것이지만, 그 당부를 둘러싼 '개방된 토론'에서는 출발점일 뿐이다. 주관적인 느낌인지는 모르겠지만, 분격의 감정이 조금은 가라앉은 이제, 찬반의 입장과는 무관하게 치열하되 가능한 한 성급한 예단을 배제하고 차분하게 진행되어야 하는 법리적 검토와 논쟁이 시작될 수 있고 또 그래야만 할 것으로 생각된다.

이러한 점에서 우선 본 평석에서 헌재의 결정을 '해산기획'의 예정된 결과에 불과하다고 보는 선판단의 당부는 논외로 한다는 점을 밝혀둔다. 그 자체가 헌재결정에 대한 비판론의 핵심으로 제시하는 바, 즉 '무리한 추단', 즉 합리적인 의심을 배제할 만한 정도로 객관적으로 증명되지 못한 추측으로 여겨지기 때문이다. 또한 헌재의 결정을 오판으로 평가하는 경우에도 헌재 또는 재판관들의 의도성에 대한 예단, 말하자면 법적 사유와 논증이 아니라 원천적으로 당파적인 이데올로기적 선호에 따라 결론을 내려놓고 그것을 헌법해석으로 포장하였을 뿐이라고 하는 인식도 본 평석에서 관심의 대상은 아니다. 헌재와 재판관들의 정치적 편향성과 이데올로기적 파당성, 그리고 해묵은 현안인 재판관임명방법의 문제점이 회의와 비판의 대상이 될 수 없는 것은 결코 아니지만, 최종심판관의 권위에 대한 제도적 합의와 절차에 대한 동의를 전제로 하여 일종의 게임형식으로 진행되는 헌법소송의 당사자가 판정 후에 Logos를 넘어서 심판관의 중립성을 포함하여 법적 양심 등 기본적인 Ethos에 대하여 근원적인 의문을 제기하는 것은 자가당착이거니와, 아무튼 법 또는 법해석 및 법관의 중립성에 대하여 근본적으로 회의적인 입장을 취하는 이른바 '비판법학'(Critical Legal Studies)이나 좌파 법학자들을 비롯하여

‘사법적극주의’의 입장을 취하는 법원 또는 법관에 대한 비판적인 견해들은 별론의 기회에 다룰 논제일 뿐이다.

요컨대, 본 평석의 초점은 문상의 헌법적 논증을 대상으로 하여 헌법해석과 적용, 그리고 소송절차상 개별적인 법적 판단의 결론과 그 결론에 이르는 법적 사유의 노정을 되짚어보면서 헌법 도그마틱의 차원에서 그 법리적 흠결 또는 미흡성 여부를 검토하고, 그 구체적인 지점과 내용을 지적하는 데 모아진다.

2. 논구의 범위

전술한 문제제기의 맥락에서 헌법적 논증을 대상으로 한 비판론은 한 마디로 헌재가 ‘법적 판단’이 아니라 ‘정치적 결정’을 내렸다는 것이다. 말하자면 객관적인 증거법칙에 따라 합리적인 의심을 배제할만한 정도로 증명된 사실에 의해 사태를 파악하여 헌법을 해석 및 적용하지 아니하고, 막연한 의심과 추측만을 갖고 자신의 이데올로기와 정견을 실행하는 정략적 결단을 자행하였다는 것이다. 중립적인 입장에서 법리적 용어로 표현하면 결국 헌법소송절차에서 적용되는 증거법상 재량판단의 객관적인 한계를 넘어서는 자의적인 판단을 하였다는 비판이 그 핵심이다.

또한 특히 헌법해석방법론에 대입하기 어렵기는 하지만, 굳이 이른바 ‘포섭(包攝)의 도그마’(Subsumtionsdogma)를 기초로 한 ‘3단계론’의 틀에 맞추어 비판의 논거를 다시 정리해보면 대전제로서 정당해산심판제도의 본질과 기능에 대한 헌법이론적 인식 및 이를 토대로 한 정당해산요건 등에 대한 추상적인 헌법해석 단계에서의 결론과, 해산신판청구사유로 제시된 개별 사실들을 소송절차 속에서 확인하여 사태를 총체적으로 파악하고 규범적으로 평가하여 해석의 취지에 따라 헌법을 구체적으로 적용하는 단계에서의 결론 상호간의 논리적 비일관성과 부정합성이 그 핵심이다. 즉 ‘사실확인’(Tatsachenfeststellung)의 오류를 포함하는 ‘포섭의 오류’에 대한 지적이다. 헌재의 해산결정을 “법치국가에서 도저히 상상할 수 없는 정도"로 무모하고, 무책임하고 비겁하기까지 하다고 격하게 비판하는 입장에서도 "정당해산의 법리 자체는 결론이 무색할 정도로 비교적 엄정했다."고 평가하고 있다.[8)]

따라서 쟁점 자체는 충분히 정리되어 제시되어 있다고 보거니와, 본 평석은 우선 헌재의 결정과정 자체는 물론이고 결론에 대한 비판론 역시 일종의 대화로 보는 관점에서 제3의 대화참여자로서 기존에 부각된 쟁점들, 특히 통진당의 목적이나 활동이 "우리 사회의 민주적 기본질서에 대하여 실질적인 해악을 끼칠 수 있는 구체적 위험성을 초래하였다"고 본 결론과 이를 뒷받침하는 개별 사실들에 대한 확인 및 그 위험성에 대한 심증(心證), 그리고 본 사건을 촉발시킨 '이 석기 전 의원을 비롯한 일부 집단'(이하 '이 석기 등'으로 약칭함)의 위헌성의 정당 전체로의 귀속성에 대한 재량판단의 당부에 대한 이견에 초점을 맞춘다. 별도의 헌법소송에서 심판된 바 있듯이,[9)] 헌법재판소법 제40조 제1항에 의거 정당해산심판절차에 민사소송법령을 준용하는 것의 헌법적 가능성과 한계, 특히 형사소송법상 증거법원리와 규칙이 준용되어야 하는 것인지 여부에 관한 상론도 생략될 수 없다.

전술한 바와 같이, 정당해산제도의 본질과 기능, 특히 한계가 있을 수밖에 없기는 하되 정당보호의 수단과 절차로서의 성격을 강조하고, 따라서 '민주적 기본질서 위배'라는 정당해산의 요건은 엄격하게 해석되어야 한다는 원론적인 이해와 해석방법론에 대해서는 별다른 이견이 없기 때문에 상론의 재론은 필요하지 않다. 다만, 보완과 강조의 차원에서 정당해산심판제도의 핵심원리라고 할 수 있는 '방어적 민주주의' 또는 '투쟁적 민주주의',[10)] 그리고 정당해산제도의 헌법철학적 토대인 '다원적

8) 김 종철, 법치주의 이름으로 헌법을 매장한 헌재, 한겨레 신문, 2014.12.21.

9) 헌재 2014.2.27. 2014헌마7.

10) 방어적 민주주의론의 발생사와 상세한 내용에 대해서는 송 석윤, 정당해산심판의 실체적 요건 – 정당해산심판제도의 좌표와 관련하여, 서울대학교 법학, 제51권 제1호(2010), 29 – 32면.

민주주의', 특히 '관용의 요청'과 그 한계의 관점에서 논의를 추가한다. 후에 상술하는 바와 같이, 법텍스트를 출발점으로 하는 법적 사유에서 법해석과 포섭을 포함한 적용의 부분작업들을 각각 분리된 채 단계별로 순차적으로 진행되는 것으로 보지 아니하고 순환 관계에서 상호 영향을 주고받는 입체적인 작업으로 이해하는 '법학적 해석론'은 특히 헌법해석의 경우 그 의미와 설득력이 더욱 부각되거니와, 이 추가논의가 무용한 재론이 아닐 수 있는 점은, 전술한 바와 같이 정당해산제도의 기본법리 구성, 즉 추상적인 헌법해석의 취지 및 결론과 구체적인 사태파악과 포섭을 포함한 헌법적용, 즉 해산결정의 최종결론 간에 논리적 일관성과 정합성이 결여되어 있다는 비판에 대하여 그 당부를 판단할 수 있는 단서를 제공하거나, 더 나아가서 헌재가 미처 결정문에 담아낼 수 없었거나 그러지 못한 헌법적 사유의 일단을 부분을 확인하거나 보충할 수 있기 때문이다.

마지막으로, 정당해산결정에 의해 해산정당 소속 국회의원의 직이 상실되는 것으로 본 헌재 의 판시에 대하여 이견이 적지 않은 바, 학설상 대립되는 견해를 간단하게 살펴보고, 기본적으로 결론에 찬성하는 입장에서 헌재가 제시한 논거들의 적실성을 검토한다.

Ⅱ. 정당해산심판제도의 본질과 특성

1. 개요 – 법적 사유와 논증의 부정합

헌재는 정당해산심판제도가 발생사적으로도 정당보호절차로서의 성격이 부각된다는 것과 함께 정당의 목적과 활동이 민주적 기본질서에 위배되는 경우 예외적으로 제한될 수 있지만, 원칙적으로 모든 정당의 존립과 활동은 최대한 보장되어야 한다는 원칙을 분명하게 확인하였다.

생각건대, 이른바 '원칙과 예외'의 맥락에서 '최대보장의 원칙'을 강조하기 위한 논법으로 여겨지거니와, 헌재는 구체적인 예까지 가정하여 자상하게 부연설명을 추가하였다.

『설령 어떤 정당이 민주적 기본질서를 부정하고 이를 적극적으로 공격하는 것으로 보인다 하더라도 국민의 정치적 의사형성에 참여하는 정당으로서 존재하는 한 헌법에 의해 최대한 두텁게 보호되므로, 단순히 행정부의 통상적인 처분에 의해서는 해산될 수 없고, 오직 헌법재판소가 그 정당의 위헌성을 확인하고 해산의 필요성을 인정한 경우에만 정당정치의 영역에서 배제된다. 그러나 한편 이 제도로 인해서, 정당활동의 자유가 인정된다 하더라도 민주적 기본질서를 침해해서는 안 된다는 헌법적 한계 역시 설정된다.』

정당해산심판제도의 정당보호의 수단과 절차로서 본질과 기능을 적확하게 인식하고, 그에 따라 정당해산요건의 엄격한 해석과 적용의 방침을 확인해나가는 헌재의 기본적인 법리에 대해서는 해산결정에 대한 비난성의 비판론에서조차 이견을 찾아보기 어렵다. 하지만, 앞에서 거론한 '결론이 무색할 정도로 정당해산의 법리 자체는 비교적 엄정했다'는 역설적인 비판의 핵심논지가 그러한 것으로 생각되거니와, 적어도 그 내용이나 입장과 무관하게 상식을 갖춘 독자집단에게 결정문상 기본법리에 대한 선행 설시의 부분을 읽게 한 후 예상되는 결정을 물어본다면 거의 대부분이 기각결정을 선택할 것으로 믿는 입장에서 문제가 없지 않다고 한다면, 그 이유는 세 가지 중 하나일 것이다.

우선 정당해산제도의 본질에 대한 적확한 헌법철학적, 법리적 인식 및 이를 토대로 한 법적 사유와 구체적인 소송절차상 개별적인 법적 판단을 비롯한 최종 결론이 단절된 채 궤를 달리한 경우를 상정할 수 있다. 말하자면 '지행의 불일치'에 해당한다. 가정컨대, 재판관들이 이 '지행의 불일치'를 인식하면서 해산결정을 한 것이라면 그것은 비판론이 단정하는 '의도된 오판'이고, 결정문은 '가식의 교언영색'이라는 비난을 피할 수 없을 것이다.

둘째는 위의 경우에 해당되지만, 그 '지행불일치'를 의식하지 못한 경우, 말하자면 객관적인 관찰자의 입장에서 볼 때 헌법철학적인 인식과 법리는 적확했으나, 그것이 소송절차상 구체적인 법적 판단과 최종 결론에 이르는 법적 사유의 전 과정에 충실히 반영되지 못한 경우이다.

이 경우라면 시종일관 법적 사유를 이끌어 나가기에는 동력이 떨어지는, 체화되지 못한 헌법철학과 의식이나 논리적 관철력의 흠결을 지적하면서 '오판'이라고 비판할 수는 있을지언정 그 '의도성'을 비난할 수는 없을 것이다.

셋째는 정당해산에 대한 적확한 법리에 시종일관 유의하는 가운데, K. Engisch[11]의 말을 빌려 말하자면, 헌법규범과 사태에 대하여 충분히 번갈아가면서 눈길을 주어가면서 소송절차를 통해 나름 충분한 반성과 숙고를 거쳐 법적 판단을 하고 해산결정을 내렸음에도 불구하고, 이른바 J. Esser가 법학방법론의 맥락에서 해명한 '선이해'(Vorverständnis)를 포함하여 필연적으로 '도덕적 추론'과 연관되는 복합적인 작업인 법적 사유와 추론의 전 과정과 전모를 결정문에 충분히 담아내지 못한 것일 수도 있다.[12] 말하자면, 표현 또는 논증수단으로서 언어의 근본적인 한계로

---

11) K. Engisch, Logische Studien zur Gesetzesanwendung, 3. Aufl., 1963, S. 15. A, Kaufmann, Die ipsa res iusta Gedanken zu einer hermeneutischen Rechtsontologie, in; Beiträge zur Juristischen Hermeneutik sowie weitere rechtsphilosophische Anhandlungen, Carl Heymanns, 1984, S. 63에서 재인용.

12) 여기에서 이 문제에 관한 상론은 약하되, 다만 헌법의 해석과 적용의 경우에 복합성과 심층성이 더욱 부각되고, 따라서 법적 사유 또는 인식작업을 언어로 표현해내는 것의 한계가 더욱 부각된다는 점을 강조하면서 Esser의 해명으로 그 근거를 대신한다: 『외견상 법적용은 사태와 적용규범의 이른바 포섭이라는 연역의 논리형식으로 진행되는 단일한 행위인 듯 보이지만, 결정적인 요소는 이 추론에 선행하는 판단, 즉 분쟁규율의 필요성여부와 그 크기, 그리고 규범의 부합성, 말하자면 인식된 필요성에 부응하는 규범의 적합성에 대한 판단이다. 이 두 가지 판단을 위해서는 사태에 대한 있는 그대로의 '완전한'(vollständig) 규명과 평가만으로는 부족하고, 이를 넘어서는 사전적인 숙고가 필요하다. 즉 어떤 관점에서 사태를 평가해야 하는지가 관건이고, 이는 준거규범에서 찾아진다. 이 준거규범을 찾는 것 자체도 (단순히 논리적인 추론작업으로만 진행

인한 경우이고, 이 경우라면 헌재의 입장에서는 '오판'이라는 비판에 대하여 '오해'일 뿐이라고 항변할 수 있을 것이다.

특히 동 사건과 같은 hard case의 경우에 더욱 부각되지만, 근본적으로 '기하학'(geometry)의 형식이 아니라 일종의 '도덕성'(morality)에 대한 고도의 재량판단이 포함된 법적 추론[13)]에서 수학적 정확성과 엄밀성이 담보될 수 없기 때문에 '객관적 진실'은 확인할 수도 없거니와, 그렇지 않을 것으로 믿고 기대하는 첫 번째 경우, 즉 '의도된 오판'이라면 학문적인 평석은 무의미하다. 그것은 정치적 규탄의 대상이고, 법적으로는 탄핵 또는 저항권의 행사가 요구되는 '헌법왜곡'일 뿐이기 때문이다. 따라서 본 평석에서는 해산결정 자체의 '오판' 여부에 대한 최종판단은 이른바 '연불연'(然不然)의 입장으로 마지막까지 미루되, 우선 나머지 두 경우 중 하나에 해당되는 것으로 전제하고, 결정문과 그 행간에서 읽어낼 수 있는 단서들을 분석하여 둘 중 어느 것에 해당하는지 추단해본다. 결과적으로 '오판'으로 판단되는 경우에는, '오해'도 '이해의 한 형식'이고, "오류는 오류를 범하는 자의 올바른 지식 안에 편입될 수 있고, 따라서 오류는 원인뿐만 아니라 근거도 있다"는 Wittgenstein[14)]의 말의 적확성을 짚어 보는 기회로 활용한다. 더 나아가서 '오판'으로 단정할 수 없는 경우라고 하더라도 적어도 개별적인 판단에서 부분적인 오류는 없는지 검토해본다. 기술한 바와 같이, 근본적인 이견은 없지만, 헌재의 정당해산제도와 관련한 기본법리에 대하여 다음에서 논의하는 것은 바로 이러한 맥락에서이다.

되는: 필자 부기) 체계적인 탐색행위가 아니라 주어진 사태의 상황에서 또한 법체계적 관계와 법정책적 결과와 관련하여 고려되어야 하는 다수 규범들의 효용에 대한 평가가 요구되는 복합적인 작업이다.』 이 덕연, 법인식작업의 본질 - 법이성과 법감정, 언어권력으로서 사법권과 헌법, 신조사, 2014, 34면; J. Esser, Vorverständnis und Methodenwahl in der Rechtsfindung, durchgesehene und ergänzte Ausgabe, Athenäum Fischer, 1972, S. 31.

13) 이에 관해서는 법형식주의에 대한 Dworkin의 비판론에 대한 논의와 함께 S. J. Shapiro, Legality, Belknap Harvard, 2011, pp. 264.

14) L. Wittgenstein, 이 영철(옮김), 확실성에 관하여, 책세상, 2006, 33면, 74번.

2. 정당해산심판제도의 딜렘마 - 헌법수호와 정당보호

(1) 정당해산심판제도의 본질

이른바 '정당특권'을 수용한 우리 헌법상 정당조항 자체가 정당의 설립과 활동에 대한 '최대보장의 원칙'을 비롯하여 정당운영비용 국고보조제도 까지 포함하는 당근과 함께 정당의 목적과 조직 및 활동의 민주성의 요청을 비롯하여 강제해산이라는 채찍을 함께 마련한 것은[15] 근본적으로는 '민주주의의 dilemma'에 대한 양면적 대응의 결과라고 할 수 있다. 등록취소 등과 같이 정부의 독자적인 결정이나 행정기관의 일방적인 행정처분이 아니라 헌법재판소의 심판, 즉 엄정한 헌법소송절차를 통해서만 강제해산이 될 수 있게 한 정당해산심판제도는 그 자체가 '정당특권'의 핵심 당근인 동시에, 또 한편 엄격한 헌법의 요건 하에서만 허용되는 것이되, 일단 휘두르는 경우에는 '정당특권'의 박탈에 그치는 '태형'(笞刑)의 채찍이 아니라, 정당 조직 자체가 해체되고, 이른바 '대체정당'의 설립이 금지되고(정당법 제40조), 더 나아가 헌법과 법률상 명시적인 근거는 없지만, 헌재가 확인한 바와 같이 소속 국회의원의 의원직이 박탈되고 잔여재산 까지 국고에 귀속되는 등(정당법 제48조 제 2, 3항) 그 법적 효과를 보면, 정당을 궁극적으로 '정치의 공론장'에서 완전히 배제하는 일종의 '정치적 사형'을 집행하는 장검(長劍)이라고 할 수 있다.

이러한 점에서 보면, 헌재도 분명하게 확인하고 있듯이, '정당존립의 특권', 특히 그 중에서도 "정부비판자로서 야당의 존립과 활동을 특별히 보장하고자 하는 헌법제정자의 규범적 의지의 산물"로 이해되는 정당해산제도는 민주적 기본질서의 보호수단이기는 하지만, 그 자체가 오히려 민주주의에 대한 치명적인 해악이 될 위험성을 내포하고 있기 때문에 그 운용 여하에 따라서는 일종의 '극약처방'이 될 수 있는 양면

---

15) 이에 관해서는 이 명웅, 정당조항의 양면성, 헌법논총 제13집(2002), 474면 이하.

적인 제도이다. 말하자면 민주주의와 헌법에 의해 보장되는 정당의 자유가 자신의 모태이고 배양토인 민주적 기본질서를 파괴하는 수단으로 악용되는 경우, 민주주의에 대한 제약, 즉 정당의 자유에 대한 제한을 통해서 민주주의와 자유를 보호하는 극단적이고 예외적인 예방적 헌법보호의 수단이다. '타살'에 대한 무방비는 '자살'(Selbstmord)과 다를 것이 없거니와, 어떤 헌법과 민주주의도 자살을 용인할 수는 없다는 자명한 당위명제와 함께 "죽음에 대한 걱정으로 인한 자살"(Suizid aus Angst vor dem Tode)[16]에 대한 병리학의 역설적인 우려 또한 외면할 수 없는 것은 바로 칼날과 같은 정당해산심판제도의 양면성 때문이다.

(2) 이상명제로서 '절제의 요청'과 현실명제로서 '중용'(中庸)의 요청

헌법적 한계의 단서를 부기하기는 하지만, 우선 정치적 비판자들에 대한 탄압의 수단으로 남용되지 않게 "매우 엄격하게 제한적으로" 운용되어야 한다는 점을 강조하고, '의심스러울 때는 자유 우선'(in dubio pro liberate)의 원칙이 정당해산심판에서도 적용되어야 한다는 점까지 성급하게(?)[17] 확인하고 있는 헌재 결정문의 기조도 그러하거니와, 일반적으로 이러한 양면성에 초점을 맞춘 정당해산심판제도의 본질에 대한 논의는 거의 예외 없이 제도운용의 기본지침으로 우선 '절제의 요청'을 강조한다. 생각건대, 이러한 논조는 역사적 경험에 따르면 '민주적 기본질서'의 파괴가 대부분 헤게모니를 장악한 정치세력이나 호전적인 정치권력자의 전횡에 의한 것이었지, 자유로운 정치적 의사형성의 과정에서 초래된 것이 아니었다는 역사적인 경험이 반영된 것인 점에서[18] 기본적으로 당연

16) H. Meier, Parteiverbot und demokratische Republik, 1993, S. 146ff. M. Morlok, Parteiverbot als Verfassungsschutz－Ein unauflösbarer Widerspruch, NJW, 2001, S. 2932에서 재인용.

17) 이에 관해서는 아래 증거 관련된 논의(IV)에서 상술함.

18) H. Dreier, H. Dreier, Grenzen demokratischer Freiheit im Verfassungsstaat, JZ, 1994, S. 752.

하고 타당하다. 또한 전적으로 동의하는 S. Zizek[19]의 말대로, 민주주의론에서 '순정성'은 민주주의와 대척점에 있는 전체주의가 상용하는 슬로건이다. 그 어떤 성숙한 민주주의에서도 부패하고 무능력한 보통사람들에 의해 통치될 가능성을 완전히 제거할 수는 없지만, 다수 또는 주류의 시각에서 보면 일종의 '일탈'로 여겨질 수 있는, 헌재의 표현을 빌리면, 예컨대 헌법의 근본가치인 "민주적 기본질서를 부정하고, 적극적으로 공격하는 것으로 보이는", 낯설고 불편하고, 심지어는 혐오스럽기까지 한 소수 정치세력의 존재 가능성도 마찬가지이다. 이러한 내재적인 위험과 결함이 제거된 '순정한 민주주의'를 추구하는 것은 민주주의 자체를 폐기해버리는 정반대의 결과를 초래할 뿐이라는 Zizek의 단언은 오히려 후자의 경우에 더욱 적확하다.

하지만, 이러한 일반적인 역사적 경험과 다원적 민주주의의 철학적 전제인 가치상대주의의 관점에서, 적어도 원론의 차원에서는 이견이 있을 수 없는 민주주의론은 정당해산심판제도의 설계나 운용의 출발점이나 기본관점으로서는 그 함의가 지대하고 소중하지만, 교과서에서 포착해내지 못하는 특수한 정치상황에서 구체적으로 적용될 수 있는 운용지침과 판단의 준거를 제공하지는 못한다. 진리와 정의가치의 상대화를 전제로 최대한의 '관용'과 '포용'을 요구하는 다원적 민주주의의 방침과 또 한편 평등한 자유시민들 간의 대화와 토론을 통한 개방된 정치적 경쟁질서 자체를 파괴하려고 하는 '민주주의의 적'에 대한 방어의 요청을 동시에 충족시킬 수 없는 이른바 '민주주의론의 dilemma'도 그렇듯이, 정당해산심판제도의 적정한 운용의 요청도 추상적으로는 문제될 것이 없다.

최대한의 자유와 민주적 개방성은 궁극적으로 최대한의 부자유와 민주주의의 종말, 즉 전체주의로 귀결될 수 있다는 이른바 '자유의 역설'(Paradox der Freiheit)과 '관용의 역설'(Paradox der Toleranz)을 이론적으로 수렴해낸 '방어적 민주주의'도 추상적인 이론의 차원에서는 dilemma라고

---

19) S. Zizek, 이 수련(옮김), 이데올로기의 숭고한 대상, 새물결, 2013, 23면.

칭할만한 정도로 문제될 것이 없다. 위험이 전혀 없는 개방과 포용이 있을 수 없고, 그렇다고 해서 폐쇄와 배제가 최선의 방책이 아니거니와, 개방과 포용을 기본방침으로 하는 정치적 자유경쟁의 형식으로서 민주주의의 근원적인 흠결의 위험과 구조적인 취약성을 직시하면서 순화와 개선의 노력을 계속 해나가야 한다는 점만 강조하면 되기 때문이다. Ch. Möller의 말대로 민주주의는 급진적인 동시에 개방된 개념이고 정치적 구상이다.[20] 급진성은 과격한 속박과, 개방성은 유약성(柔弱性)으로 혼동되기 쉽다. 현실 속에서 운행되는 민주주의에는 늘 실제 이러한 추상적인 위험성이 구체적으로 현실화될 수 있는 가능성이 잠재되어 있다. Möller는 급진성과 개방성의 순기능을 살리고, 역기능의 위험성을 제어할 수 있기 위해서는 "명백하게 인식할 수 있는 한계를 갖는 넓은 '개활지'(開闊地)"(ein weites Terrain mit gut erkennbaren Grenzen)를 조성하는 것이라는 점을 재확인하면서, 특정한 가치적 선판단보다는 다양한 담론들 간의 경쟁을 통해 정의와 진리가 형성되어나가야 한다는 논지의 '철학보다 민주주의가 우선'이라는 R. Rorty의 명제를 원용하여 관건은 '민주주의이론보다 민주주의가 우선'이라는 인식을 재정립하는 것이고,[21] 따라서 궁극적으로 "민주주의의 한계는 오로지 민주주의 자체에서만 주어진다"[22]는 점을 강조한다.

하지만, 전술한 바와 같이 '배척을 위한 배척'이 아니라 '포용을 위한 방어'를 지향하는 '방어적 민주주의론'을 바로 Möller가 말하는 '개활지'(開闊地)의 조성과 보전을 우선 지향하는 것으로 이해하는 관점에서 볼 때, '방어적 민주주의이론'은 바로 민주주의에 우선하는 특정한 민주주의이론 이라기보다는 '민주주의이론보다 민주주의가 우선'이라는 인식의 지평 속에서 급진적이고 개방적인 민주주의의 구조적 흠결과 취약성

20) Ch. Möller, Demokratie – Zumutungen und Versprechen, 2. Aufl., Klaus Wagenwach, 2009, S. 10. Nr. 3.

21) Ch. Möller(FN 18), S. 11, Nr. 4.

22) Ch. Möller(FN 18), S. 81, Nr. 109.

에 대한 보완과 개선의 필요성 및 당위성과 함께 구체적인 노력의 의무를 이론적으로 재확인한 것으로 보아야 한다.

이러한 노력과 '역설'에 대한 숙고의 산물인 정당해산심판제도가 강의실과 시험장이 아니라 힘과 이데올로기가 각축하는 정치현장에서 구체적인 헌법소송절차 속에서 헌법문제로 제기되는 것은 '원칙과 예외'에 대한 선택적 결단의 기로, 말하자면 원칙을 지켜야 할 이유와 예외를 선택해야 할 이유, 그리고 원칙의 고수 또는 예외를 선택할 경우 각각의 위험의 크기가 쉽게 판가름되고 교량될 수 없는 난제로 주어지는 한계상황에서이다. 그것이 한계상황에서 주어지는 난문(難問)인 것은 민주주의와 자유의 가치가 어느 일방만이 독점할 수 있는 명분과 논거가 아니기 때문이다. 이러한 문제구도 속에서 원래 정당화 소명부담의 유무를 기준으로 하는 이른바 '원칙과 예외'의 추상적인 담론형식은 소명부담의 합리적인 배분을 전제로 하는 정당화의 경쟁, 말하자면 '원칙과 예외'의 원칙과 '예외 없는 원칙은 없다'는 원칙 간의 동렬선상에서의 실질적인 토론으로 진행되는 구체적인 논증경쟁의 형식으로 전화(轉化)된다.

정당해산심판이 구체적인 헌법현안으로 부각되는 이러한 문제상황 속에서 관건은 '절제의 한계선', 즉 더 이상 관용으로 대처할 수 없을 정도로 민주주의와 자유의 핵심가치에 대한 합의를 파기하고, 적극적으로 공격하는 눈앞의 '자유의 적'(Feinde der Freiheit)에 대하여 더 이상 물러날 수 없는 마지노선을 확인하고, 최후의 방어수단으로 반격을 감행하는 것이다. 절박한 상황에서도, 또는 더 정확하게 표현하면 절박한 상황일수록 '투쟁적 민주주의'(streit-bare Demokratie)의 수단이 더더욱 법치국가원리에 의해 엄격하게 규율되어야 하는 것은 당연하지만, '법치국가적 민주주의'가 민주주의에 대한 일방적인 무장해제의 법리로 적용되어서는 아니된다. 일종의 '헌법적 금기'(verfassungsrechtliches Tabu)를 설정한 것이 '방어적 민주주의론'의 핵심인데,[23] 방어적 민주주의의 핵심제도의 하나

23) 이에 관한 상론으로는 J. Isensee, Tabu im freiheitlichen Staat, Schöningh, 2003, S. 45 – 49.

인 정당해산심판제도의 실제 가동의 가능성 자체를 금기시하여 방어 및 공격수단으로서 그 기능을 원천적으로 봉쇄하고, 잠재적인 효용을 형해화하는 것은 또 하나의 금기시되어야 할 '과잉의 법리'이다. '절제의 요청'을 뒷받침하는 '최대한의 관용'은 최선의 방책이지만, '무제한의 관용'은 '민주주의의 자살'을 용인하는 무책임하고 무모한 자포자기의 방임일 뿐이기 때문이다.

헌법의 해석과 적용에 일반적으로 적용되는 '조화의 명제'는, 정당해산심판제도의 운용에서도, 구체적으로 말하자면, 정당해산심판을 청구하는 단계에서부터 적법성판단을 비롯하여 최종 결정에 이르는 헌법소송절차의 전 과정 속에서도 '과잉금지'와 '과소금지'의 요청을 수렴해내야 하는 '중용'의 요청으로 부각된다.

(3) 구체적인 문제상황 속에서 본 '중용'의 가능성과 한계 - 이른바 '특수상황론'

민주주의에 대한 고찰은 그 자체가 민주주의의 실천의 일환이기도 하거니와, 위에서 언급한 Möller가 강조하는 바와 같이, 민주주의에 대한 고찰은 민주주의적인 형식 속에서 진행되지는 아니하고 또 그래서도 아니 되기 때문에 구체적으로 실천되는 '민주주의의 실제'(demokrati-sche Praxis)를 존중해야만 한다.[24)]

민주주의의 방어수단으로 정당해산심판제도가 작동되는 구체적인 민주주의의 현장에서 '중용'의 요청은 성급함과 함께 지체도 용인될 수 없는 '적시성'(適時性)의 요청으로 부각된다. 다시 강조하여 말하자면 지나치게 공격적인 운용은 민주주의의 방어가 아니라 오히려 민주주의의 훼손을 초래하기 때문에 '절제'가 각별하게 요구되지만, 반면에 민주주의의 파괴를 방관하는 지체도 용인될 수 없다. 결국 관건은 '최후의 적시점'을 판단하는 '중용의 지혜'인데, 헌법과 헌법이론은 요구는 하지만 그

24) Ch. Möller(FN 18), S. 10, Nr. 4.

것을 구할 수 있는 구체적인 방책을 제공하지는 않는다. 전술한 바와 같이, 추상적인 이론의 차원에서는 문제가 없지만 실제 구체적인 적용의 차원에서는 난제로 주어지는 민주주의의 dilemma, 즉 '포용의 요청'과 '배제의 요청' 간의 배리(背理)의 모순이 모든 정치게임의 참여자들이 공감한 가치판단의 전제와 정치과정 속에서 협상될 수 있는 논제의 구별이 이론적으로는 가능하지만 실제로는 판별이 어려운 상태로 혼합되어 있는데 기인하는 것과 마찬가지로,[25] 중용의 슬기가 요구되는 '적시성판단'의 난제도 추상적인 이론의 차원에서는 문제될 것이 없다. 특히 헌법제도가 그러하기도 하거니와, 근본적인 모순으로부터 자유로운 완벽한 제도 및 제도의 운용 있을 수 없기도 하지만, 정당해산심판제도 자체가 말 그대로 이론적으로 문제될 것이 없는, '추상된' 핵심을 담아 낸 헌법제도이고, 구체적인 문제상황 속에서 요구되는 '운용의 묘'는 그 운용의 과정 속에서 찾아나갈 수 있을 뿐이다.

이러한 맥락에서 볼 때, 헌법규범과 헌법현실의 틈에서 작동될 수밖에 없는 실제 정당해산심판제도 운용상의 dilemma, 즉 실행은 가능하지만 방어의 수단으로서 극단적인 군소정당의 강제해산은 불필요한 데, 반면에 정작 자유민주적 기본질서를 해칠 위험성이 큰 위헌적인 유력정당에 대해서는 관철시키는 것이 어려운 헌법실현의 한계에 대한 Hesse의 지적은 적확하지만,[26] 추상적인 이론의 차원에서 '절제의 요청'을 우선시해야 한다는 관점의 근거로서 유력한 것일 뿐이다. 같은 맥락에서 실제 민주주의의 역사적 경험이나 정치현상을 주목하는 현실적인 관점, 예컨대, 자유민주적 기본질서의 파괴는 대부분 유력 정치세력이나 호전적인 정치권력자에 의한 것이었지 이견이 되었든, 일탈이 되었든 소수 또는 비주류의 자유로운 정치적 참여에서 비롯된 것은 극히 드물다는 역사적 경험이나[27] 정당해산심판제도가 기존의 유력 정당들이 국외자들

25) U. Volkmann, Dilemmata des Parteiverbots, DÖV, 2007, S. 579.

26) K. Hesse, Grundzüge des Verfassungsrechts der Bundesrepublik Deutschland, 18 Aufl., C. F. Müller, 1991, Rn. 715 mit Fn. 5.

(Außenseitern)과의 경쟁을 회피하기 위한 수단으로 악용되는 경우 정치생활역역에 새로운 자극과 에너지의 유입이 차단되어 민주정치의 역동성이 훼손된다는 정치현상을 직시하는 관점[28]들에 대해서도 별다른 이견이 있을 것이 없다.

하지만, 실제로는 저항권 행사의 문제로 주어지겠지만, 실현의 가능성을 떠나서 다수 정당이라 할지라도 민주적 기본질서를 해치는 경우라면 당연히 강제해산의 대상이 된다는 원론적인 전제 하에, 우리가 구체적인 헌법문제로 대면하게 되는 난제는 위에서 지적한 경우와는 다른, 극히 일상적인 정치생활의 상황 속에서 주어진다는 점을 유의해야 한다. 예컨대, 정치생활을 주도하는 다수 정당도 아니고, 또 한편 위헌성이 있다고 하더라도 정당해산제도의 실행 자체가 무용할 정도로 영향력이 극히 미미한 군소정당도 아닌 정당, 말하자면 '절제의 요청'에 따라 선거나 여론시장의 자정력에 맡겨 두기에는 상당한 지지를 받는 정당의 활동이 민주적 기본질서에 위배되는지 여부가 정당해산심판의 헌법문제로 이어지는 경우가 그것이다. 정치적, 군사안보적 상황이 크게 달라진 통일 이후의 시점에, 실제로 독일 연방헌법재판소에서 절차상의 문제로 적법성심사의 단계에서 각하되기는 하였지만, 연방의회와 연방참사원 및 연방 정부가 공동으로 정당해산심판을 청구하였던 '독일국가민주당'(Nationaldemokratische Partei Deutschlands: NPD)의 사례만[29]을 보아도 이러한

27) H. Dreier(FN 16), S. 752.

28) K. Hesse(FN 24), Rn. 715.

29) BVerfGE 107, 339 - NPD-Verbotsverfahren. 이 판결에 대해서는 vgl. J. Ipsen, Das Ende des NPD-Verbotsverfahers, JZ, 2003, S. 485ff. NPD는 연방의회선거에서는 한 번도 원내진출에 성공하지 못하였지만, 1966년 참여한 주의회 비례대표선거 중에서 바이에른주(Bayern)에서는 7.4%, 함부르크(Hamburg)에서는 3.9%, 헷센주(Hessen)에서는 7.9%, 1967년 참여한 주의회 비례대표선거 중에서 브레멘주(Bremen)에서는 8.8%, 니더작센주(Niedersachsen)에서는 7.0%, 라인란트-팔츠주(Nordrhein-Westfalen)에서는 6.9%, 잘란트주(Saarland)에서는 5.8%라는 비교적 높은 득표율을 보였으나, 이후 득표율이 점차 하락하여 1974년 이후부터는 0.1%~1.4%의 미미한 득표율을 기록하였다. 동 결정의 상세한 내용은 차 진아, 독일의 정당해산심판의 요건과 판단기준에 대한 연

경우가 민주정치가 성숙되지 못한 상황에서만 발생되는 것이 아님을 잘 알 수 있거니와, 프랑스를 비롯하여 최근에 재정위기에 봉착한 그리스 등 남유럽 국가들에서 목격하는 바와 같이 어려운 사회경제적 상황과 엇물려서 극우든, 극좌든[30] 이른바 '급진정당'의 위헌성의 문제가 이와 유사한 정치현안 및 헌법문제로 비화될 수 있는 가능성은 오늘날 민주주의에 보편적으로 잠재되어 있는 위기의 근원이다.

물론 이런 경우야말로 바로 '절제의 요청'이 구체적으로 재확인 및 실행되어야 하는 전형이라고 주장할 수도 있다. 유권자의 선거를 통한 정치적 판단에 대하여 다수를 대표하기는 하되 정치적 경쟁자이기도 한 유력 정당을 기반으로 하는 대의기관이 이의를 제기하고, 사법기관인 헌법재판소가 사법심사를 통해 그 결과를 취소하거나 변경을 가하는 것은 우선 국민주권의 이념에 합치되는 것으로 볼 수 없거니와, 특히 정책결정권과 분리하여 주권의 주체인 국민은 대의기관구성권만을 갖고, 정책결정은 선출한 다수대표에 자유 위임하되 정당들 간의 정치적 토론과 경쟁의 과정에 맡기는 대의민주주의에서 부분적으로라도 국민의 대표선출권을 자체를 부정하는 것으로서 그 용인을 정당화할 수 있는 법리를 상정하기 어렵기 때문이다. 유권자가 선거를 통해 정당이 추천한 후보를 대표로 선출하여 정당의 정치참여적격을 판단하고, 정치적 경쟁구도를 구성한 결과가 설령 '민주적 기본질서'에 대한 위해를 초래한다고 할지라도 정치구도를 재편하고 그 위험을 해소하는 것은 오로지 유권자의 몫일뿐이고, 국가기관은 정당해산이 아닌 다른 수단을 통해 그 위험을

구, 고려 법학, 제72호(2014), 117면 이하 참조.

30) NPD가 우파의 급진정당이라고 한다면, 유사한 맥락에서 독일 통일 이후 구 동독 지역의 일부 주의회선거에서 30%에 가까운 득표를 할 정도로 정치적 영향력을 확장하였던 '민주사회당'(PDS: Partei des Demokratischen Sozialismus – 2005년 7월에는 Die Linke와 합병하여 'Die Linke Partei' PDS, 2007년 6월에는 'Arbeit & Soziale Gerechtigkeit Die Wahlalternaive'와 합병하여 'Die Linke'로 당명을 변경함)은 좌파 급진정당의 예로 주목된다. 시종일관 '기본법'(Grundgesetz)의 존중을 천명하고, '권위주의적 사회주의'(autoritärer Soziialismus)와의 결별을 선언하였지만, 그 진정성에 대한 의문이 완전히 불식되지 않고 있다.

관리 및 제어는 할 수 있되 그 정치적 상황을 감내할 수밖에 없는 것은 시민 스스로 형성해나가고, 책임을 지는 정당국가적 민주주의에서 이상(異常)현상이 아니라 오히려 자연스럽고 불가피한 숙명이라고 볼 수도 있다. 또한 이러한 상황은 대부분이 기득권 정당 중심의 파행적인 정당체제와 그에 따른 편향된 정치적 지형과 그에 따른 '소수의 소외', 즉 '대의수요'와 '대의공급' 간의 심각한 괴리에 기인한다는 점에서 적어도 선거를 통해 선출된 소수대표와 그 모태인 정당은 정치의 공론장에 수용하기 어려울 정도로 거칠고 공격적인 행태를 보인다 하더라도 그것은 오히려 국민의 정치적 의사형성의 과정에 새로운 자극과 변화의 동인이 유입될 수 있는 유용한 창구가 될 수 있다는 점도 유력한 이유로 거론될 수 있을 것이다.

하지만, Weimar체제를 몰락시키면서 득세한 Nazi는 물론이고 굴곡의 우리 헌정사를 통해서도 숱하게 경험한 바와 같이, 유력한 다수 정당에도 그대로 해당되기는 하지만, 선거를 통한 유권자 지지의 크기가 정당의 목적이나 활동이 '민주적 기본질서'에 위배되지 않는다는 무오류의 증거가 될 수는 없다. 새로운 자극과 변화의 동인도, 설령 그것이 기존의 고착된 불공정한 정치적 경쟁질서에 기인한다고 하더라도, 그것이 자유경쟁의 기본조건인 '민주적 기본질서'의 파괴를 대가로 하여 수인될 수 없는 것은 물론이다. 생태론(ecology)의 핵심명제인 이른바 '실수의 다양성'(diversity of mistake)[31)]까지 포함하는 '다양성'의 명제나, '건강한 머뭇거림'(healthy hesitation)[32)]이라는 도덕적 다원주의의 요청도 생태계 전체의 건강성과 지속가능성을 위한 지침이지, 그것이 '다양성의 질서' 자체에 대한 부정과 파괴 까지 방임하라는 것이 아니거니와, 이는 '정치생태계'의 경우에도 그대로 해당된다. 이러한 '정치생태계'의 지속 및 건강성 증진이라는 관점에서 볼 때, 추상적인 이론의 차원이 아니라 구체적인

31) F. Capra, The Web of Life, Anchor Books, 1996, p. 304.
32) D. E. Marietta Jr., Beyond Certainty – A Phenomenological Approach to Moral Reflection, Lexington Books, 2004, p. 4.

정당해산문제, 특히 국민의 정치적 의사형성에 참여하여 선거를 통해 상당한 지지를 받은 정당의 위헌성이 문제로 부각되는 경우에도 정당해산심판제도는 빼낼 수 없는 '칼집 속의 칼'로 그대로 남아 있어야 하는가 하는 헌법정책 및 헌법해석론 차원에서의 고민거리와 함께, 헌법소송절차를 통해 접근하고 판단하는 맥락에서 '건강한 머뭇거림'의 요청과 그 한계를 설정하는 '중용의 지혜'를 구하는 것은 Solomon에게도 벅찬 난제이다.

헌재가 설시하는 바와 같이, 더욱이 우리는 "북한이라는 현실적인 적으로부터 공격의 대상으로 선포되어 있고, 그로부터 체제 전복의 시도가 상시적으로 존재하는 상황"에 있고, 우리 '정치생태계'의 민주적 기본질서도 당연히 동일한 운명 속에서 '지속가능한 발전'을 도모해 나갈 수밖에 없다. 이른바 '진영논리'의 관점에서 헌재재판관들의 이데올로기적 편향성을 비판하는 입장에서는 '의도된 오판'의 근원으로 지적하고 있지만, 정부의 정당해산심판청구의 당부와는 무관하게 적어도 적지 않은 우리 사회공동체의 구성원들이 위헌성에 대하여 진지한 우려와 의문을 갖고 있다고 여겨지는 한 진보정당의 정치참여적격을 판단하는 정당해산문제와 관련하여 정치규범인 헌법을 해석하고 적용함에 있어 우리의 '특수상황'을 의식하고 반영하는 것, 즉 "입헌주의의 보편적 원리에 더하여, 우리 사회가 처해 있는 여러 현실적 측면들, 대한민국의 특수한 역사적 상황 그리고 우리 국민들이 공유하는 고유한 인식과 법 감정들의 존재를 동시에 숙고"하는 것 자체가 금기시 될 수는 없다. 현재의 인식과 미래의 전망이 과거의 기억에 의해 지배되어서는 아니 되기도 하거니와 상투적인 정략적 슬로건으로 악용된 권위주의 시대의 정치적 이력은 물론이고, 기득권 정당들의 기능부전 및 그 근원인 편향된 정치적 지형과 파행적인 정치구도 등도 숙고의 대상인 또 다른 '특수상황'인 것이지, 그것이 '특수상황'의 존재를 부정하는 논거가 되지는 못한다. 이른바 '특수상황론'이 '절제'와 '중용의 요청'을 일거에 제압하는 파행적인 정략과 정치상황이 발생하지 않아야 하고, 바로 이것이 민주주의의 자기

보호수단인 동시에 그것이 자기위해를 초래하지 않게 하기 위한 안전장치로 도입된 정당해산심판제도의 '존재의 이유'임은 재론할 필요조차 없거니와, 아무튼 구체적인 헌법문제로 정당해산문제를 숙고하여 '중용의 지혜'를 구하는 것이 우리에게 또한 헌법재판소에게 더욱 난제로 주어질 수밖에 없는 '특수상황'인 것만은 분명하다.

3. 소결

헌법보호의 수단인 정당해산심판제도는 근본적으로 '헌법의 보호'와 '정당보호'가 한계선상에서 대립하는 dilemma의 상황에서 정당의 목적이나 활동이 '국가의 존립'을 해치거나 '민주적 기본질서'에 위배되는지 여부를 헌법재판소가 판단하여 그 요건이 충족되는 경우 정당의 정치참여자격을 강제로 박탈하는 제도이다. 따라서 헌법보호를 위한 최후 수단으로서 일종의 '극약처방'인 정당해산심판제도의 운용에서 보편적인 지침으로 요구되는 '절제의 요청'을 우선 유의해야 하는 것은 당연하지만, 그렇다고 해서 그것이 일방적으로 헌법과 민주주의의 자살을 용인하는 무제한의 '방임'을 요구하는 것일 수는 없다, 성급함과 지체를 동시에 피해야 하는 '적시성'의 선택과 그것을 구하는 '중용의 지혜'를 강조한 것도 바로 이 때문이다. 또한 정당해산심판제도가 기본적으로 '정치생태계' 또는 '정치적 기후'(politischer Klimaschutz)[33]의 보전을 위한 수단으로 도입된 점을 고려하면, 그 구체적인 운용의 기본상황과 여건, 그리고 심판절차상 구체적인 판단의 방침도 지정학적 환경, 민주주의의 정착 또는 시민의 정치의식과 정당문화의 성숙도 등에 따라 다를 수밖에 없을 것이다. 우선 악용의 위험성을 경고하면서도, 이른바 '특수상황론'도 그 논의 자체를 금기시해서는 않된다는 점을 강조한 것도 같은 이유에서이다.

---

33) M. Morlok(FN 14), S. 2943.

Ⅲ. 헌법소송절차상 민사(형사)소송법준용의 문제

1. 개요

전술한 바와 같이, 헌재의 정당해산결정에 대하여 매우 비판적인 입장에서도 추상적인 이론적 차원에서 정당해산제도의 기본법리를 설시한 부분에 대해서는 별다른 이견이 없거니와, 이제까지 정당해산심판제도의 본질과 의의를 되짚어보고, 그것을 토대로 하여 동 제도의 운용상 핵심명제와 지침으로 '절제의 요청'과 함께 '중용'을 제시한 것도 헌재와 다른 관점이나 이견을 제기한 것은 아니다. 정당의 강제해산이 구체적인 정치현안 또는 헌법문제로 부각되는 한계적 문제상황을 해명하고, 단순히 일방적인 '절제의 요청'이 아니라 '성급함'과 함께 지나친 '지체'도 용인될 수 없는, 그렇기 때문에 dilemma적 상황에서 난제로 주어지는 '적시성의 요청'을 강조한 것도 헌재의 결정에 대한 비판보다는 보완의 맥락에서, 말하자면 설시문의 행간에서 읽어낸 부분을 정리한 것으로 이해해도 무리가 없을 것으로 생각된다. 다만, 혹시 이러한 독해가 무리한 추측의 오류라고 한다면, 정당해산제도에 대한 헌재의 기본적인 이해나 법리에 대한 비판이거나, 아니면 Rhetorik의 차원에서 논리적 부정합성으로 드러난 논증의 흠결을 보정한 것으로 볼 수도 있겠다.

결국 동 결정에 대한 평석의 초점은 본고에서 재확인 및 보완한 정당해산제도의 기본법리와 그것을 토대로 하는 '중용의 요청'의 맥락에서 해산결정의 근거로 제시된 개별 판단들이 헌재 스스로 제시한 방침, 즉 정당해산요건의 엄격한 해석과 적용의 방침에 합치되는지 여부에 대한 검토에 맞추어진다. 특히 증거채부나 증명수준 등과 관련된 소송법원칙 및 규율의 문제와 관련하여 정당해산심판절차에 민사소송법령을 준용하는 것의 당부를 둘러싼 헌법소송절차상의 쟁점과, 해산요건의 충족, 즉 이른바 '포섭'의 맥락에서 해산의 요건에 해당하는 '사실의 존부'에 대한 확인을 내용으로 하는 개별 판단의 타당성, 말하자면 통진당의 목적이나 활동이 '민주적 기본질서'에 대하여 '실질적인 해악을 끼칠 수 있는 정도의 구체적인 위험성'(이하 '위험성'으로 약함)이 인정되는지 여부와 심판청구의 이유나 판단이유에서 제시된 바와 같이 '위험성'에 대한 결정적인 증거로 제시되고 고려된, 이 석기 전의원 사건을 통해 드러난 폭력적인 행태의 위험성이 통진당 전체에 귀속되는 것으로 본 판단의 당부가 핵심 대상이다.

우선 전자의 소송절차법적 쟁점에 대해서는, 예비적 작업으로 헌법재판의 이른바 '정치적 사법작용'으로서의 본질, 특히 '고도의 재량판단'이 불가피한 바, '심사방법의 스펙트럼'[34]이 매우 복잡할 수밖에 없는 정당해산심판제도의 구조적인 특성을 간략하게 되새겨보고, '헌법재판의 성질에 반하지 아니하는 한도 내'의 전제조건 하에 민사소송법을 포괄적으로 준용하도록 규정하고 있는 헌법재판소법 제40조 제1항에 대한 헌재의 합헌결정과[35], 이에 대한 반론, 즉 '유사형사절차'로서의 특성을 비롯하여 객관성과 공익성이 부각되는 정당해산심판절차에서 원칙적으로 민사소송절차상의 변론주의가 아니라 직권탐지주의의 원칙이 적용되어야 하고 또한 특히 증거법과 관련해서는 형사소송법령이 우선 준용되어야 한다는 비판론의 핵심 논지를 간략하게 검토한 후, 궁극적으로 정당해산심판의 본질과 절차적 특수성에 맞는, 차별화된 독자적인 헌법소송법령이 창설되어 적용되어야 하는 것으로 보는 결론과 그 이유를 제시한다.

2. 헌법재판의 본질과 정당해산심판절차의 독특성

(1) '정치적 사법작용'으로서 헌법재판

헌법재판은 '정치적 사법작용'이다. 다양한 의미로 파악할 수 있지

34) 이 명웅, 헌법재판소 정당해산 결정의 본질적 의미, 법률신문(2014. 12. 29), 13면.
35) 헌재 2014.2.27. 2014헌마7.

만, 여기서 '정치적'이라는 수식어는 그 대상과 판단의 기준 또는 방법 두 가지 측면에서 함의가 주목된다. 우선 사법심사의 대상으로 주어지는 사태가 이른바 '논증의 공화국'(republic of reasoning)이 아니라 정당을 포함한 정치세력들 간의 경쟁에 의해 운영되는 '합의의 공화국'(republic of consensus)의 국사인 생물정치라는 점이다. 둘째는 바로 그렇기 때문에 심사의 기준과 방법이 '비정치적인' 법적 분쟁을 대상으로 하는 경우와는 근본적으로 다를 수밖에 없다는 것이다. 일반재판에서는 터부시되는 정치 또는 현실에 대한 고려가 오히려 헌법재판에서는 필수적으로 요구되고 또한 헌법 자체가 고도의 추상적인 가치개념으로 구성되어 있기 때문에 불가피한 것이기도 하거니와, 헌법의 해석을 통한 심사기준의 확보는 일반법원의 재판과는 달리 '사전에 주어진 규칙과 기준'(pre-existed rule and standard)을 확인 또는 발견하는 것이라기보다는 오히려 규칙과 기준 및 규칙과 기준의 적용기준과 방법을 새로 정립 또는 구체화하는 형성의 작업으로 이해된다.

요컨대, 당연한 것이라 사족이기는 하지만 굳이 강조하자면 결과의 편향성이야 승패가 갈리는 재판에서 불가피한 것이거니와, 결코 자의적인 편향성을 뜻하는 '정략적인'의 의미가 아니라는 전제 하에 이해되는 '정치적인' 사법작용으로서 본질은 결국 '사태의 파악'에서부터 이와 교차적인 영향관계 속에서 동시적으로 또는 입체적으로 진행되는 헌법의 해석과 적용, 즉 심사의 기준과 방법을 확보하는 헌법재판에서 주관적인 가치관과 법감정 및 이데올로기적 성향이 개입될 수밖에 없는 고도의 '재량판단'(discretion)이 허용될 수밖에 없는 제도내재적인 특성으로 귀착된다.

또한 헌법재판제도는 원천적으로 '민주적 정당성'과는 다른 헌법철학 및 이론적 토대, 즉 '가치상대주의'가 아닌 '가치절대주의', 적어도 부분적으로는 '상대적 가치상대주의'와 '기능적 정당성'을 기반으로 하는 정치제도이다. 정의 또는 공공복리의 실현을 전적으로 정치적 경쟁에만 맡겨 두는 자유방임이 아니라, 자유경쟁을 최대한 보장하되 그것이 최선의 발견 또는 실천의 수단이 될 수 있는 최소한의 전제조건과 규칙을 정하고 그것의 유지와 관철을 법적으로 담보하기 위하여 수정을 가한 것이 바로 '법치국가적 민주주의'이고, 그 핵심이 바로 헌법재판제도이다. "정당의 목적이나 활동의 민주적 기본질서에 위배"라는 매우 엄격한 요건을 전제로 하여 정치적 경쟁의 당사자가 아닌 독립된 사법기관인 헌법재판소의 결정에 의해서만 정당을 강제로 해산시킬 수 있도록 한 것도 '경쟁 최대보장의 원칙'과 함께 그 예외, 즉 이 원칙의 핵심가치인 경쟁의 마당과 질서 자체를 부정하는 경우 경쟁참여자격을 박탈할 수 있는 최소한의 조건과 규칙을 마련한 헌법적 숙고의 결과이다. 정당해산심판제도의 설계와 운용에서, 특히 정부가 정당의 해산을 제소할 것인지 여부를 고민하는 재량 그리고 헌법재판소의 사법심사의 전 과정에서 유의해야 할 지침이거니와, 이 숙고를 통해 정리된 공감대는 크게 두 가지의 띠로 엮여져 있다.

첫째는 '민주적 기본질서'라는 헌법의 가치와 경쟁규칙, 특히 '상호인정(認定)'의 전제와 '말놀이'(Sprachspiel)로 진행되는 게임의 법칙에 대한 동의를 조건으로 하는 것이기는 하되, 경쟁 자체를 보호하는 것이지 경쟁자를 보호하는 것이 아니라는 점이다. 특정한 가치관이나 세계관을 선결된 '통합의 조건'으로 전제하고 정부와 헌법재판소가 선도자나 후견인으로서 게임을 주도하거나 선도하는 것이 아니라, '폭력적이고 자의적인 지배'를 원천적으로 배제하는 가치적 공감대, 즉 최소한의 '다양성의 조건'인 자유의 광장 자체와 그 안에서 진행되는 가치관 및 의사형성의 게임, 즉 정치적 경쟁에 참여하는 모든 시민(집단)의 평등한 지위를 보장하고, 중립적인 입장에서 게임을 관리하는 것이다. '절제의 요청'에 대해서는 전술한 바 있지만, 이 대목에서 다시 한 번 강조하자면 '정치생태계'의 건강성은 선거나 여론시장의 자정(自淨)시스템에 맡기는 것이 바람직하다고 보는 헌법규범적 인식에 따른 것이거니와, 이 '절제의 요청'에는 단기적이고 일차원적인 비용-편익분석과 그에 따른 즉응적인 접근의 방법으로는 포착할 수 없는, 인내의 기다림과 관용에 의해서만 실현될 수 있는 '비효율성의 효과성'에 대한 각별한 유의를 주문하는 뜻이 담겨져 있다.

둘째는 고도의 복합적이고 입체적인 정치적 판단이 불가피한 정당의 해산 여부를 사법심사를 통해 결정하도록 한 정당해산심판제도는 재판형식의 가능성과 그 한계에 대한 숙고의 결과이다. 정형화된 합리적인 토론형식이라고 할 수 있는 재판을 통해 정치적 결정을 내리도록 한 것은 사법심사의 기능적 한계, 특히 심사기준 및 방법의 불확정성과 불명확성에 따른 고도의 주관적인 재량판단의 불가피성을 간과한 것이 아니라, 오히려 그것을 분명히 인식하고 내린 제도적 결단이다. 일종의 hybrid의 선택이다. '규칙이 스스로 자신의 적용규칙을 제공할 수는 없고, 규범이 스스로 자신의 적용을 보장할 수 없다'는 인식은 더 이상 논란의 대상이 아니거니와, 이러한 일반적인 방법론의 명제는 헌법재판에서 가장 극명하게 드러난다. 헌법소송을 통해 정당해산심판을 하는 것은 －상대적인 차이이기는 하되 일반적인 재판과는 달리－주관적인 가치판단과 정치적 고려에 따른 고도의 재량판단을 법원칙과 법률용어로 포장하여 은폐하려는 것이 아니라, 그것을 드러내되 자의성과 편향성을 배제할 수 있는 소송의 형식과 절차를 통해 공정성을 기반으로 한 설득력을 확보하고자 하는 것이다.

(2) 정당해산심판절차의 독특성－'민사소송에 관한 법령' 준용의 문제

1) 개설

정치적이되, 사법심사의 틀 속에서 진행되는 정당해산심판에서 종국판단에 이르는 심리의 과정 속에서 절차상 개별적인 재량판단들의 타당성의 가능성과 한계가 교차되면서 소송형식의 절차적 객관성이 가장 부각되는 부분은 사태파악, 즉 정당의 목적이나 활동이 '민주적인 기본질서'에 대해 실질적으로 해악을 끼칠 수 있는 정도로 구체적으로 위험한

지 여부에 대한 판단이다. 무리한 비약과 사리적 오류에 따른 자의적이고 성급한 예단과 막연한 추단을 배제하는 '합리적인 증명', 말하자면 논증의무와 연계된 대심구조의 재판형식을 취하지 않는 경우 적용될 수 없는 객관적인 소송규칙과 증거법칙에 따른 심리 및 심증의 절차가 그 핵심이다.

그런데, 주지하는 바와 같이, 헌법재판소법은 제4장 제3절에서 정당해산심판의 절차에 관하여 규정하고 있지만 심리절차에 관한 구체적 규정을 두고 있지 않고 있기 때문에 일반심판절차에 관한 제22조부터 제40조까지의 규정이 정당해산심판 절차에도 그대로 적용된다. 헌법재판소법은 제40조의 포괄적인 준용규정에 의해 헌법재판의 성질에 반하지 아니하는 한 원칙적으로 민사소송에 관한 법령의 규정을 준용하도록 한 것 외에는 소송절차의 규율을 사실상 헌재에 맡겨 놓았다고 할 수 있을 정도로 심판절차에 대한 규율은 규범흠결의 상태로 방치되어 있다. 더욱이 제40조 제1항 후단 및 제2항에서 탄핵심판에는 형사소송법령을, 권한쟁의심판과 헌법소원심판의 경우에는 행정소송법을 함께 준용하되, 그것이 민사소송법령과 저촉되는 경우에는 각각 형사소송법령과 행정소송법을 우선 준용하는 것으로 규정하고 있는데, 반면에 정당해산심판에 대해서는 별도의 규정을 두고 있지 아니하다. 정당해산심판절차를 규율하는 유의미한 특별규정은 전무하다고 할 수 있다.

따라서 헌재법 제40조에 따라 정당해산심판의 본질에 위반되지 않는 범위 내에서 민사소송에 관한 법령이 준용된다고 보면, 결국 준용의 범위와 그 한계는 정당해산심판절차와 민사소송절차의 본질과 기능상의 차이나 실질적인 유사성 또는 그 정도에 대한 판단에 따라 달리 설정되는 바, 요컨대 핵심쟁점은 정당해산심판절차에 대한 규율의 흠결을 보충하기 위한 준용 법령의 선택, 즉 민사소송법령과 형사소송법령 중 어떤 것이 우선 준용되어야 하는지, 아니면 정당해산심판절차에 대한 독자적인 규율의 형성적 보충이 필요한 것인지에 대한 선택의 문제이다.

2) 헌재의 입장과 비판론의 핵심논지

헌재는 헌법재판의 심판절차에 적용되거나 준용될 법령에 대하여 명시적인 규정을 두고 있지 않고 있기 때문에 헌법소송절차와 관련하여 준용의 입법형식을 취하고 또한 준용 소송법령을 선택하는 것은 제도보장의 성격이 강한 절차적 기본권인 재판청구권의 적정한 실현을 보장하는 것이기 때문에 상대적으로 폭넓은 입법형성의 자유에 맡겨져 있다는 전제 하에, '헌법재판의 성질에 반하지 아니하는 한도'에서 민사소송에 관한 법령을 준용하도록 규정한 헌재법 제40조가 합헌임을 확인하면서 다음과 같은 논거를 제시하고 있다.[36)]

i) 헌법재판의 진행에 차질이 빚어져 기본권을 보호하고 헌법질서를 유지하기 위한 헌법재판의 기능에 장애가 초래될 수 있는 불완전한 입법상황에서 흠결보충의 수단으로 다른 법령을 준용하는 입법방식을 선택한 것은 그 자체 입법목적의 정당성이 인정되는 바, 헌법원리에 위배되지 않는 한 입법형성의 자유에 속하고, 따라서 그 위헌 여부는 헌법재판의 본질에 반하여 공정성을 훼손할 정도로 현저히 불합리한 것인지 여부를 기준으로 판단되어야 한다.

ii) '민사소송에 관한 법령'은 민사소송뿐만 아니라, 형사소송과 행정소송 등 소송절차 일반에 널리 준용되는 일반적인 절차법의 성격을 가지기 때문에(형사소송법 제65조, 제477조, 행정소송법 제8조 제2항 등), 특별한 심판절차규정이 없는 정당해산심판을 비롯한 헌법소송절차에 준용하는 것도 달리 볼 이유는 없다.

iii) 민사소송에 관한 법령 이외에 다른 절차법을 준용하는 것이 최선의 입법이라거나 당사자에게 항상 유리하다고 단정할 수는 없고, 또한 동 준용조항은 헌법재판의 성질에 반하는 경우에는 민사소송법령의 준용을 배제하고 있기 때문에 문제될 것이 없다. .

iv) 정당해산심판의 성질에 반하는지 여부, 즉 준용 법령에 대한 최

---

36) 헌법재판소 판례집(이하 판례집으로 약칭함), 제26권 1집(상), 316－318면.

종 선택은 정당해산심판의 성질·준용절차 및 준용대상의 성격 등을 종합적으로 고려하여 판단될 수밖에 없고, 궁극적으로 정당해산심판의 요건뿐만 아니라, 제출된 증거의 성격이나 목적·입증취지 등을 종합적으로 고려하여 심판절차에서 적용될 법령을 결정하는 것은 구체적이고 개별적인 법률해석의 문제인 바, 이는 정당해산에 관한 독자적인 심판권을 부여받은 헌법재판소의 고유권한에 속한다.

ⅴ) 증거조사 및 사실인정 등과 관련하여 민사소송법의 적용으로 실체적 진실과 다른 사실관계가 인정될 수 있는 경우에는 정당해산심판의 성질에 반하는 것으로 그 준용이 배제된다고 보면, 당사자주의를 토대로 하는 민사소송절차에 따라 증거조사가 이루어질 경우 실체적 진실이 아닌 사실관계에 기초하여 정당해산 여부가 판단될 가능성은 문제될 것이 없다.

ⅵ) 민사소송법령의 준용이 배제되어 법률의 공백이 초래되는 경우 정당해산심판제도의 목적과 취지에 맞는 절차를 창설하여 실체적 진실을 발견하고 이에 근거하여 헌법정신에 맞는 결론을 도출해내는 것은 헌법재판소의 고유한 권한이자 의무인 바, 적어도 증거조사와 사실인정에 대해서는 형사소송법이 준용되어야 한다는 요청도 그 당위성과 필요성이 인정되는 경우라면 헌재는 그것을 수용해야만 하고 또한 그렇게 하는데 어떤 법적 장애도 없다.

요컨대, 헌재는 정당해산심판에 민사소송법령을 준용하는 것이 형사소송법령을 준용하는 경우에 비해 정당해산심판에서 청구인에게 불리하게 작용될 가능성이 없지는 않다는 점을 인정하기는 하지만, 헌재법 제40조 제1항이 일률적인 준용을 규정하지 않고 준용배제의 의무를 전제로 합헌적인 해석의 가능성을 열어 놓고 있기 때문에 "사적 이익의 조정과 분쟁 해결을 목적으로 하여 당사자들 사이의 상대적 진실을 확정하는 민사소송절차에 따라 증거조사가 이루어질 경우 실체적 진실이 아닌 사실관계에 기초하여 정당해산 여부가 판단될" 위험은 염려할 것이 없고, 따라서 '적어도 증거조사와 사실인정에 대하여는 형사소송법이 준용되어야 한다'는 주장도 동 준용조항을 위헌으로 볼 수 있는 논거가 될 수는 없다고 보았다.

다만, 헌재는 통진당해산 결정에서 동 준용규정에 대한 합헌결정 자체만을 적시하면서, "동 결정에서 밝힌 바와 같이 헌법재판소는 헌법재판소법과 헌법재판소 심판규칙, 그리고 헌법재판의 성질에 반하지 않는 한도 내에서 민사소송에 관한 법령을 적용하여 이 사건 심판절차를 진행하였다", 그리고 "2회의 변론준비기일과 18회의 변론기일을 진행하면서 당사자 쌍방의 변론을 듣고 증거조사를 실시하였고, 청구인이 제출한 갑 제1호증부터 갑 제2907호증의 2까지, 피청구인이 제출한 을 제1호증부터 을 제908호증까지의 서증 중 채택된 서증에 대하여 제출한 당사자가 입증취지 등을 진술하고, 상대방이 이에 대한 의견을 제시하는 방법으로 증거조사를 실시하였다"고만 설시하였다.[37] 말하자면 동 사건에서 적어도 증거조사와 사실인정에 대하여 민사소송법을 적용하는 것이 정당해산심판의 성질에 반하지 않는 것으로 보고 포괄적으로 또는 부분적으로 민사소송법령을 준용하였는지, 후자라면 민사소송법령을 적용한 절차와 개별 판단의 부분이 어떤 것인지, 아니면 민사소송법령의 준용이 정당해산심판의 본질에 반하는 경우로 보아 형사소송법령을 준용하였는지 여부 등등 준용규정을 구체적으로 어떻게 해석하였고, 절차규율의 흠결을 어떻게 보충하여 판단하였는가에 대해서는 전혀 언급하지 않았다.[38] '어떻게 왔고 또 어떻게 보았는가'라는 물음에 '발로 걸어서 왔고, 눈으로 보았다'고 대답하는 것과 다를 바 없다.

후술하는 바와 같이, 증거능력 자체가 아니라 적격증거의 증명력에 대한 판단, 즉 자유심증은 그 본질상 외부적으로 투명화 및 객관화되기 어렵기 때문에 그 판단의 세부적인 내역과 과정을 설시문에 담아내는 것은 쉽지 않다. 언어의 한계에 따른 불가피한 제약이다. 하지만, 비판론

---

37) 판례집, 제26권 2집(하), 2014, 15면.

38) 오히려 소수의견을 낸 김 이수 재판관은 민사소송법을 준용하였음을 적시하고 있다. 판례집, 제26권 2집(하), 115면.

이 지적하듯이 '위험성'에 대한 판단에서 이른바 '엄격한 증명'이 아니라 '완화된 증명'의 기준을 선택하는 소송절차적 재량판단을 하였다고 본다면, 준용법령으로 민사소송법을 선택한 것으로 추측할 수 있을 것인데, 그렇다면 결국 증거조사와 사실인정에 민사소송법령을 적용하는 것이 정당해산심판의 성질에 반하지 않는 것으로 판단한 것인지, 아니면 '위험성'을 인정한 최종 판단이 형사소송법령을 준용하여 '엄격한 증명'의 기준을 적용한 증거조사와 사실확인에 따른 결론이라는 것인지 등등은 결론을 놓고 외부에서 접근하는 관찰자의 입장에서 확인하기 어렵다. 적어도 결정에 대한 분석과 비평, 즉 평석을 위한 기초적인 단서를 제공해야 하는 것은 생략될 수 없는 헌재의 몫이다.

이러한 헌재의 입장에 대한 비판적인 반론은 기본적으로 정당해산심판의 본질을 형사소송절차와 유사한 것으로 보는 입장에서 다음과 같은 논거를 제시하여 헌재법 제40조를 정당의 해산과 민법상 사단의 해산을 유사한 문제로 파악하여 정당해산심판과 민사소송 간에 실질적인 유사성이 있다고 본 전제의 오류에서 비롯된 '입법의 오류'라고 단정한다.[39)]

ⅰ) 정당의 특별한 지위와 기능, 그리고 정당의 강제해산에 내포된 잠재적 위험성을 고려하는 경우 정당해산의 문제를 민법상 사단의 해산과 유사한 것으로 볼 수 없다.

ⅱ) 사인의 사법적(私法的) 권리의 확정과 실현이라는 민사소송의 주관적인 목적과 정당해산심판의 민주주의와 헌법의 보호라는 객관적인 목적은 근본적으로 다르다.

ⅲ) 법질서의 유지라는 객관적 소송으로서의 기능과 함께, 일종의 '집단적 형벌'이라고 할 수 있는 정당의 강제해산을 비롯하여 대체조직의 금지나 형법상의 몰수형과 유사한 잔여재산의 국고귀속 등등의 법적 효과의 관점에서 보면, 정당해산심판절차는 민사소송보다는 형사소송에

39) 정 태호, 정당해삼심판절차에 대한 민사소송법 준용과 한계, 경희법학 제49권 제4호 (2014), 127－129면.

훨씬 더 가깝다.

ⅳ) 더욱이 범죄에 대한 사후적 진압에 초점을 맞춘 형사절차에 비해 예방적 헌법보호수단으로서 기능과 성격이 강하고, 그렇기 때문에 야당탄압의 수단으로 악용될 위험이 크기 때문에 정당해산제도의 심판절차는 형사소송절차 이상으로 법적 안정성과 투명성 등을 보장하는 방향으로 진행되어야 한다.

ⅴ) 특히 증거의 채부나 증명의 정도와 관련해서는 더더욱 엄격한 법치국가적 요건이 충족되어야 한다.

요컨대, 그 본질에 반하기 때문에 정당해산심판절차에 민사소송법을 준용하는 것은 타당하지 아니하며, 민사소송법 준용의 위헌성과 그에 따라 초래되는 결함은 특히 증거법영역에서 부각되기 때문에 적어도 증거조사와 사실확인에 대해서는 형사소송법이 준용되어야 한다는 결론이다. 더욱이 정당해산심판절차와 민사소송절차 간에 실질적 유사성이 크지 않은 점을 감안하면, 이러한 결론은 증거조사와 사실인정과 관련하여 "실체적 진실과 다른 사실관계가 인정될 수 있는 민사소송법의 규정은...정당해산심판의 성질에 반하는 것으로 준용될 수 없다"고 확인한 헌재의 의견과 그 대강이 다르지 않다는 점을 강조한다.[40)]

3) 독자적인 정당해산심판절차 규율의 당위성과 필요성

헌법소송절차에 민사소송법령을 포괄적으로 준용하도록 한 헌재법 제41조에 대한 헌재의 합헌결정에 대해서는 찬반론이 엇갈리고 있거니와,[41)] 여기에서 상론을 약하는 입법론의 차원에서도 이견의 폭이 좁지 않다.[42)] 그 이유는 우선 민사소송이나 형사소송 등 다른 소송법영역에

40) 정 태호(주 37), 129면.

41) 찬성의견으로는 특히 황 도수, 정당해산심판청구의 절차규범모색을 위한 심포지엄 토론문, 서울지방변호사회(2014.4.23) 58면 이하; 김 용래/임 진철, 정당해산심판의 몇 가지 절차적 쟁점에 대한 고찰, 법조, 697호(2014), 17면 이하.

42) 이에 관한 논의의 대강에 대해서는 김 용래/임 진철(주 39), 17－23면. 헌법재판의 일반심판절차를 중심으로 한 헌재법 개정방안에 대해서는 기존의 논의 소개(주석 2번)와 함께 허 완중, 헌법재판소법 일반심판절차의 개정방향, 헌법학연구 제17권 제

비해서 상대적으로 일천한 운용경험에서 찾아지는 바, 이러한 점에서 포괄적인 준용의 입법방식은 유용하고 불가피한 것이었다고 할 수 있다. 하지만 '신생법'으로서 헌법소송법의 흠결 및 그 보충방법과 관련된 다양한 입법론적 평가의 근원은 헌법재판의 본질과 헌법소송절차의 제도적인 특성과 구조, 말하자면 '특별한 법원'으로서 헌법재판소가 관장하는 헌법소송을 규율하는 '특별한 소송법'으로서 헌법소송법의 정체성에 대한 상이한 이해에 있다.43)

하지만, 민사소송법령 준용의 타당성 여부가 절차적 쟁점으로 부각된 본 사건에서 잘 드러나듯이, 헌법소송은 전체적으로 민형사소송 등 다른 소송과 준별되는 동시에 헌법소송의 유형별로도 그 구조와 특성은 천차만별이고, 따라서 구체적인 심판절차에 대한 규율도 가능한 한 정치하게 차별화된 형성이 요구된다. "헌법소송법의 완결성"까지도 고려하면서 "헌법소송법의 본질에서 출발하여 소송법적 정체성과 헌법재판의 특수성을 적절하게 조화"시키는 방향으로 헌재법 개정을 모색할 필요가 있다는 주장에 기본적으로 동의하지만, 그 조속한 실현가능성에 대해서 회의적일 수밖에 없는 것은 우선은 전체적으로 경험과 이론의 토대가 많이 미흡한 상황 때문이지만, 개별 헌법소송별로 세밀한 접근을 할 수 있는 여건이 성숙되지 못하였다고 보기 때문이다.

아무튼 여기에서 관심사인 정당해산심판절차가 그 전형적인 예라고 할 수 있을 것인데, 여기에서는 위에서 요약 정리한 바, 즉 기본적으로 민사소송법령의 포괄적인 준용이 문제될 것이 없다고 본 헌재의 결정과, 반면에 적어도 증거조사와 사실확인 등에 대해서는 형사소송법을 적용해야 한다는 논지의 비판론에 대하여, 헌재가 독자적인 '헌법재판절차 형성자'로서 정당해산심판절차에 특유한 규율을 생산하여 적용하였어야 한다고 보는 입장을 전제로 차별화된 제3의 대안의 모색을 위한 단서들을 제시하는 것으로 평석을 대신한다.

2호(2011), 199-230면.

43) 허 완중(주 40), 202-206면.

ⅰ) 전술한 바와 같이, 헌법철학 및 헌법이론의 차원에서 보면 민주주의원리와 법치국가원리를 절충한 헌법재판제도는 '정치의 사법화'와 '사법의 정치화'의 문제를 변증법적으로 극복하기 위한 헌법적 결단에 따른 제도인 바, '기본권보호의 최후의 보루'이고 '헌법수호자'인 헌법재판소는 '특별한 법원'으로서 '정치적 사법작용'을 수행한다. 이러한 헌법재판소의 독자적인 헌법적 지위와 역할에 대한 이해는 정당해산심판절차에 '변론주의'와 '직권탐지주의' 두 가지 중 어떤 소송법원칙이 적용되어야 하는가 또는 어떻게 혼용될 수 있는가의 문제에 대하여 기본적인 관점을 잡는데 출발점이 된다. 여기에서 상론은 약하되, 다만, 적어도 변론주의가 적용되는 경우 피청구인, 즉 해산심판이 청구된 정당에게 일방적으로 불리한 것만은 아니라는 점과, 필요한 경우에는, 예컨대 피청구인이 미흡한 주장과 입증능력 때문에 충분한 변론과 방어를 하지 못하는 경우 '직권탐지주의'를 적용하여 독자적으로 증거를 조사할 수 있는 가능성을 열어 둔다면 '변론주의'와 '직권탐지주의'는 선택의 대상이 아니라 절충의 대상으로 접근될 수 있다는 점만을 지적한다.[44]

ⅱ) 우리 헌법은 '정부'가 국무회의의 심의를 거쳐(제 89조 제14호) 정당의 해산을 제소하도록 규정하고 있다(제8조 제4항). 우리 헌법 제66조 4항을 거론하지 않더라도 '정부'가 행정권의 주체인 "대통령을 수반으로 하는 정부", 즉 행정부를 의미하는 것은 물론지만, 그 맥락상 제소의 실질적인 주체는 당연히 국회와 함께 또 하나의 최고의 대의기관인 대통령이다. 또한 최종 결정과 그에 정치적 책임은 대통령의 몫이되, 최고의 국정심의기관인 국무회의의 심의를 거쳐서 해산심판의 청구에 이르는 과정에서 여당과의 폭넓은 논의와 교감이 있게 되는 것은, 명시적으로 규정하지는 않았으되 헌법이 예정 또는 요구하고 있는 것인 동시에 불문가지의 헌법현실이다. 요컨대, 실질적인 심판청구인으로서 대통령이 진지한 숙고절차를 거쳐 최고의 대의기관으로서 내린, 일종의 '예심적 성

44) 이에 관해서는 황 도수(주 39), 61－62면; 김 용비/임 진철(주 39), 25－29면.

격'의 정치적 판단에 대하여 그 당부를 사법적으로 '재심사'하는 것이라고 할 수 있는 정당해산심판의 절차에 민사소송법이나 형사소송법을 포괄적으로 준용하는 것은 상당 부분 억지로 끼워 맞추는 것일 수밖에 없다. 이러한 관점에서 보면, 민사소송법을 준용하는 경우에 특히 증거법 영역에서 나타날 수 있는 결함도 주목해야 하지만,[45] 반면에 증거조사나 사실확인을 포함하여 정당해산심판절차의 전 과정에서 일방적으로 피청구인 측의 유불리만을 따져서 형사소송법령의 우선 준용을 주장에도 선뜻 찬성할 수 없다.

iii) 정당해산심판은 '정부'가 대등한 당사로서 정당을 상대로 하여 '민주적 기본질서 위배'의 확인을 소송물로 하여 형성판결을 구하는 소송인 점에서 기본적으로 민사소송과 구조가 유사하다.[46] 정당해산심판절차상 정당을 실질적으로 정부와 '대등한 당사자'로 볼 수 있는지는 의문이지만, 그렇다고 해서 효과적으로 자기방어를 할 수 있는 상당한 인적, 조직적 기반을 갖춘 정당을 형사소송의 피고인과 같이 취급하는 것도 자연스럽지 않다. 입법론적으로도 그러하거니와, 해석론의 차원에서도 정당해산심판의 특수성을 반영하는 차별화된 제3의 대안의 관점이 필요

45) 민사소송법을 준용하는 경우 형사소송에서 요구되는 입증의 수준, 즉 합리적인 의심을 배제하는 정도가 아니라 '고도의 개연성증명'이나 양 당사자제 제출한 증거를 비교하여 일방의 증거를 채택하는 이른바 '우월적 증명'으로 만족하게 된다든지, 인권침해를 방지하기 위한 각종의 형사소송법적 수단들이 활용될 수 없고, 수사기록 등 정부가 작성한 문서 성립의 진정성이 추정되는 등 법치국가원리에 위배되는 절차운영이 우려된다. 정 태호(주 37), 128면. 다만, '고도의 개연성증명'이 "특별한 사정이 없는 한 경험칙에 비추어 모든 증거를 종합 검토하여 어떠한 사실이 있었다는 점을 시인할 수 있는 정도"의 기준을 뜻하고, 그에 따른 구체적인 판정이 '통상인이라면 의심을 품지 않을 정도'에 이르러야 하는 것이라고 한다면(대법원 2010. 10. 28. 2008다6755), 이른바 '입증불명'의 경우라면 몰라도, 증명력에 대한 구체적인 개별 판단은 물론이고, 최종적인 '위험성' 판단에서 준용 소송법령의 선택에 따른 결과의 차이는 확연하게 드러나지 않는다. 이 점과 관련하여 동 결정에서 반대의견을 낸 김 이수 재판관이 위 대법원 판례를 인용하면서 덧붙인 다음과 같은 설시는 시사하는 바가 적지 않다. "민사소송법을 준용하는 이 사건에 있어서도 위와 같은 원칙의 엄격한 준수가 요구된다는 점 역시 당연하다." 판례집, 제26권 2집(하), 115면.

46) 황 도수(주 39), 58-59면.

한 것으로 보는 이유 중의 하나이다.

ⅳ) 형사소송법 우선 준용을 주장하는 입장에서는 제기하는 논거, 즉 정당해산결정의 법적 효과가 형벌적 성격을 갖는다는 점에 대해서는 기술한 바 있거니와, 정당의 해산을 민법상의 사단의 해산과 유사한 것으로 보는 것만큼이나 정당해산을 일종의 형벌, 더 나아가서 이른바 '집단적 형벌'로 보는 것도 지나치게 작위적인 점에서 다르지 않다.[47] 해산결정에 따른 정치참여배제의 불이익과 그에 따른 공적 영향의 크기를 강조하는 맥락에서라면 몰라도, 일종의 '연좌제'로 집단적 책임을 묻는 것이 아니라 온전히 개인책임의 법리적 틀 속에서 엄격한 요건 하에 법인격 없는 사단인 '정당' 자체에 대하여 책임을 묻는 것이고, 당원이나 지지자들에 귀속되는 불이익은 해산결정에 따른 반사적 효과일 뿐이라고 보면, '집단적 형벌'은 비유적 개념으로도 적확하지 못하다. 같은 맥락에서 '잔여재산 국고귀속'을 형사법상 몰수형과 유사한 것으로 보는 것도 타당하지 않다. 해산결정된 정당의 잔여재산을 국고에 귀속시키는 것은 사실상 정당운영비의 대종을 차지하는 국고보조금을 현존의 범위에서 환수하는 것이고, 이는 행정법상 불법적으로 사용된 보조금을 환수하는 조치와 다를 것이 없기 때문이다. 요컨대, 정당해산심판과 형사소송 간에 '실질적인 유사성'이 존재한다는 논거로서 정당해산결정과 그에 수반되는 법적 효과를 형벌에 비유하는 것은 설득력이 떨어진다.

ⅴ) 김 이수 재판관이 소수의견에서 제시한 바와 같이, 정당해산심판에서 정당의 목적이나 활동의 '위험성'에 대한 판단, 즉 해석된 해산요건에 포섭되는지 여부를 판정하는 과정에서 그 개별 판단의 자료는 "대부분 '표현행위'로서 일정한 해석을 요하는 것인데, 정치적 언어, 활동은 다른 표현행위와 마찬가지로, 표현행위를 한 주체가 누구인지, 어떠한 맥락 속에서, 어떠한 방식으로 이루어졌는지에 따라 그 의미가 달라질 수 있"고, 따라서 "그러한 표현행위의 의미는 가능한 한 해석자의

47) 황 도수(주 39), 58면.

주관을 배제한 채, 객관적이고, 보편적으로 수용 가능한 해석 방법론에 기초하여 확정되어야" 하는 바, "즉, 문제가 될 수 있는 세부적인 표현의 드러난 의미뿐만 아니라, 표현 행위자의 지위와 의도, 표현행위가 이루어진 경위, 표현의 전체적인 취지가 무엇인지를 종합적으로 검토하여야 할 필요성이 인정된다."48)

이러한 기본적인 판단지침에 대해서는 이견이 있을 수 없거니와, 다만, 김 재판관 스스로 밝혔듯이, 이러한 지침이 필연적으로 정당해산심판절차에 형사소송법이 우선 준용되어야 한다는, 즉 적어도 증거조사와 사실확인에 민사소송법의 준용이 배제되어야 한다는 결론으로 이어지는 것은 아니다. '위험성' 판단의 문제와 관련하여 후에 상술하겠지만, 정당해산심판에서 통일된 조직 및 활동단위로서 정당 자체의 '위헌성'을 판단하는 것과 형사소송에서 구성요건에 해당하는 개별 범행사실을 확인하는 것은 구조적으로 판이하게 다르다. 전자가 다수의 다양한 양식의 표현행위로 표출되는 개별적인 행태, 즉 개별 사실들에 대한 확인과 규범적 평가를 종합하여 전체적으로 그 '위험성', 즉 정치적 방향과 지향점을 가늠하는 '위험성의 정도'를 판단하는 것인데, 반면에 후자는 양형판단의 요소가 되는 상습성, 죄질 등의 성향을 논외로 하면 후자는 개별 범행사실의 존부에 대한 미시적 확인으로 포섭작업이 마무리되기 때문이다. "어떠한 논리적 오류나 비약도 묵과하지 말 것"이 요구되고, 경미한 오류들이 축적되어 만들어 내는 거대한 논리적 비약에 기초하여 정당해산의 결론에 이르러서는 아니된다는 김 이수 재판관의 비장한 경구는 정당해산심판에 임하는 재판관의 기본태도와 관련해서는 결코 흘려들을 수 없는 말이지만, 정당해산심판절차에서 본질적으로 적잖이 이른바 '개연성판단'과 '전망적 판단'의 성격을 갖는 다수의 개별 요증사실의 증명에 대한 판단들과, 그것을 종합하여 내리는 총체적인 '위험성'판단의 관계를 주목하는 관점에서는 그 비장함과 엄중함에 의해 판단의 본질과

---

48) 판례집, 제26권 2집(하), 115-116면.

구조적 특성이 외면되어서는 아니된다. “전체적으로 진실된 것은 완전히 거짓된 것은 아니다”[49]라는, 이른바 ‘총체적 인식론’(holistic cognition)또는 총체적 논증(holistic argumentation)의 관점에서 역으로 말하자면, 예컨대 ‘거대한 논리적 비약’의 핵심 구성요소가 아닌 한 증거조사와 사실인정에서 경미한 오류가 일부 있더라도 그것이 전체적인 ‘위험성’판단과 해산결정을 오류와 오판으로 단정할 수 있는 결정적인 증거가 될 수는 없다는 관점이 그것이다.

요컨대, 김 이수 재판관은 “정당의 의사결정 과정이나 이를 통하여 형성되는 정책노선은 평면적인 하나의 퍼즐 판과 같이 물리적으로 분리해 낼 수 있는 조각들의 결합으로 이루어지는 것이 아니”라는 이유로 청구인 측 참고인의 ‘퍼즐 맞추기’의 비유를 적절하지 못한 것으로 비판하지만,[50] 생각건대, 그것은 밑그림이 없는, 따라서 형상이 선확정된 조각도 있을 수 없는 조건 하에서 조각들이 하나하나 만들어져 가면서 큰 그림이 그려지는 식의 ‘퍼즐 맞추기’를 상정한 것으로 이해된다. 헌재의 ‘위험성’에 대한 최종 판단의 결론을 놓고, 심증의 사유과정이 적실하게 표현될 수 없는 설시문을 준거로 하여 그것을 사후적으로 분석하는 방향에서 보면 중간의 개별 판단들은 다 작위적으로 보일 수밖에 없다. 완성된 후에 큰 그림 속의 부분들을 분해하여 개별적으로 보면 논리필연적으로 작위적이다. 관건은 각각의 개별 판단들이 합당한 방법과 준거에 의해 증명된 사실을 토대로 내려진 것인지 여부인 바, 결국 증거조사와 사실확인에 민사소송법령과 형사소송법령 중 어떤 것을 준용할 것인지, 아니면 정당해산심판에서 ‘위험성’판단의 본질과 구조를 주목하여 본고에서 제시하는 바와 같이, 헌재가 소극적으로 ‘헌법재판의 성질에 반하지 않는 한도 내에서’ 다른 소송법령을 준용할 것이 아니라, 오히려 정당해산심판의 본질과 특성을 고려하여 적극적으로 독자적인 증거법과 절

49) R. Christensen/K. D. Lerch, Dass das Ganze das Wahr ist, ist nicht ganz unwahr, JZ, 2007, S. 438ff.

50) 판례집, 제26권 2집(하), 116면.

차규율을 창설하여 적용할 것인지가 문제인데, 헌재는 이 문제에 대하여 명확한 입장을 표명하지 않았다.

Ⅳ. 심판절차상 핵심쟁점과 주요 개별 판단

1. 정당해산요건 충족 여부 판단 - 목적과 활동의 '위험성' 및 '귀속성'

(1) 개요

정당해산심판에서 타당성의 가능성과 한계가 교차되면서 소송형식의 절차적 객관성이 가장 부각되는 부분은 사태파악, 즉 정당의 목적이나 활동이 '민주적인 기본질서'에 대해 실질적으로 해악을 끼칠 수 있는 정도로 구체적으로 위험한지 여부에 대한 판단이다. 무리한 비약과 사리적 오류에 따른 자의적이고 성급한 예단과 막연한 추단을 배제하는 '합리적인 증명', 말하자면 논증의무와 연계된 대심구조의 재판형식을 취하지 않는 경우 적용될 수 없는 객관적인 소송규칙과 증거법칙에 따른 심리 및 심증의 절차가 그 핵심이다.

동 결정에서 핵심쟁점은 현재 재판 중에 있는 이 석기 전의원 사건 등 일련의 행태로 표출된 폭력성을 통합진보당 전체에 귀속시킬 수 있는지 여부와, 그렇다고 한다면 그 폭력성이 '민주적 기본질서'에 대하여 '실질적인 해악을 끼칠 수 있는 정도의 구체적인 위험성'으로 연결되는지 여부였다. 결국 관건은 이른바 '엄격한 증명'과 '완화된 증명', 그리고 그 사이의 중간단계에서 요구되는 다양한 증명의 기준들을 선택 또는 조합하는 재량판단의 당부이다. 해산결정 후 다양성을 기대하기 어려운 재판관 임명방법의 문제에 대한 지적을 포함하여 증명이 아닌 막연한 추단을 근거로 한 무리한 정치적 결정이었다는 등 다양한 비판론이 개진되고 있지만, 이러한 맥락 속에서 보면 해산결정에 대한 평석이든 비판이든 그 초점은 증명기준의 선택이 객관적인 증거법칙의 한계를 넘어서는 재량권의 남용인지 여부와 선택한 증명기준, 말하자면 '완화된 증명' 또는 적어도 '엄격한 증명'이 아닌 '중간 수준의 증명' 기준의 적용을 전제하는 경우에도 법리적으로 용인될 수 없는 객관적인 흠결 여부에 맞추어진다.

(2) 정당 목적의 '위험성'

정당해산의 사유로서 목적의 '위험성'은 "정당이 표방하는 정치적 이념이 무엇인지가 아니라 정당의 목적이 민주적 기본질서에 위배되는지 여부"의 문제이다. 민주적 기본질서를 부정하지 않는 한 다양한 특정한 이념 중에 어떤 특정한 이념을 표방한다 하더라도 그것이 민주적 기본질서의 내용들을 침해하는 것이 아닌 한 그 특정 이념의 표방 그 자체만으로 곧바로 위헌적인 정당으로 볼 수는 없다.[51]

정당의 목표나 지향이념이 나타나 있는 강령은 일반적으로 다의적이고 추상적으로 규정되거니와, 헌재는 통진당이 지도적 이념으로 제시하는 '진보적 민주주의'도 그와 다르지 않기 때문에 그 '진정한 의미'는 문언적 의미와 함께 그것이 강령에 도입된 경위나, 도입을 주도하였던 사람들의 이념적 성향과 지향점 등을 종합적으로 고려하여야 제대로 파악될 수 있는 것으로 보고, 통진당의 강령을 비롯하여 「강령해설자료집」, 「진보적 민주주의 정강정책해설서」, 「집권전략위원회 보고서」, 「2013년 정책당대회 선언문」, 「민중과 함께 전진 2014 정책당대회 결의문 및 소위 토론문」, 2007년 제17대 대통령선거 민주노동당 정책공약집 등등의 공식적인 자료에 대한 분석 및 판단[52]과 함께 '이석기 등 내란관련사건'과 관련된 녹취자료 등 수사기록에 대한 장황한 검토[53]를 거쳐 통진당

51) 판례집, 제26권 2집(하), 23면.
52) 판례집, 제26권 2집(하), 54-83면.

및 통진당 주도세력의 '진정한 목적과 활동'이 "1차적으로는 폭력에 의하여 진보적 민주주의를 실현하고, 최종적으로는 북한식 사회주의를 실현하는 것"으로 판단하였다.[54]

여기에서 헌재가 통진당의 은폐된 '진정한 목적'을 확인하고, 그 '위험성'을 인정하는 최종판단에 이르는 전체 과정 속에서 내린 개별 판단들을 세밀하게 되짚어보고, '중립적인 관찰자'의 입장에서 그 당부를 평가하는 것은 약한다. 그것은 사실상 거의 불가능하기도 하거니와, 근본적으로 다분히 이데올로기적 성향이나 정치적 선판단 등 주관적인 법감정에 달려 있는 것이기 때문이다. 같은 맥락에서 '비례대표 부정경선 사건', '중앙위원회 폭력 사건' 등 '위험성'판단을 위해 검토된 '기타 사건'들에서 드러난 '폭력성'에 대한 판단[55]을 비롯하여, 특히 이른바 '종북성'(從北性)을 인정한 판단, 즉 진보적 민주주의를 강령으로 채택하게 된 경위와 과정, 통진당 주도세력의 종북성향 및 북한의 대남혁명전략과 우리 사회에 대한 인식, 변혁을 위한 강령적 과제와 순위, 변혁의 주체 및 주권의 소재와 그 범위, 변혁의 대상, 변혁의 전술적 방법, 변혁의 목표, 연방제 통일방안 등을 검토하여 통진당의 목표와 그 실현전략이 북한의 그것을 "거의 모든 점에서 전체적으로 같거나 매우 유사하고, 이러한 동일성 내지 유사성은 단편적 또는 부분적 범주를 넘어서는 것"[56]으로 본 헌재의 개별 판단들에 대한 분석과 평가도 유보한다.

'목적의 위험성'과 관련해서는 두 가지 논증의 문제점만을 지적한다. 우선 논증의 구조상의 문제를 비판적으로 검토한다. '은폐된 목적'의 규명에 초점을 맞춘 법정의견과 '퍼즐 맞추기'의 비유에 대하여 "결론적으로 증명되어야 할 것이 참임을 전제하고 있다"[57]는, 논리적 오류에 대한 김 이수 재판관의 지적에 대해서는 전술한 바 있거니와, 실제로 법정

53) 판례집, 제26권 2집(하), 83－97면.
54) 판례집, 제26권 2집(하), 103－104면.
55) 판례집, 제26권 2집(하), 100－102면.
56) 판례집, 제26권 2집(하), 83면.
57) 판례집, 제26권 2집(하), 116면.

의견을 같이 한 재판관들의 법적 사유와 판단의 전 과정이 이 논리적 오류에 의해 지배되었는지 여부와는 무관하게 설시문상의 논증은 귀납적으로 증명되어야 할 '은폐된 목적의 존재'를 선재하는 것으로 전제하는, 이른바 '전제의 오류'를 범하고 있다는 의문을 불러일으킨다.

헌재는 정당해산심판에 있어서 심판의 대상이 되는 정당의 '목적'은 '정당이 추구하는 정치적 방향이나 지향점'을 지칭하는 것이라고 보면서도,[58] 반면에 판단이유, 특히 해산결정에 이른 개별적인 사실확인 및 판단의 근거와 결론을 제시한 설시 내내[59] 시종일관 통진당 및 그 주도세력의 '목적'과 '활동'을 구분하지 않고, '목적과 활동'으로 연계하여 논증하고 있다. 이른바 '화행'(speechact)의 관점에서 말과 행동의 구별이 상대화될 수밖에 없다는 점에서 '위험성'을 판단하는 대상으로 강령이나 정강정책 등에 나타난 정당의 '목적'과 '활동'을 구분하여 취급하기 어렵고, 따라서 '관용의 요청'에 따라 수인의 범위나 그 한계를 구체적으로 정하는 기준이 애매하기는 하지만, 법적 판단과 논증의 맥락에서 정당해산요건으로서 민주적 기본질서에 위배되는 정당의 '목적'과 '활동'은 분명하게 구별될 수 있고, 또한 그래야만 한다. 우리 헌법도 정당의 '목적과 활동'이 아니라 '목적이나 활동'이 '민주적 기본질서에 위배될 때'라고 규정하고 있다. 이러한 점에서 민주적 기본질서에 위배되는 통진당의 '은폐된 목적' 또는 법정의견이 제시한 '진정한 목적'을 입증하기 위해서는 "강령상의 목적이 무언가를 감추기 위한 위장막에 불과하다고 볼 설득력 있고 확실한 증거"가 제시되어야 하고, "만약 그러한 증거를 '퍼즐 조각'에 비유하고자 한다면, 그 '퍼즐 조각'은 그 형태가 달리 가공되지 않은, 본래 그대로의, 단단한 것", 즉 "은폐된 목적을 찾고자 하는 해석자의 주관에 의하여 깎이고 다듬어진 것이어서는 아니된다"[60]는 김 이수 재판관의 비판과 지적은 통렬하고 적확하다.

58) 판례집, 제26권 2집(하), 30면.
59) 판례집, 제26권 2집(하), 특히 30－104면.
60) 판례집, 제26권 2집(하), 116면.

요컨대, 실제 법적 판단의 과정이 어떻든 간에, '목적'과 '활동'을 연계하여 한 묶음으로 논증한 것은, 결론에 반대하는 입장에서 보면 '무관련성의 오류'나 '근거흠결의 오류' 등과 같이 전제와 결론의 관계에서 발생하는 미시적인 논증의 오류를 번거롭게 비판하지 않고, 바로 결론과 결론에 이르는 개별 판단 전체를 오판, 심지어 '의도된 오판'으로 단정하고, 결정적인 근거로 전제 자체의 오류를 의미하는 이른바 '수용가능성의 오류'[61]를 제시할 수 있게 만든 빌미로 손색이 없다.

둘째로 이러한 기본적인 논증의 오류는 구체적으로 이른바 '퍼즐 맞추기'의 비유에 대한 비판론에 유용한 논거를 제공해준다. 목적과 수단의 관계의 관점에서 볼 때, '목적이 정당하다고 해서 모든 수단이 정당화되는 것은 아니다'라는 명제는 참이지만, 그 역의 명제는 참이 아니기 때문이다. 말하자면 목적이 정당하지 못한 경우에는 그 목적의 '지향성' 자체와 함께 그 목적의 실현과 연관되는 모든 수단은 정당하지 않다.

공적인 사회적 생활과 사적인 일상생활이 그 영역이 구별되고, 따른 정치사회적 지향성이 차별화될 수 있는 자연인 개인이 아니라 조직, 특히 특정한 정치적 이념과 가치공감, 그리고 그 실현의 핵심전략을 공유하는 정치단체인 정당의 경우에 더더욱 참인 이 명제에 입각해서 보면, 조직된 정치공동체로서 정당의 이념적 지향점인 정당의 '목적'이 '민주적 기본질서'에 위배된다는 판단이 전제되는 경우에는 논리적으로 정당의 구체적인 개별 '활동'의 '위험성' 또는 개별 활동들에 대한 판단을 종합하여 정당 전체의 '활동'의 '위험성'을 판단하는 것은 불필요하다. '목적'과 '활동'을 구별하여 그 '위험성'을 판단해야 한다는 점과 함께 정당의 '목적' 자체의 위헌성은 극도로 신중하게 판단되어야 한다는 점을 강조하는 것은 바로 이러한 이유 때문이다. 또한 실제 법적 판단의 과정을 떠나서 이러한 목적과 활동의 논리적 구조와 관계에 대한 이해가 논증에 반영되어야 한다는 것도 마찬가지거니와, 이는 설령 '진정한

61) 이에 관해서는 탁 석산, 오류를 알면 논리가 보인다, 책세상, 2001, 119면.

목적'을 은폐하고, 정강정책을 '민주적 기본질서'와 상충되지 않게 표현하거나 또는 심지어 모용까지 하는 자구적인 수단을 강구하는 경우를 상정하여도 달리 볼 이유는 없다.[62)]

요컨대, 논증의 맥락에서 볼 때, 정당 목적 자체의 '위헌성'은 '민주적 기본질서'에 위배되는 구체적인 '활동'의 '위험성'에 대한 구체적인 판단을 종합하여 부수적인 결론으로 제시되고, 그것이 다시 개별 '활동'의 '위험성의 정도'에 대한 판단에 영향을 미치는 '순환론적 논증구도' 속에서 '존재하되, 존재하지 않는' 허즉실(許卽實)의 변수로 취급되어야 한다. 말하자면 헌재는 목적의 '위험성'에 대한 법적 확신을 선판단으로 전제하였다고 하더라도 전제하지 않은 것으로 전제하고, 그것을 일종의 가식과 허구의 역설적인 변인(變因)으로만 활용하여 논증하였어야 했다. 적어도 헌재가 그런 것처럼 성급하고 쉽게 내비칠 속내는 아니었다.

2. 활동의 '위험성' 판단

(1) 개요

기본법리에 대한 논의를 통해 헌재가 분명하게 확인하고 전제한 바와 같이, 정당해산심판제도는 일종의 '극약처방'이기 때문에 시종일관 "매우 엄격하고 제한적으로 운용"[63)]되어야 한다. 정당해산심판절차에서 이 '엄격운용의 필요성'에 대한 원론적인 인식이 '이론을 위한 이론'이 아니라 법적 판단의 지침에 반영되어 발현되어야만 하는 것은 물론이거니와, 이러한 당위적인 요청이 앞에서 제시한 '절제의 요청'과 중용'의 지침을 매개로 하여 정당해산심판절차에서 핵심 쟁점과 연결되어 강조되고 구체적으로 실행되어야 하는 부분이 바로 정당 활동의 '위험성'에 대한 판단의 단계이다.

---

62) Volkmann(FN 23), S. 580. NPD 강령 소개 참조.

63) 판례집, 제26권 2집(하), 19면.

이러한 당위성과 필요성을 굳이 다시 강조하는 것은, 전술한 바와 같이, 우선 구체적인 심판대상으로 대면하게 되는 정당해산의 여부가 통상적인 상황이 아니라 예외적인 상황에서 '한계의 문제'로 주어지고, 그렇기 때문에 추상적인 이론과 그에 따른 지침이 일반적으로 그러하듯이 '절제의 요청'도 이른바 '원칙과 예외'의 형식으로 '중용'의 선택을 하는 난제로 구체화될 수밖에 없기 때문이다. 말하자면 '국가의 존립' 및 '민주적 기본질서'와 '정당의 자유'라는 근본적인 헌법적 가치 간의 충돌이 구체적인 정치현안으로 부각되어 '헌법의 보호'와 '정당의 보호'가 절충이 아니라 선택의 문제로 주어지는 문제상황에서 최고의 대의기관이 일종의 '예심'을 통해 해산요건, 즉 '위험성'이 인정된다는 판단을 하고 헌재에 '재확인'을 구하는 정당해산심판에서 '절제의 요청'은 일방적이고 무조건적인 절대적 지침이 아니라, 그 자체가 '예외의 가능성'을 열어놓고 구체적인 실천의 단계에서 또 하나의 '절제'를 요구하는 지침이기 때문이다.

(2) 강한 재량판단 - '개연성' 판단과 전망판단으로서 특성

정당해산요건으로서 정당의 활동의 '위험성'을 판단하는 절차에서 '절제의 요청'의 당위성을강조하는 또 하나의 중요한 이유는 '위험성' 여부에 대한 법적 판단이 본질적으로 이른바 '강한 재량'(strong discretion)판단, 말하자면 명확한 객관적인 판단의 준거가 없는 상태에서 재판관들의 헌법의식이나 법감정 등 주관적인 요소가 개입될 수밖에 없는 일종의 '개연성판단'의 특성을 갖는다는 점이다. 또한 이 포괄적인 '위험성'에 대한 '재량판단'에는 적어도 상당 부분 장래의 사태의 발전가능성에 대한 예측의 가설적 판단, 즉 '전망판단(Prognoseent-scheidung)'[64]도 중요한

64) '전망판단'은 연역적인 방법의 추론이나 이른바 포섭 도그마의 틀 내에서 진행되는, 말하자면 본질적으로 과거의 사태에 대한 법적 판단에 초점을 맞추는 민사재판이나 형사재판에서 법관이 하는 전통적인 의미의 법해석작업으로는 포섭해낼 수 없는 법적 판단을 말한다. 이에 관한 상론은 F. Ossenbühl, Die Kontrolle von Tatsachenfeststе-

변수가 된다는 점도 고려되어야 한다.

'강한 재량판단', 특히 '정치적 사법작용인' 헌법재판에서 재량판단은 본질적으로 객관성의 한계를 용인하고 감수하는 전제 하에 주관적인 판단을 허용하는 것인 만큼 늘 자의적인 판단의 위험이 수반되고, 특히 현재 상황에 대한 인식을 근거로 미래를 예측하는 '전망판단'은 말 그대로 가설적인 판단인 점에서 그 오류의 위험을 사전에 검증하여 예단할 수 없기 때문에, 재량판단에 대한 통제는 객관적인 절차법적 규율을 수단으로 접근될 수밖에 없다. 정당 활동의 '위험성'에 대한 최종 판단의 근거가 되는 구체적인 개별적이고 법적 판단, 즉 독립된 조직단위로서 정당 전체에 귀속시킬 수 있는 "정당 기관의 행위나 주요 정당관계자, 당원 등의 행위"에 대한 사실확인과 확인된 사실에 대한 규범적 평가의 절차에서 일반적으로 엄격한 증거절차의 규율을 요구하는 것은 바로 이 때문이거니와, 다만, 그렇다고 해서 민사소송법령의 준용이 배제되고, 일률적으로 형사소송법령이 적용되어야만 하는 것은 아니고, 헌법재판에 특유한 소송법령, 더 나아가서는 정당해산심판의 특성에 맞는 독자적인 절차규율을 적용하는 것이 필요하다는 점은 전술한 바 있다.

'목적'의 위험성과 관련한 개별 판단과 마찬가지로, 통진당의 '활동'의 위험성과 관련된 헌재의 개별 사실확인과 법적 판단의 타당성에 대한 분석과 평가는 유보한다. 또한 헌재는 구체적인 입장을 분명하게 밝히지 않고 있다는 점은 전술한 바 있거니와, 통진당 활동의 '위험성'에 대한 판단에서 핵심쟁점인 '엄격증명', '완화된 증명' 또는 '중간 단계의 증명' 등 증명수준의 문제에 대한 논의도 기본적으로 재판관들의 재량에 맡겨져 있는 소송법적 선택의 문제로 본 앞에서의 쟁점정리와 원론적 확인으로 대신한다.

아무튼 여기에서는 정당해산심판절차에, 특히 증거조사와 사실확인

---

llungen und Prognoseentscheidungen durch das Bundesverfassungsgericht, in: C. Starck(Hg.), Bundesverfassungsgericht und Grund-gesetz, Bd. 1, Mohr Siebeck, 1976, S. 466.

의 절차에는 적어도 형사소송절차에 준하는 정도 이상의 엄격한 증거법 원칙과 규율이 적용되어야 하는 것으로 보는 입장에서, 통진당에 대한 해산심판청구를 촉발시킨 계기였고, 또한 헌재가 심판과정에서 통진당의 '위험성'을 인정하는 판단에서 실제로 가장 결정적인 근거로 고려한 것으로 여겨지는 이른바 '이석기 의원 등의 내란관련 사건'[65]으로 드러난 '위험성' 판단의 당부만을 짚어 본다.

(3) 구체적인 '위험성' 판단의 타당성

1) 개요

정당해산심판에서 정당 활동의 '위험성'은 '민주적 기본질서에 실질적인 해악을 끼칠 수 있는 위험성'에 한정되고, 그 구체적인 판정의 기준으로는 일정한 정도 이상으로 위험한 구체적인 행태, 즉 "전투적이고 공격적인 적극적 자세"(aktive kämpferische, agressive Haltung)와 위험한 정당 활동의 지속성과 계속성이 제시된다. 독일 연방헌법재판소가 '사회주의 정당'(SRP)에 대한 해산결정[66]을 통해 판시한 이 기준은 그 이후 거의 보편적인 기준으로 받아들여져 왔고, '정당의 강제해산은 정당이 민주적 헌법질서를 전복하기 위한 정치적 수단으로 폭력을 옹호하거나 폭력을 사용하여 헌법에 의해 보장된 권리와 자유를 위태롭게 하는 경우에만 정당화될 수 있다'고 규정한 '베니스 위원회의 정당해산에 관한 지침' 제5조 제3호도 거의유사한 내용으로 생각된다.[67]

통진당 해산결정에 반대하는 입장에서 주장하는 핵심 논거도 바로 통진당 활동의 '위험성'을 인정한 헌재의 개별 판단들이 이러한 보편적인 판정기준에 합치되기 어렵다는 점이고, 또한 소수의견을 낸 김 이수

---

65) 판례집, 제26권 2집(하), 83－100면.

66) BVerfGE 5, 85(141). 이 판결에 대한 상론은 장 영수, 정당해산요건에 대한 독일 연방헌법재판소의 판단기준에 관한 연구, 헌법학연구, 제20권 제4호(2014), 304－309면 참조.

67) 이에 관해서는 차 진아(주 27), 117면.

재판관이 '이석기 의원 등의 내란관련 사건' 등에서 드러난 발언 등의 '위험성'을 인정하면서도 정당 전체 차원에서의 활동은 "조직적, 계획적, 적극적, 지속적으로 한 것"으로 볼 수 없다고 본 것도 같은 맥락에서의 반대논거로 이해되는 바, 여기에서는 좀 더 심화된 토론의 필요성과 가능성을 강조하는 입장에서 이 쟁점에 초점을 맞추어 세 가지 단서를 제시하는 것으로 본다.

2) 심화토론을 위한 세 가지 단서

우선 주목해야 하는 것은 '위험성'의 판단이 정당해산심판사건의 본질상 근본적으로 '애매하고 비약적인 성질'을 벗어나기 어렵다는 점이다.[68] 비판론의 입장에서 '논리적 비약'과 '편견'을 주장하며 헌재의 심판이 '증거재판'이 아니라 '심증재판'이라고 극렬하게 비난하는 것을 일면 이해하면서도, 타면 반론의 논거로서 그 효과에 대해서는 의문을 갖는 것도 바로 이 때문이다. 헌법의 해석과 적용에서 특히 부각되는 '관점'은 그것을 공유하지 않는 입장에서 보면 다 편견이다.

전술한 바와 같이, 정당 전체의 '위헌성'에 대한 판단을 내용으로 하는 정당 활동의 '위험성'에 대한 판단이 일종의 '개연성'(Wahrscheinlichkeit) 판단이거니와, '개연성'의 판단은 근본적으로 일정한 정도 이상의 '의심'(Verdacht)에 대한 재검증과 가설적 '전망'을 내용으로 한다. 정당해산심판절차상 '전망'의 판단도, 다른 소송에서 일반적으로 그러한 것과 마찬가지로 '개연성'의 인식을 위해 주어진 자료를 회고적으로 분석 및 평가하여 내리는 일종의 '회고적 전망'(retrospektive Prognose)이되, 다만, 과거에 발생한 다수의 다양한 사태에 대하여 완전무결할 수 없는 인식과 개별 사실에 대한 복합적인 규범적 평가의 결론을 준거로 할 수밖에 없는 점에서 주관적인 판단의 성질이 가장 강하게 드러나는 재량적 판단이다. 말하자면 이러한 '개연성판단'으로서 '위험성'에 대한 판단에는 수학에서 요구되는 수준의 객관성과 엄밀성의 기준이 적용될 수 없고, '자

68) 이 명웅(주 32), 13면.

의성'을 배제하기 위하여 아무리 엄정한 절차규칙을 적용한다고 하더라도 그것은 기껏해야 일종의 '논리적 개연성'(logische Wahrscheinlichkeit), 즉 '객관화된 인식론적 개연성'(objektivierte epistemische Wahrscheinlichkeit)[69]일 수 밖에 없다. 예컨대, 증거조사와 사실확인에 형사소송법을 준용하여 '엄격한 증명'의 기준을 적용한다고 하더라도, 개별 증거자료들에 대한 판단을 종합하여 헌재가 내리는 '위험성' 판단의 '개연성 판단'으로서의 구조와 특성, 특히 궁극적으로 '주관적인 확신'의 정도가 관건인 일종의 '가설적 판단'[70]으로서 객관성, 즉 '인지의 한계'(Grenzen des Wissens)[71]는 변할 수 없다. 요컨대, 그 정도가 관건이되, 정당 활동의 '위험성'에 대한 헌재의 판단은 상당한 정도의 '편견'의 개입과 '논리적 비약'이 불가피한 심증의 재량판단이다.

둘째는 정당해산심판에서 정당 활동의 '위험성'에 대한 판단의 근거로 고려되는 사실을 확인하고 증명하여 법적 확신에 이르는 작업의 구조와 특성이 형사소송에서의 그것과는 크게 다르다는 점이다. 형사소송에서 사실확인이 대부분 구성요건에 해당하는 개별 범죄행위의 사실의 존부와 당해 범행과 결과와의 인과관계의 입증에 초점을 맞추는 사태파악인데 반해서, 정당해산심판에서 그것은 단순히 사실을 규명하는 확인이 아니라 오히려 다수의 확인된 '활동'의 사실들을 자료로 하여 정당 '활동'의 '위험성'을 드러내는 폭력성과 위헌적인 지향성을 가늠하는 복합적이고 포괄적인 판단이다. 굳이 형사소송절차에 대비하여 말하자면, 정당해산심판에서 정당 활동의 '위험성'을 판단하는 작업은 형사소송에서 단계적으로 구분되어 진행되는 구성요건에 해당하는 범행 사실의 확인과 위법성의 인식, 그리고 책임요건으로서 고의에 대한 판단이 동시에 복합적으로 진행되는 것이라고 할 수 있다. 동 사건에서도 적어도 개별 '활동'의 사실과 관련하여 증거채부가 문제된 것은 없다.

---

69) G. Steinberg, Verdacht als quantifizierbare Prognose?, JZ, 2006, S. 1046ff.

70) G. Steinberg(FN 67), S. 1047.

71) Vgl. W. Hassemer, Grenzen des Wissens im Strafprozess, ZStW, 2009, S. 829ff.

또한 정당해산심판절차에 형사소송법을 준용하는 것의 법리적 부정합성은 전술한 바 있거니와, 형사소송법 도그마틱도 법령의 해석과 적용의 정당성과 함께 합리성을 확보하기 위해 표준화된 법리와 정형화된 절차운영의 매뉴얼을 제공하는 것이라고 한다면, 예컨대 형사소송법에 따른 '엄격한 증명'의 기준을 적용해야 한다고 하더라도, 그것이 개별 요증사실의 입증이 아니라 증명된 개별 사실들을 통해 드러난 포괄적인 '위험성'에 대한 '법적 확신'에 기계적으로 적용될 수는 없다. 말하자면 미국 연방대법원이 기본권심사에서 적용하는 이른바 '엄격심사'(strict scrutiny test), 즉 '이론적으로는 엄격하지만, 실제로는 치명적인'(strict in theory, but fatal in fact) 정형화된 판단기준으로 적용될 수는 없다는 것이다.

이는 '입증불명'(non liquet)의 경우도 마찬가지이다. 헌재는 정당해산심판제도의 엄격운영의 필요성을 강조하는 맥락에서 '의심스러울 때는 자유 우선'(in dubio pro liberate)의 보편적인 형사소송법 원칙이 당연히 적용된다고 하였는데, 개별 사실의 입증과 관련해서는 이견이 있을 수 없지만, 정당의 개별 '활동'의 사실에 대한 확인과 규범적 평가를 종합한 결과로 주어지는 '위험성', 말하자면 전술한 바와 같이 그 '정도'가 관건인 '개연성'에 대한 판단에도 일률적으로 적용될 수 있는지에 대해서는 의문이 없지 않다. 재판관 내심의 '법적 확신'이라는 점에서 법적 추론에 따른 판단 및 통제의 준거로서 그 현실적인 효용이 제한적인 점은 별론으로 하더라도, '위험성'에 대한 '법적 확신'의 정도가 이른바 '객관적인 개연성'에 이르지 못한 상황에서 획일적으로 '피고인에게 유리하게'와 판단하듯이 '자유 우선'의 원칙에 따라 일률적으로 '정당보호'를 선택하라는 것이 추상적인 이론의 차원에서는 몰라도, 전술한 바와 같이 '한계상황'의 문제로 주어지는 구체적인 정치현실 속에서의 정당해산심판에서도 절대적인 심판지침으로 당연히 적용될 수 있는 것인지는 깊은 고민 후에야 답할 수 있는 문제이다. 저울의 한 쪽에는 정치참여자로서 한 진보정당의 부당한 축출이, 또 한 쪽에는 국가와 민주주의체제의 파멸이 있는 가설적인 '형량의 문제'이기 때문이다.

셋째는 '이석기 의원 등의 내란관련 사건'에서 드러난 '폭력성'을 주요 근거로 하여 통진당의 '위헌성'을 인정한 헌재 판단의 부당성에 대한 논거로 동 사건과 관련된 형사소송에서 대법원이 내린 판단[72]과의 법리상 불일치가 제시되고 있는 바, 그 당부에 대한 검토가 필요하다. 특히 내란선동죄에 대해서만 유죄로 판단하고, 증거부족을 이유로 이른바 '지하혁명조직 RO'의 존재를 부정하고, 내란음모죄는 무죄를 선고한 취지와, 그에 적용한 '증명력 판단' 등과 관련된 증거법원칙과 '자유심증주의의 한계' 등의 법리가 헌재 판단의 오류를 증명하는데 결정적인 근거가 된다는 것이 비판론이 핵심논지이고, 헌재의 해산결정 후 불과 약 1개월 후에 대법원의 판결이 내려진 점도 헌재의 결정이 지나치게 성급했다는 비판의 논거로 제시되고 있다.[73]

우선 성급한 결정이었다는 비판에 대해서는 기본적으로 동의한다. 다만, 심리의 종결과 결정 선고의 시점을 택하는 것은 원칙적으로 헌재의 폭넓은 재량에 맡겨져 있는 것이고, 또한 독자적인 헌법적 판단의 주체로서 대법원의 판결을 기다릴 필요가 없을 정도로 이미 '위험성'에 대한 '법적 확신'의 심증을 충분히 확보한 상황이었다면 헌재가 즉시 해산결정을 선고하는 것은 정당해산심판의 법리상 허용되는 것임은 물론이고, 오히려 요구된다는 것에도 이견이 있을 수 없다. 핵심 쟁점은 상대적으로 적어도 사실확인에 관한 한 헌법재판소보다 더 정밀한 판단을 할 수 있는 조건을 갖춘 대법원의 판단, 특히 이른바 '지하혁명조직 RO'의 실체를 부인하고, "이석기 의원의 발언이 내란 실행으로 나아갈 실질적인 위험성은 없다"고 보아 내란음모죄에 대하여 무죄를 선고한 취지와 동 사건에서 드러난 '위험성'에 대한 헌재의 판단 간의 불일치가 일방적으로 헌재 판단의 오류의 근거가 될 수 있는지 여부이다.

헌재는 동 사건과 관련하여 나름 세밀하게 확인한 개별 사실들을

72) 대법원 2015.1.22. 2014도10978(전원합의체 판결).

73) 이 재화(주 1), 174－187면.

종합하여 "이○기를 비롯한 내란관련 회합 참석자들은 경기동부연합의 주요 구성원으로서 북한의 주체사상을 추종하고, 당시 정세를 전쟁 국면으로 인식하고 그 수장인 이○기의 주도 하에 전쟁 발발시 북한에 동조하여 대한민국 내 국가기간시설의 파괴, 무기 제조 및 탈취, 통신 교란 등 폭력 수단을 실행하고자 회합을 개최한 것"[74]으로 판단하였다. 판단의 흐름과 대강을 주목하는 관점에서 보면, 헌재는 적어도 '지하혁명조직 RO'의 실체를 인정하는 전제 하에 그것을 판단에 반영한 것으로 추측된다. 하지만, 그 의도는 모르겠으되, 통진당 이 정희의 관련 발언을 직접 인용한 것[75] 외에 헌재가 '지하혁명조직 RO'의 존재를 명시적으로 인정하는 내용은 설시문에서 찾아 볼 수 없다.

이러한 점을 고려할 때, 정당해산심판절차상 대법원과 헌재 간의 판단의 공조(共助)가 바람직하였다는 점과, 동 사건에 대한 내란선동 또는 음모의 유무죄와 관련된 사실확인의 판단과 헌재의 정당 '활동'의 '위험성'에 대한 판단을 위한 사실확인과 그에 대한 규범적 판단이 반드시 일치되어야만 하는지 여부는 별개의 문제로 보아야 한다. 소수반대의견을 낸 김 이수 재판관도 '지하혁명조직 RO'의 존재 여부에 대해서는 명시적인 의견을 제시하지 않고 이 석기의 활동과 과거의 전력을 종합하여 활동의 '위험성'과 "극단적인 민족주의에 기초하여 북한의 무력 시위를 찬양하고, 전쟁상황에서 북한과의 공조를 주장하는 등 북한에 대한 적극적 추종성"은 인정하고 있다.[76]

요컨대, 통진당의 '활동'의 '위험성'에 대한 헌재의 판단이 전체적으로 타당한 것으로 볼 수 있다면, 설령 '지하혁명조직 RO'의 존재를 부인하고 내란음모죄를 무죄로 본 대법원 판단의 적확성을 인정한다고 하더라도 그것이 헌재의 '위험성' 판단 전체를 그릇된 것으로 단정할 수 있는 결정적인 근거는 아니다. 말하자면 '불충분한 근거의 오류'에 대한

74) 판례집, 제26권 2집(하), 100면.
75) 판례집, 제26권 2집(하), 97-98면.
76) 판례집, 제26권 2집(하), 196면.

비판의 논거로서는 유효하지만, 증명되어야 할 결론을 참으로 전제한 ‘전제의 오류’라고 몰아붙이는 공격의 빌미가 될 수는 없다.

3. 개별 활동의 ‘위험성’의 ‘귀속성’

(1) 개요

해산결정에 대한 찬반의 입장을 떠나서, 정당의 활동의 ‘위험성’에 대한 헌재 판단의 ‘강한 재량판단’으로서 본질과 특성에 초점을 맞추어 통진당의 입장에서 복기를 해본다면, ‘귀속성’, 즉 당 소속 국회의원을 비롯한 유력한 당 주도세력이나 일부 당원 및 지지자들의 개별적인 위험한 행태로 드러난 ‘위험성’ 정당 전체에 귀속될 수 있는지 여부의 쟁점은 정당의 존망이 걸린 정당해산심판이라는 게임에서 방어전략을 수립하고 작전을 수행하는데 있어서 결정적인 대목으로 주목되었어야 했다. 합당한 증명의 수준에 대한 획일적인 소송법적 지침이 없다는 점은 전술한 바 있거니와, 궁극적으로 증명의 기준은 소송의 종류나 사안의 내용에 따라 판단오류의 영향의 크기를 고려하여 선택될 수밖에 없기 때문이다. 일종의 ‘복잡계’(complex system)로 주어지는 정치현상과 사회현실에 대한 다분히 직관적인 인식과 추측적 전망을 내용으로 하는 점에서 ‘위험성’의 절박성에 대한 판단은 특히 광범위하게 주관적인 재량이 허용되는데, 반면에 이 개별 활동의 ‘위험성’이 정당 전체로 귀속될 수 있는지에 대한 판단은 보다 구체적인 증거에 대한 사실적 분석과 해명을 내용으로 하는 점에서 상대적으로 증명기준의 선택과 그에 따른 재량판단의 범위를 상당한 정도로 축소시킬 수 있는 가능성과 유효한 법리적 수단이 없지 않았다. 예컨대, 해당 인사들에 대하여 출당 등 징계조치를 하거나 당 지도부이든 아니면 전체 당원의 이름으로 이 석기 전 의원을 비롯한 집단이 소수 일탈세력에 불과하다고 공식적으로 천명하는 것 등이 그것이다.[77]

(2) 반론의 검토

소수반대의견을 낸 김 이수 재판관은, '이석기 의원 등의 내란관련 사건'에서 드러난 '위험성'을 인정하면서도 이 석기 의원을 비롯한 그 지지자 집단과 모임 참석자들의 발언과 행태의 위험성이 정당 전체에 귀속되는 것으로 볼 수는 없다고 보고, 그 근거로 이 석기 등이 주도하는 '경기동부연합' 등의 특정한 계열 조직이 연합하여 전체적으로 통일된 실체로 단결하여 활동하고 있다고 볼 수 없고, 통진당이 이들 주도세력에 의해 완전히 장악되었다고 볼 수 없는 점, '경기동부연합'과 이른바 '5.12 모임'에 참석한 참석자들의 인적 연계가 명확하게 드러나지 않았다는 점 등을 제시하고 있다.[78] 요컨대, 이 석기 등의 발언은 통진당 전체의 기본노선에 반하여 이루어진 것이고, 통진당이 그러한 활동을 적극적으로 옹호하거나 그러한 활동으로부터 기본노선에 영향을 받고 있다고 인정할 수는 없다는 논지이다.[79]

주지하는 바와 같이, 베니스 위원회의 정당해산에 관한 지침(제5조 제4호)도 "정치적·공적 및 정당 활동의 틀 안에서 정당에 의해 권한을 부여받지 않은 당원의 개별적 행위에 대해서는 전체로서의 정당이 책임을 지는 것으로 볼 수 없다"[80]고 규정하고 있거니와, '귀속성'은 극히 예외적인 경우, 말하자면 일부 당원이나 계열 조직들이 정당을 꼭두각시로 만들 정도로 정당 전체를 전체를 장악하였음이 그 과정과 인적 연계와 관련된 증거를 통해 확연하게 드러나는 경우에 한해서만 인정될 수 있다고 보는 것이 학계의 일반적인 의견이기도 하다. 이는 당 지도부나 소속 국회의원의 경우일지라도 그 발언 등이 정당의 정체성을 대변하는 비중이 크다는 점에서 정당의 의사를 대표하는 것일 수는 있지만, 그것은 국회기능과 관련된 문제로서 정당의 정체성 자체와의 관계에서는 개

77) 이에 관해서는 이 명웅(주 32), 13면.
78) 판례집, 제26권 2집(하), 192－204면.
79) 판례집, 제26권 2집(하), 225면.
80) 이에 관해서는 차 진아(주 27), 129면.

별적인 의미를 가질 뿐이기 때문에 기본적으로 다르지 않은 것으로 본다.[81] 정당 전체에 귀속시킬 수 있는 활동의 범위에 대하여 정당 자체의 활동으로 볼 수 있는 예외적인 경우에 한정하고, 일부 구성원이나 추종자들의 일탈의 발언이나 행태는 정당해산요건과 연결되지 않는 것으로 본 독일 연방헌법재판소의 입장도 이와 다르지 않다.[82]

결국 정당 조직 일부의 개별적인 발언이나 행태로 드러난 '위험성'을 정당 전체에 귀속시키는 것은 개별 당원이나 지지자들의 범법행위나 일탈 자체나, 그것과 정당 전체 간의 연관성에 대한 정황증거만으로는 부족하고, 특정한 집단이나 계열 조직 등의 정당 전체의 활동을 주도하고, 그 압도적인 영향력의 상당 기간 지속되는 점이 '엄격한 증명'의 수준에서 명백하게 입증되는 경우에만 인정될 수 있다고 본다면, 이 사건에서 헌재의 '귀속성'을 인정한 최종 판단, 그리고 그 근거인 개별 사실들, 즉 "내란관련 회합의 개최 경위, 참석자들의 피청구인의 당내 지위 및 역할, 위 회합이 경기동부연합의 주요 구성원 등 피청구인의 핵심 주도세력에 의하여 개최된 점, 위 회합을 주도한 이 석기의 경기동부연합의 수장으로서의 지위"와 "통진당의 전당적인 옹호·비호 태도" 등에 대한 판단[83]의 타당성에 대해서는 의문이 제기될 여지와 단서가 적지 않다.

Ⅴ. 정당해산결정시 국회의원지위 상실 여부

1. 개요

주지하는 바와 같이, 헌재의 결정으로 정당이 해산되는 경우 해산된

81) 전 광석, 정당해산심판에 대한 헌법적 및 정치적 이해, 헌법판례연구, 제13권(2012), 142면.

82) BVerfGE 5, 85(165ff.).

83) 판례집, 제26권 2집(하), 98-99면.

정당 소속 국회의원의 의원직 상실 여부에 대해서는 학설상 견해가 대립되고 있다. 이는 소송실무상으로는 헌법 또는 법률에서 명시적으로 규정하고 있지 않기 때문에 쟁점이 되는 것이기는 하지만, 정당과 국회의원의 관계, 특히 국민대표로서 국회의원의 자유위임적 지위에 대한 근본적인 이견이 해소되지 않는 한, 이론적으로는 실정법상 명시적인 규정 여부나 그 내용과 무관하게 헌법해석론상 남아 있을 수밖에 없다. 예컨대, 자유위임원칙에 방점을 찍는 관점에서 정당의 대표가 아닌 국민의 대표로서 국회의원의 헌법적 지위를 주목하는 관점에서는 법률에 의원직 자동상실을 명시적으로 규정한다고 하더라도 동 규정 자체를 위헌이라고 볼 것이고, 결국 헌법에 규정되지 않는 한, 명시적인 법률규정의 유무와 무관하게 정당에 대한 해산결정의 효력으로 소속 국회의원의 직이 박탈될 수 없는 것으로 보는 결론은 그대로 유지될 것이기 때문이다. 반면에 헌법에 헌재의 정당해산결정시 국회의원직 박탈을 명시적으로 규정한다고 하더라도, 분명하게 규정하지 않는 경우 지역구 국회의원과 비례대표 국회의원의 차별취급과 관련하여 헌법해석론상 이견이 없지 않을 것이고, 그렇지 않은 경우라도 적어도 헌법정책론의 차원에서 논란은 계속될 것이기 때문이다.

2. 학설상 이견 및 논의 현황

우리 헌정사상 1962년 제3공화국헌법(제38조)은 정당이 해산된 때 소속 국회의원의 자격이 상실되는 것으로 규정한 바 있었지만, 이에 관해 현행법은 명문의 규정을 두고 있지 않다.[84] 학계의 견해는 다수설이

84) 현행 공직선거법은 소속정당의 합당 해산 또는 제명 외의 사유로 당적을 이탈 변경하거나 2 이상의 당적을 가지고 있는 때에 비례대표국회의원은 그 직을 상실하는 것으로 규정하고 있으나(제192조 제4항), 동 조항상 '해산'에는 정당의 자진해산만이 해당된다, 즉 헌재결정에 따른 강제해산은 포함되지 않는 것으로 보는 당연한 해석론에 대한 이견은 거의 찾아보기 어렵다.

라고 할 수 있는 의원지위자동상실설과 의원지위유지설이 대립되고 있다. 논리적으로는 다 가능하지만, 대립되는 두 견해 중 전자의 경우에는 찾아보기 어렵고, 의원지위유지설의 경우 지역구국회의원과 비례대표국회의원을 구별하여 전자의 경우에만 국회의원직이 유지되는 것으로 보는 일종의 절충설도 없지 아니하다.[85]

전술한 바와 같이 이러한 해석론의 상위는 근본적으로 독자적인 헌법기관으로서 개별 국회의원의 헌법적 지위, 특히 정당국가적 대의민주체제의 구조와 기능에 대한 상이한 헌법규범 및 헌법이론적 인식의 지평 속에서 정당의 대표가 아닌 헌법상 자유위임원칙에 따른 국민대표로서의 독립된 지위에 대한 관점의 차이에서 비롯되는 것이지만, 좀 더 정확하게 말하자면 한편으로는 헌법보호수단인 정당해산제도의 목적, 즉 민주적 기본질서의 유지와, 다른 한편 헌법상 국회의원직의 자유위임이라는 헌법적 가치가 상충하는 것으로 이해할 것인지 여부 등 문제의 본질과 구조에 대한 인식 및 그에 따른 형량 또는 절충 등 접근의 방법과 관점의 차이가 반영된 결과로 이해된다.[86]

3. 사견 - 자유위임원칙과 헌법의 보호

결론부터 제시하자면, 의원지위자동상실설을 취한 헌재의 결론과 논증, 말하자면 위헌성이 확인된 정당을 즉각 정치적 의사형성과정에서 배제하는 것은 정당해산결정의 실효성을 확보하는데 필수불가결하기 때문에 해산된 정당 소속 국회의원의 의원자격을 박탈하는 것은 정당해산결정에 당연히 내장된 결정사항을 재확인하는 것인 동시에 해산결정을 집행하는 수단이라고 본 헌재의 설시에 동의한다. 다만, 헌재의 통진당 해

85) 본고에서 학설대립의 현황에 대한 상세한 논의와 인용은 약한다. 이에 관해서는 정 만희. 국회의원의 정당기속과 자유위임, 헌법재판연구 제2권 제1호, 2015, 헌법재판연구원, 149 - 151면.

86) 에에 관한 적확한 견해로는 한 수웅, 헌법학, 2015, 1534면.

산결정 이후에도 다양한 찬반의견이 교차되는 가운데 적잖은 이견이 제시되고 있기도 하거니와,[87] 헌재의 견해와 다른 입장에서 제시되는 핵심 논거인 국회의원직의 '자유위임원칙'과의 관계에서 법리적 논의와 해명이 충분하지 못하였다고 보는 입장에서 아쉬움이 없지 않기 때문에, 일종의 보론의 맥락에서 문제의 본질을 해명하고, 적확한 접근 및 판단의 관점과 단서를 정리한다.

근본적으로 형성적 결정인 정당해산결정에 의해 정당이 법적으로 무화, 즉 해산되고, 그 효력으로 대체정당의 설립이나 위헌정당의 명칭 사용이 금지되고, 잔여 재산이 국고에 귀속된다고 하여도, 위헌정당의 핵심리더로서 그 인적 기반의 핵심이라고 할 수 있는 소속 국회의원의 직이 유지되는 경우에는 민주주의의 수호를 위한 최후의 수단으로 정치적 이데올로기를 공유하는 사람들의 사단인 정당의 정치참여기회를 박탈하는 정당해산의 핵심목적, 즉 헌법보호의 실효성은 확보되기 어렵다. 소속 국회의원이 있는 경우 대개 그러하겠지만, 이는 특히 해산이 결정된 정당이 적잖은 동조자의 지지를 기반으로 하여 정치사회적으로 무시할 수 없는 잠재적인 조직력과 활동기반을 확보하고 있는 경우, 즉 정당해산의 동인의 핵심이 단체로서 위헌정당 자체의 해산과 함께 또는 오히려 그보다 우선하여 정당의 지도적 인사인 소속 국회의원을 hub로 하는 인적 network를 해체하는 데 있는 경우에는 더욱 그러하다.

또한 이른바 고전적 대의민주체제가 아니라 오늘날 일반적인 정당국가적 대의민주제에서 진행되는 선거에서 개별 국회의원은 개인으로서보다는 오히려 정당의 대표자로서 선출되고, 따라서 개별 국회의원에 대한 인적 신임은 그 핵심 요소 또는 기반인 정당에 대한 정치적 신임과 분리되는 것으로 보기 어렵다. 대의공직후보자 개인에 대하여 인적 신임을 부여하는 선거의 고유한 기능을 인정한다고 하여도, 정당에 의해 추천된 후보자의 경우 그 신임은 정당의 강령과 기본정책 및 정강정책을

87) 대표적으로는 정 만희, 위의 논문, 152 - 157면.

추진해나갈 지도적 인사들을 비롯하여 정당의 조직적, 기능적 역량이 합체된 '정치청약'(Politikangebot)에 대한 포괄적인 평가와 무관한 것일 수 없기 때문이다. 더욱이 정당의 규모나 구조 등 구체적인 당내 상황에 따라 차이가 없지 않겠지만, 정강정책의 수립을 비롯한 정당의 기본적인 조직과 활동은 당내 지도적 인사들에 의해 주도된다는 점을 고려할 때, 일종의 '정치적 패키지'인 정당의 목적과 활동의 위헌성이 확인되어 해산결정이 내려진 경우 우선 책임의 주체인 또는 적어도 연대책임의 당사자인 소속 국회의원의 법 및 정치적 책임의 분리취급을 주장하거나 인정하는 것은 자기책임의 원칙에 위배되는 것인 동시에 정당을 매개로 하는 정치적 신임과 책임의 연계고리를 작위적으로 단절시키는 체계부정합의 결과를 초래하는 점에서 민주주의원리에 부합되기 어렵다. 이러한 점에서 국회의원직 상실 여부는 정당해산절차 개시 시점에 의원 개개인의 정치활동과 정당의 목적이나 활동과의 객관적인 관련성을 기준으로 개별적으로 판단되어야 하고, 따라서 객관적인 연관성이 없다는 증거를 제시하는 경우 의원직상실을 면할 수 있도록 해야 한다거나 또는 국회의원이 정당의 위헌적 활동에 관여한 정도나 반대의사를 표명했는지 여부 등에 따라 달리 결정될 수 있다고 보는 견해는,[88] 지나친 작위성은 차치하더라도, 추상적인 이론의 차원에서는 제시될 수 있을지 몰라도 오늘날 정당국가적 현실과는 거리가 먼 점에서 구체적인 법제의 차원에서는 수용되기 어렵다.

의원직유지설의 핵심 근거로 제시되는 헌법상 자유위임의 원칙도 의원지위자동상실설로 귀결되는 이러한 헌법해석 또는 이익형량의 관점에 대한 반론의 논거로 설득력을 갖기 어렵다. 이른바 '정당국가의 위기징후'(Krisensymptome des Parteienstaates)에 대한 근본적인 비판과 다양한 구체적인 지적에도 불구하고, 전술한 정당국가현상, 즉 정치적 의사형성을 비롯하여 대의기관의 구성과 정치 및 정책결정의 전 과정을 사실상 정

88) 정 만희, 앞의 논문, 154면.

당이 거의 독점적으로 주도하는 정당국가적 대의민주체제는 헌법규범과 대치되는 정치현실 또는 헌법변질의 맥락에서 주목되는 헌법현실이 아니라 헌법적으로 정당한 것인 동시에 불가피한 헌법에 내장된 정치체제로 받아들여야 한다는 전제[89)]와 그에 따른 헌법해석의 관점은 특수한 위기상황에 대비하는 헌법보호수단인 정당해산제도의 설계와 운용에도 그대로 반영되어야 한다. 이러한 관점에서 보면 기본적으로 민주주의가 작동되는 정상적인 상황에서 정당국가의 문제점에 대한 보정이나 헌법규범과 헌법현실의 절충을 도모하는 규범조화적 관점에서 거론되는 자유위임원칙과 그에 포함된 민주주의 보전 또는 보정의 헌법적 가치는 정당해산결정의 법적 효력의 내용으로 논의되는 국회의원직 상실 여부의 문제와는 아무런 연관성도 갖지 못한다. 맥락과 차원이 다른 논제이다. '국회의원의 국민대표자로서의 지위와 방어적 민주주의의 정신이 논리 필연적으로 충돌하는 것은 아니다'라는 헌재의 설시[90)]는 절제의 표현으로 이해할 수 있기는 하지만, 적어도 법리의 관점에서 보면 오히려 불명확하고 애매한 표현인 점에서 적확하지 못하다.

굳이 정당해산결정시 소속 국회의원의 지위상실 여부의 문제를 '헌법보호'와 '자유위임'이 충돌하는 문제로 본다고 하더라도, 전자가 우선됨은 물론이거니와, 이에 반대하는 관점에서 상충문제로 이해하고 판단될 수 있다고 보는 입장에서 예시할 수 있는 경우, 즉 정당해산결정의 주된 이유와 헌법보호의 요청을 고려하건대 소속 국회의원 개개인에게 주도적 책임을 묻기 어려운 경우라면, 적어도 책임의 양적, 질적 크기가 다르다면 획일적으로 의원직을 자동 상실케 하는 것은 타당하지 않다는 견해가 제시될 수 있을 것이다. 하지만 이러한 상황론이 국회의원이 소속 정당의 위헌적인 활동을 방임하거나 지도부 등 핵심세력의 지시에 순응한 경우에 정당 및 주도세력과 책임소재를 분리할 것을 요구하고,

89) 이에 관한 대표적인 견해는 P. M. Huber, Der Parteienstaat als Kern des politischen Systems – Wie tragfähig ist das Grundgesetz?, JZ 1994, 689면 이하.

90) 판례집 제26권 2집(하), 113면.

더 나아가 면책을 주장할 수 있는 논거가 될 수는 없다. 자유위임은 오롯이 민주적 기본질서의 틀 속에서 합헌적인 목적과 활동을 하는 정당의 정상적인 정치활동 및 정책결정과정의 맥락에서 정당대표와 국민대표의 입장과 역할이 충돌되는 경우 국회의원 개인의 양심에 따른 정치적 선택의 자유와 다양한 정치적 대안의 구상과 기획을 실천에 옮길 수 있는 기회와 수단을 헌법적으로 보장하는 것이기 때문이다. 즉 자유로운 선택과 결정에 위임한 것은 민주주의 자체가 아니라, 자유위임의 정당화 조건인 민주주의 속에서의 정치활동이다.

정당의 위헌성이 확인되는 위기의 비상상황 또는 위헌정당에 근접해가는 절박한 상황에서 당해 정당 소속 국회의원의 자유위임적 지위는 정당의 대표보다 헌법보호자로서 역할을 우선시키는 특정한 선택의 강제, 즉 위임된 자유의 향유에 앞서서 자유위임의 전제조건이고 근거인 민주주의와 헌법을 방어하고 수호해야 하는 법적 의무로 전환된다. 말하자면 민주적 기본질서의 틀 속에서만 정당화될 수 있고 또 그 헌법적 의미와 기능이 발현될 수 있는 국회의원의 자유위임적 지위는 헌법보호 의무의 수행을 요구할 수 있는 헌법규범적 근거인 동시에 그 의무수행을 가능하게 만들고 또한 촉진하는 법적 수단이고 교두보이다.

이러한 관점과 논리는 적어도 헌법보호의 요청과 관련하여 그 지위와 역할을 달리 볼 어떤이유도 찾아보기 어려운 점에서 지역대표 국회의원과 비례대표 국회의원에 공히 적용됨은 물론이다. 적어도 민주주의의 터부를 건드리는 것이라고 볼 수 있는 헌법적 결단을 내린 이상은, 말하자면 헌법재판소의 사법적 결정에 의해 정당을 강제로 해산할 수 있게 하는 정당해산심판제도를 수용한 제도적 틀 속에서 해산이 결정된 정당 소속 국회의원이 의원지위를 상실하는 것은 헌법정책적 고려나 입법형성의 대상이 아니다. 국민주권원리를 비롯하여 권력분립의 원리나 국회의 자율권 등을 근거로 제시하면서, 적어도 헌법과 법률에 명시적인 규정이 없는 한 국회의원직의 상실 여부에 관한 판단을 국회의 자율적 심사에 맡기는 것이 타당하다고 보는 견해[91]에 찬성할 수 없는 것도 같은 맥락에서이다.[92] 헌재도 분명하게 설시하고 있는 바와 같이, 그것은 "정당해산심판제도의 본질로부터 인정되는 기본적 효력"[93]이기 때문에 헌법과 법률상 명문 규정의 유무와는 관계없는, 헌법해석론에 따른 논리 필연의 결론일 뿐이다.

Ⅵ. 결론 - 보론

교조적인 형식적 민주주의를 고집하지 않는 한, 민주주의와 헌법의 핵심가치를 방어하기 위한 수단인 정당해산심판제도는 더 이상 또는 여전히 민주주의와 조화될 수 없는, 즉 민주주의의 '금기'를 건드리는 제도가 아니다. 빼낼 수 없는 없는 '칼집 속의 칼'로서 상징적인 의미만을 갖는 헌정사적 유물이나 헌법의 문화재로 그 의미와 효용을 한정해서는 아니 된다. 필요할 때는 뽑을 수 있고 또 그래야만 한다. 선용과 악용, 그것이 문제다.

민주주의와 자유의 보호를 위해서 민주주의에 제약을 가하고 자유를 제한하는 정당해산심판제도는 일견 역설의 제도인 듯하나, 적정한 제도운용의 과제는 난제이되 해결될 수 없는 모순은 아니다. 관건은 엄격한 제도운용의 필요성 및 그에 부응하는 '절제의 요청'과 '적시성의 요청'을 수렴해내는 '중용의 지혜'이다. '민주적 기본질서의 마당'인 '정치적 생태계'의 보전을 위한 정당해산제도의 본질 및 특성과 함께 이에 부응하는 적정한 제도운용을 위해서는 생태론적인 정치관과 정당관, 균형적인 헌법의식, 그리고 투철한 헌법수호의지가 요구된다는 점을 강조하면서 생태계의 유기체적 본질과 특성을 극명하게 설파한 이른바 '체계적

---

91) 정 만희, 앞의 논문, 155 - 156면.

92) 논거는 다르지만, 결론적으로 같은 견해로는 장 영수, 통합진보당 해산결정과 소속 국회의원의 의원직상실 문제, 고려법학 제76호(2015), 129면.

93) 판례집 제26권 2집(하), 114면.

생명관'(the systems view of life) 또는 '체계적 사유론'(system thinking)의 핵심명제로 중언부언을 피하고자 한다: "전체는 부분의 합 그 이상의 것이다"(The whole is more than the sum of its parts).[94)]

해산결정의 전체적인 타당성과 최종 결론에 이르는 과정에서 내려진 개별 판단들의 당부에 대한 구체적인 판단은 유보하고, 다만, 적어도 '수사'(rhetoric)의 관점에서 볼 때, 설시문상 헌재의 논증은 결정의 설득력의 토대인 법적 사유의 타당성과 법적 추론의 적확성을 머뭇거리지 않고 수긍하기에는 전체적으로 그 논리적 완결성과 정합성의 측면에서 적잖이 미흡하다는 점만을 재삼 지적하고, 헌재의 '귀속성' 판단의 문제와 관련하여 궁금한 의문, 그리고 개인적으로 아쉽게 생각한 부분을 토로하는 보론을 덧붙이는 것으로 마무리를 대신한다.

근본적으로 불가능하지만, 가능한 한 '중립적인 관찰자'의 관점에서 헌재의 법정의견과 소수반대의견, 그리고 헌재의 해산결정을 격렬하게 비판하는 글 들을 읽고 평석을 쓰기 시작하여 마무리 하는 종착점에서 여전히 궁금한 것이 남아 있다. 전술한 바와 같이, '귀속성'의 판단도 본질적으로는 '재량판단'이기는 하지만, '위험성'의 판단에 비해서는 상대적으로 약한 재량판단인데, 통진당 측은 왜 이 부분을 간과했는가 하는 의문이 그것이다. 역으로 말하자면, 아무튼 '재량판단'인 점에서 입증책임론과는 무관하게 또는 당연히 입증책임이 청구인 측에 있다고 인정하더라도 헌재의 입장에서 충분히 입증된 것으로 판단할 가능성과 그것을 뒷받침할 수 있는 법리적 토대와 근거가 나름 충분한 점[95)] 등을 고려하

94) F. Capra/P. Luigi Luisi, The Systems View of Life, Cambridge Univ. Press, 2014, p. 10. 개별 생명체와 함께 생태계 전체를 '살아있는 유기체'로서 보는 생태철학적 세계관은 모든 유기체가 하나의 통합된 전체이고, 이 전체의 근본적인 속성들은 전체를 구성한 부분들의 상호작용(interaction)과 상호의존 및 연결성(interdependence; interconnectedness)에 의해 형성되어 나가는 것으로 본다.

95) 이러한 점은 실제로 다음 설시문을 통해서 충분히 드러난다. "당대표의 활동, 대의기구인 당대회와 중앙위원회의 활동, 집행기구인 최고위원회의 활동, 원내기구인 원내의원총회와 원내대표의 활동 등 정당 기관의 활동은 정당 자신의 활동이므로 원칙적으로 정당의 활동으로 볼 수 있고, 정당의 최고위원 등 주요 당직자의 공개된 정치 활

건대, 적어도 해산결정 후 재판관들의 편향된 이데올로기적 성향과 정치적 편견을 격렬하게 비난하는 것으로 보아 이러한 정황을 충분히 예측할 수 있었고, 실제로도 짐작하였던 것으로 생각되는 통진당 측의 입장에서 이 쟁점과 관련하여 적극적으로 해명하고 반박하는 노력을 다하지 않았던 것은 납득하기 어렵다.

통진당 측은 단지 '동일시하지 말라'고 요구만 하였지, 어렵지 않게 마련할 수 있는 근거를 제시하면서 '같지 않다'는 분명한 주장과 소명을 하지 않았다. 원천적으로 그것을 상정할 수 없는 당내 역학구도 등의 사정 때문이었는지, 아니면 간과하였던 것인지 모르겠다. 전자의 경우였다면 결과적으로 다분히 '완화된 증명'의 기준을 선택하여 '위험성'의 원천 또는 소재지로 이 석기를 비롯한 일단의 집단과 통진당 전체의 정체성을 '한통속'으로 본 헌재의 '귀속성' 판단이 틀리지 않았다고 볼 수 있고, 후자의 경우였다면, 통진당 측이 '분명한 선긋기'를 하면서 공세적으로 대응을 하였다면 적어도 결과가 달라질 가능성이 없지 않았을 것으로 생각된다는 점에서 그 이유를 재차 되묻지 않을 수 없다. 설령 해산

동은 일반적으로 그 지위에 기하여 한 것으로 볼 수 있으므로 원칙적으로 정당에 귀속시킬 수 있을 것으로 보인다. 그 밖의 정당 소속의 국회의원 등은 비록 정당과 밀접한 관련성을 가지지만 헌법상으로는 정당의 대표자가 아닌 국민 전체의 대표자이므로 그들의 행위를 곧바로 정당의 활동으로 귀속시킬 수는 없겠으나, 가령 그들의 활동 중에서도 국민의 대표자의 지위가 아니라 그 정당에 속한 유력한 정치인의 지위에서 행한 활동으로서 정당과 밀접하게 관련되어 있는 행위들은 정당의 활동이 될 수도 있을 것이다. "정당에 속한 개인이나 단체의 활동은 그러한 활동이 이루어진 구체적인 경위를 살펴서 그것을 정당의 활동으로 볼 수 있는 사정이 있는지를 판단해야 한다. 예컨대, 활동을 한 개인이나 단체의 지위 등에 비추어 볼 때 정당이 그러한 활동을 할 권한을 부여하거나 그 활동을 독려하였는지 여부, 설령 그러한 권한의 부여 등이 없었다 하더라도 사후에 그 활동을 적극적으로 옹호하는 등 그 활동을 사실상 정당의 활동으로 추인한 것과 같다고 볼 수 있는 사정이 있는지 여부, 혹은 사전에 그 정당이 그러한 활동의 계획을 알았더라도 이를 정당 차원에서 지원하고 지지했을 것이라고 가정적으로 판단할 수 있는 사정이 있는지 여부 등을 구체적으로 살펴 전체적이고 종합적으로 판단해야 한다. 반면, 정당대표나 주요 관계자의 행위라 하더라도 개인적 차원의 행위에 불과한 것이라면 이러한 행위에 대해서까지 정당해산심판의 심판대상이 되는 활동으로 보기는 어렵다." 판례집, 제26권 2집(하), 21－22면.

결정의 결론이 달라질 수는 없었다고 하더라도 적어도 재판관이 증명의 수준을 선택하는 재량에 상당한 제약을 주고, 재량판단의 과정과 결론을 논증하는데 적잖은 곤혹함이 불가피하였을 것으로 생각되기 때문이다. 가정컨대, 이러한 부담 때문이라도 3명 이상의 재판관이 '귀속성을 부인한 소수의견에 동조하여 헌법재판소가 기각결정을 내렸다면, 통진당 측의 입장에서 보면 대내외적으로 '헌법적 애국심'과 당의 '민주적 정체성'에 대한 의구심을 불식시켜 건강한 진보정당으로 거듭날 수 있게 되고, 또 한편으로는 '정치법'으로서 헌법과 '헌법수호기관'으로서 헌법재판소의 존재이유가 분명하게 재확인될 수 있는 소중한 계기가 마련될 수 있었을 것이다.

[참고문헌]

김용래/임진철, 정당해산심판의 몇 가지 절차적 쟁점에 대한 고찰, 법조, 697호(2014).

김종철, 민주공화국과 정당해산제도 – 통합진보당 해산심판청구를 소재로, 공법학연구 제15권 제1호(2014).

김종철, 법치주의 이름으로 헌법을 매장한 헌재, 한겨레 신문, 2014. 12. 21.

송석윤, 정당해산심판의 실체적 요건 – 정당해산심판제도의 좌표와 관련하여, 서울대학교 법학 제51권 제1호(2010).

이덕연, 법인식작업의 본질 – 법이성과 법감정, 언어권력으로서 사법권과 헌법, 신조사, 2014.

이명웅, 정당조항의 양면성, 헌법논총 제13집(2002).

이명웅, 헌법재판소 정당해산 결정의 본질적 의미, 법률신문, 2014. 12. 29.

이재화, 기획된 해산 의도된 오판, 글과 생각, 2015.

장영수, 정당해산요건에 대한 독일 연방헌법재판소의 판단기준에 관한 연구, 헌법학연구, 제20권 제4호(2014).

장영수, 통합진보당 해산결정과 소속 국회의원의 의원직상실 문제, 고려법학 제76호(2015).

전광석, 정당해산심판에 대한 헌법적 및 정치적 이해, 헌법판례연구, 제13권(2012).

정만희, 국회의원의 정당기속과 자유위임, 헌법재판연구 제2권 제1호, 2015, 헌법재판연구원,

정태호, 정당해삼심판절차에 대한 민사소송법 준용과 한계, 경희법학 제49권 제4호(2014).

차진아, 독일의 정당해산심판의 요건과 판단기준에 대한 연구, 고려 법학, 제72호(2014).

탁석산, 오류를 알면 논리가 보인다, 책세상, 2001.

한수웅, 헌법학, 법문사, 2015.

허완중, 헌법재판소법 일반심판절차의 개정방향, 헌법학연구 제17권 제2호(2011).

황도수, 정당해산심판청구의 절차규범모색을 위한 심포지엄 토론문, 서울지방변호사회(2014. 4. 23).

F. Capra, The Web of Life, Anchor Books, 1996.

F. Capra/P. Luigi Luisi, The Systems View of Life, Cambridge Univ. Press, 2014.

R. Christensen/K. D. Lerch, Dass das Ganze das Wahr ist, ist nicht ganz unwahr, JZ, 2007.

H. Dreier, Grenzen demokratischer Freiheit im Verfassungsstaat, JZ, 1994.

W. Hassemer, Grenzen des Wissens im Strafprozess, ZStW, 2009.

K. Hesse, Grundzüge des Verfassungsrechts der Bundesrepublik Deutschland, 18 Aufl. C. F. Müller, 1991.

P. M. Huber, Der Parteienstaat als Kern des politischen Systems-Wie tragfähig ist
das Grundgesetz?, JZ 1994.

J. Ipsen, Das Ende des NPD-Verbotsverfahers, JZ, 2003.

J. Isensee, Tabu im freiheitlichen Staat, Schöningh, 2003.

A, Kaufmann, Die ipsa res iusta Gedanken zu einer hermeneutischen Rechtsontologie, in; Beiträge zur Juristischen Hermeneutik sowie weitere rechtsphilosophische Abhandlungen, Carl Heymanns, 1984.

D. E. Marietta Jr., Beyond Certainty-A Phenomenological Approach to Moral Reflection, Lexington Books, 2004.

Ch. Möller, Demokratie-Zumutungen und Versprechen, 2. Aufl., Klaus Wagenwach, 2009.

M. Morlok, Parteiverbot als Verfassungsschutz-Ein unauflösbarer Widerspruch, NJW, 2001.

F. Ossenbühl, Die Kontrolle von Tatsachenfeststellungen und Prognoseent-scheidungen durch das Bundesverfassungsgerichts, in: C. Starck (Hg.), Bundes-verfassungsgericht und Grundgesetz, Bd. 1, Mohr Siebeck, 1976.

S. J. Shapiro, Legality, Belknap Harvard, 2011.

G. Steinberg, Verdacht als quantifizierbare Prognose?, JZ, 2006.

U. Volkmann, Dilemmata des Parteiverbots, DÖV, 2007.

L. Wittgenstein, 이영철(옮김), 확실성에 관하여, 책세상, 2006.

S. Zizek, 이수련(옮김), 이데올로기의 숭고한 대상, 새물결, 2013.

[Abstract]

The Decision of the Dissolution of the United Progressive Party – Not from the Perspective of Right or Wrong but of Rhetoric

Duk Yeon Lee*

The dissolution of a political party is the institution to deprive political party's qualification to participate in politics by force in accordance with the decision of the Constitutional Court if purposes or activities of a political party ruin the existence of the State or is contrary to the democratic basic order. There is dilemma, which is put into a conflict between the protection of the Constitution and the protection of political party on the other hand.

This article focuses on whether each individual judgement, the basis of the decision to dissolve a political party, is consistent with the policy of the strict interpretation and application of the constitutional requirements for the dissolution of political party. The issue relating to law on proceedings is a conflict between the decision of the Constitutional Court that comprehensive application mutatis mutandis of Civil Procedure Code is basically no problem and the criticism that the Criminal Procedure Code should be applied as respects the examination of evidence and the finding of fact at least. The author suggests clues to grope for the third differentiated alternative on the premise that the Constitutional Court, as a independent 'constitutional proceedings maker', should produce and apply the distinctive discipline.

With regard to gratifying the requirements for the dissolution of political party, the issue is the validity of individual judgement which confirms 'presence or absence of facts' corresponding to the requirements for the dissolution of political party. So to speak, the core subjects are whether purposes or activities of Unified Progressive Party are recognized 'the specific risk that

---

* Professor, Yonsei Law School

may cause substantial evils' to 'the democratic basic order', and whether judgement, presented and considered as conclusive evidence of the risk, that the risk of violent behavior is to be ascribed to the whole Unified Progressive Party is valid. In this article, I will intentionally reserve my judgment on the overall validity of the dissolution decision itself including individual judgements in the procedure leading to the final conclusion. But, at least in the view of the rhetoric, it is pointed out that the reasoning of the Constitutional Court is not sufficiently plausible, especially in the aspect of the logical consistency and the cogency of the legal inferences, to get wholehearted agreement.

[Keywords]

the dissolution of political party, constitutional proceedings, application mutatis mutandis of Civil Procedure Code, purposes or activities of political party, rhetoric

기본권보장과 민법의 역할에 대한 서론적 논의

이병규*

[국문요약]

이 논문은 헌법상의 기본권 보장과 민법의 역할에 관한 초보적 논의를 시도한 것이다. 이른바 기본권보호의무론에 기초하여 기본권의 국가적 방어권으로서의 성격과 객관적 가치질서로서의 성격에 대한 이해와 이것이 사법 영역에서 어떻게 이해될 수 있는지에 대한 논의이다.

민법이 인간의 존엄에 기초하는 사인관계를 어떻게 구체화할 것인가에 대한 논의는 민법학에 주어진 과제이겠지만, 그럼에도 불구하고 민법의 일반규정인 공서양속(민법 제103조)이나 불법행위(민법 제104조)와 같은 규정이 이와 관련하여 어떤 의미를 가지는지는 생각해볼 필요가 있다. 이른바 기본권의 제3자적 효력론에 있어서 다수설의 위치에 있는 간접적용설은 헌법상 기본권의 가치를 민법 제103조나 제760조로 해석하는 구조이다. 그러나 이는 헌법상 기본권이 사인 간에 미치는 효과가 반

* 동의과학대학교 경찰경호행정계열 조교수, 법학박사

사적인 것에 불과하다는 것을 이해하기 위한 전제를 결여하였다. 독일의 지배적 이론과 같이 헌법의 기본권의 가치가 객관법으로서 전방위적인 효력을 가진다는 전제 하에서는 이와 같이 이해하는 것도 불가능한 것은 아니다. 그러나 이러한 구조로 이해하게 되면 헌법관이나 기본권관의 변용이 불가피해진다. 그것을 피하여 전통적 헌법관을 유지하면서 사인간에 기본권 가치의 보장을 실현하고자 하면 민법을 전 실정법적인 기본가치로서 개인의 존엄을 보장하기 위한 실정법으로 파악하고 그 해석을 이러한 기본가치에 따르는 구조라고 해도 될 것이다. 이리하여 민법 제103조와 제760조의 일반규정은 개인의 존엄을 기초로 하는 구체화를 법원의 해석에 맡긴 것이 된다. 그 한도 내에서 민법은 법원에 의한 법창조를 승인한 것이 된다. 물론 여기서 법원은 법창조를 헌법해석이 아닌 민법해석으로 하는 것이다.

[핵심어]
기본권보호의무, 헌법, 민법, 입헌주의, 기본권의 제3자효

Ⅰ. 개인과 사회

인간이 타인과 사회를 형성하고 살아가는 것은 지극히 일상적이다.[1] 인간이 사회를 형성하고 사회 속에서 살아가는 데는 여러 가지 이유가 있겠지만, 그 중에서도 특히 개인의 위치에서 누리기 어려운 편익을 사회는 제공해줄 수 있다는 것이 중요한 이유가 된다.[2] 물론 개인은 사회가 제공해주는 편익의 대가로 사회가 요구하는 일정한 책무를 수용하고

1) 황경식, 인간은 사회적 동물인가, 철학과현실 제13호, 철학문화연구소, 1992. 6. 207-208면.

2) 양창삼, 조직철학과 조직사회학, 이담, 2013, 23면.

부담해야 한다. 따라서 사회가 그 구성원에 대하여 어떤 편익을 약속하고, 반대로 어떤 것을 의무화할 것인지는 구성원의 입장에서는 매우 중요한 관심사가 아닐 수 없다.

사회와 그 구성원의 관계에 대하여는 여러 관점에서 접근이 가능하겠지만, 그 중에서도 사회의 기본구조를 '개인주의'와 '집단주의' 중에서 어느 것을 기본으로 할 것인가라는 관점에서 접근하는 것이 중요할 것이다.[3] 여기서 말하는 개인주의라는 것은 사회의 목적을 구성원 개개인의 자율적 삶의 방식을 평등하게 보장하는 것에서 찾는 방식이다. 개개인의 자율적 삶의 평등한 보장이 목적이고 사회는 그것을 위한 수단이라고 할 수 있다. 이에 대하여 집단주의는 사회의 지속·발전 자체가 최고의 목적이고 구성원은 이 목적에 공헌하는 것을 최우선적인 의무로 삼고, 의무를 다한 것에 대한 보수로 사회에 의한 일정한 편익을 향유하는 것이다.[4]

개인주의와 집단주의는 이러한 사회의 존재방식에 대한 양 극단의 이념형을 그리고 있지만, 실제로는 사회가 어느 한 쪽만을 근거로 유지·운영된다고 할 수는 없다.[5] 사회(전체)와 구성원 개개인(부분)의 관계[6]를 어떻게 구성할 것인가는 모든 사회가 직면하는 보편적인 문제라고 할 수 있지만, 개개인이 사회를 형성하고 살아간다는 것을 전제로 할 때 양자의 공존은 반드시 필요하기 때문에[7] 어느 한쪽을 일방적으로 우선시한다는 것은 있을 수 없다.[8] 결국 양극의 중간 어딘가(?)에 線을 긋는

---

3) 서정수, 개인주의와 집단주의에 관한 소고, 인간중심철학과 한국의 민주주의, 시대정신, 2009, 2면 이하.

4) 심현주, 제임스 뷰캐넌의 '헌법경제학'에 대한 가톨릭 사회윤리의 성찰: 경제민주주의 기본가치 확립 및 방향성 정립을 위한 연구, 신학과 철학 제24호, 서강대학교 신학연구소, 2014. 5. 264 - 268 참조.

5) 헌법 제37조 제2항도 결국은 공적 영역과 사적 영역 간의 경계 설정에 관한 문제이다.

6) 베르너 하이젠베르크 저/김용준 역, 부분과 전체, 지식산업사, 2013.

7) 연세대사회과학대학, 사회과학의 이해, 연세대학교출판부, 2000, 175면.

8) 김철, 근대 이후의 자유주의의 변용(1) - 경제공법질서의 전개과정 -, 세계헌법연구 제16권 제2호, 국제헌법학회, 2010, 103면 이하 참조; 오세혁, 법철학사, 세창출판사, 2012.

것 외에는 다른 방법이 없을 것이다.[9] 그 선이 개인을 더 유리하게 하는데 가까울지 아니면 사회를 중시하는 쪽에 가까울지는 추상적으로 말하자면 개인이 살아가는데 있어서 사회를 얼마나 필요로 하느냐 하는 정도에 의존할 것이다. 대외적인 안전에 대한 욕구나 생활필수품과 같은 것을 요구하는 것에 사회적 협력이 필요하면 할수록 사회에서의 구성원에 대한 요구는 강해질 것이고, 이에 집단주의적 이념이 통용되는 정도도 높아질 것이다. 반대로 개개인의 자유에 맡기지만 필요 최소한의 사회적 협력이 확보될 수 있는 상황이 존재한다면 개인에 대한 사회로부터의 요구는 줄어들 것이며, 이에 개인주의적 이념의 타당성 정도도 높아질 것이다. 근대헌법이 개인주의를 이념으로 성립했다는 것[10]은 근대에 있어서 개인주의를 가능하게 하는 객관적 상황이 광범위하게 형성되었다는 것을 의미하는 것이다.

Ⅱ. 입헌주의와 헌법의 관념

"사회 있는 곳에 법 있다(Ubi societas ibi ius)"라는 法諺대로 법이라는 것은 사회에서 맺는 인간관계를 규율하는 기능을 한다.[11] 따라서 실정법 질서에는 당연히 사회와 구성원의 관계를 규율하는 방식이 있다. 유럽에서 성립된 근대사회는 그 기본구조가 개인주의원리에서 편성되었다. 따라서 거기서 형성된 법질서에는 개인주의 원리가 반영되어 있다. 근대사회의 법질서는 자생적인 법을 기초로 하면서도 복잡해지는 사회관

아리스토텔레스 지음/이창우 외 옮김, 니코마코스 윤리학, 이제이북스, 2008, 168 - 181면 참조.

9) 개인과 사회의 경계 획정의 문제는 사적 영역과 공적 영역의 구분 내지 경계 문제와 맥을 같이 한다. 사적 문제의 확장과 충돌은 공적 영역이 되고 여가서 조정 통제될 수 있다.

10) 심현주, 앞의 논문, 264 - 265면 참조; 辻村みよ子, 比較憲法, 岩波書店, 2011, 100頁.

11) 伊藤正己·加藤一郎 編, 現代法学入門, 有斐閣, 2005, 7 - 8頁.

계를 효과적으로 규율하기 위하여 제정법 질서에 우위를 두었다. 그리고 그러한 법질서를 관리하기 위하여 근대사회는 국가를 창출했다.[12] 근대국가는 법적 관점에서 보면 근대사회가 필요로 하는 제정법 질서를 관리·운영하기 위한 기구인 것이다. 여기서 중요한 것은 이 근대국가의 법질서가 어떤 구조로 형성되었는가라는 것이다.

근대국가와 그 법질서를 변증한 社會契約에 의할 때 인간은 自然狀態에서 가지는 자연권을 보다 확실하게 보장하기 위하여 정치사회(국가)를 설립하였다.[13] 모든 정치사회의 설립 목적은 자연권을 보전하는데 있다.[14] 정치사회의 설립에 의해 정치권력(국가권력)이 창설되고, 그 권력행사의 형태를 정한 것이 바로 헌법이다. 헌법제정권력(pouvoir constituant)은 사회를 창설하는데 참여한 사람들(인민이나 국민)이 보유하고, 그들 혹은 그 대표자가 제정한 헌법상의 정치권력을 행사할 때 따라야 하는 일종의 룰(rule)을 정하게 된다.[15] 그 룰이 헌법이라는 이름에 걸맞기 위해서는 권리의 보장과 권력의 분립이 규정되어야 한다[16]는 것이 근대입헌주의 사상이었다는 것은 주지하는 바이다. 이러한 입헌주의 사상은 기본적으로는 현대헌법에도 계승되고 있다. 오늘날 우리는 헌법이 권리보장을 규정하는 부분과 권력분립에 기초하는 권력구조를 규정하는 부분으로 이루어진다고 관념하고 있다.[17] 여기서 권력분립이라는 것은 입법권, 행

---

12) 김상용, 서양에서의 자연법론의 생성, 발전 및 영향에 관한 연구 －고대에서부터 근세까지－, 학술원논문집(인문·사회과학편) 제51집 1호, 대한민국학술원, 2012, 147면.

13) 진병운, 루소 사회계약론, 철학사상 별책 제2권 제5호, 서울대학교 철학사상연구소, 2003, 72면 이하.

14) 인간과 시민의 권리선언(Déclaration des droits de l'Homme et du citoyen, 1789) 제2조 모든 정치적 결합의 목적은 인간의 자연적이며 박탈할 수 없는 제 권리를 보전함에 있다. 이러한 권리는 자유·소유권·안전 및 압제에 대한 저항 등이다.

15) E.J. 시에예스 지음/박인수 옮김, 제3신분이란 무엇인가, 책세상, 2003, 89－95면 참조.

16) 인간과 시민의 권리선언 제16조 권리의 보장이 확보되어 있지 않고, 권력의 분립이 규정되어 있지 아니한 모든 사회는 헌법을 가지고 있지 아니하다.

17) André Hauriou, Droit constitutionnel et institutions politiques, 6. éd., 1975, p. 33; 한태연, 헌법학: 근대헌법의 일반이론, 법문사, 1983, 5면; 성낙인, 헌법학, 법문사, 2015, 6면; 이병규, 헌법의 본질과 다양성 그리고 그 가치, 법학논고 제33집, 경북대학교 법

정권 및 사법권으로의 삼권분립을 중핵으로 하는 것으로 그 분립의 형태는 여러 가지로 구현될 수 있다.[18)] 이에 기초하는 권력구조는 법률을 제정하고, 집행하며 또한 법적 분쟁을 裁定하는 과정을 누가 담당하고, 어떠한 절차로 진행하는가를 정하는 것을 내용으로 한다. 따라서 해당 규정의 당사자가 이들 권력의 행사자인 것은 분명하고, 그래서 이들 권력의 담당자 및 행사자를 국가로 총칭하면서 그 국가를 헌법 규정의 당사자로 파악한 것이다. 문제는 다른 한 축에 해당하는 기본권보장 규정의 성격을 어떻게 파악할 것인가 하는 것이다. 이 점에 대하여는 크게 두 가지 입장이 있다.[19)] 그리고 이것은 오늘날 기본권의 큰 특징을 이룬다.

헌법이 권력을 조직하고 그 행사 방식을 정하는 것을 사명으로 한다는 점에 기초할 때 헌법상의 권리보장 규정이 국가를 당사자로 한다는데 이견은 없을 것이다. 이에 대하여 기본권은 오늘날 국가뿐만 아니라 사인도 직접 당사자로 한다고 주장하기도 한다. 그러나 전통적인 기본권관 내지는 헌법관을 변경하는 것을 목적으로 하는 사고방식은 오늘날 일부에 지나지 않고 대부분은 전통적인 기본권관을 고수하고 있다. 이에 의할 때 헌법상의 기본권은 1차적으로는 국가에 대하여 그 존중을 요구할 수 있는 권리로 이른바 국가에 대한 '방어권'이다. 이에 의할 때 헌법에 규정된 기본권은 국가가 행동하는 경우에 준수해야 하는 룰이고,[20)] 그 점에서는 권력구조에 관한 룰과 차이가 나는 것은 아니다. 국가는 그 활동에 있어서 통치기구의 룰에 구속될 뿐만 아니라 기본권 규

학연구원, 2012. 6. 334면 참조.

18) 몽테스키외 지음/이재형 옮김, 법의 정신, 문예출판사, 2015, 133면 이하.

19) 로베르트 알렉시, 주관적 권리와 객관규범으로서의 기본권, 『독일기본권이론의 이해』, 법문사, 2004, 353면 이하; 에른스트 볼프강 뵈켄회르데, 기본권이론과 기본권해석, 『독일기본권이론의 이해』, 법문사, 203면 이하; 로베르트 알렉시 지음/이준일 옮김, 기본권이론, 한길사, 2007, 215면 이하; 정종섭, 기본권의 개념에 관한 연구, 서울대학교 법학 제44권 제2호, 서울대학교 법학연구소, 2003. 6. 46면 이하 참조.

20) 하세베 야스오 저/손형섭·마즈시마 레오 역, 헌법의 이성, 박영사, 2014, 174–175면.

정에도 구속된다. 여기서는 국가가 무엇을 목표로 행동하는가라는 것은 문제되지 않는다. 어떤 것을 목표로 삼을 때 그 활동이 따라야 할 룰을 정한 것이 헌법이다. 따라서 헌법상의 기본권 규정은 국가의 목표를 정한 것이 아니다. 헌법은 국가가 활동하는데 있어서 채택해야 할 법의 절차를 정한 것에 지나지 않는다.[21] 국가의 목표는 헌법 이전의 문제이다. 사회계약론에 의할 때 국가는 자연권을 보다 잘 보장하기 위하여 설립된 것이다.[22] 따라서 자연권의 보장은 국가의 목표가 된다. 헌법은 그 목표를 실현하기 위하여 국가가 활동하는 경우의 법의 절차 내지 과정을 정한 것이다. 즉 헌법에 규정된 기본권은 국가의 목표로 규정된 것이 아니라 헌법 이전의 목표(자연권 보장)를 실현하는데 있어서 국가가 준수해야 하는 룰의 일부로 규정된 것이다.

기본권에 대한 이러한 전통적인 이해 방식에 대하여 이러한 점에 있어서는 이견이 없을 것이다. 문제는 헌법이 보장하는 권리의 의의가 오늘날에도 그에 이른다고 생각할 수 있는지, 아니면 국가에 대한 존중요구나 방어권을 넘는 의의를 가진다고 생각해야 하는가이다. 이 점에서 독일의 헌법판례·학설이 제기한 국가의 기본권보호의무라는 사고방식은 헌법의 당사자를 국가에 한정하는 근대적인 헌법관에 수정을 강요하는 중요한 문제를 포함하고 있다.[23]

Ⅲ. 국가의 기본권보호의무

국가의 기본권보호의무론에 의할 때 헌법에 규정된 기본권 조항은

21) 長谷部恭男, 憲法とは何か, 岩波書店, 2006, 11 - 12頁.
22) 토머스 홉스 지음/진석용 옮김, 리바이어던 1, 나남, 2008, 227 - 234면; 존 로크/강정인·문지영 옮김, 통치론, 까치, 1996, 119 - 123면.
23) 이부하, 국가의 기본권보호의무와 과소보호금지원칙, 법학연구 제17집 제2호, 인하대학교 법학연구소, 2014, 6, 39 - 40면.

당해 기본권을 보호하는 법적 의무를 국가에 부과한다. 이러한 입장에 의하더라도 기본권의 당사자는 국가가 되고 그 범위에서는 전통적인 헌법관과 다르지 않다. 그러나 국가에 대하여 '존중'이 의무화 되는 기본권과 '보호'가 의무화 되는 기본권은 같은 조문에서 보장되는 권리이지만 그 의미와 내용에서는 미묘한 차이가 난다.[24] 존중의 경우에 기본권 침해의 주체로 상정되는 것은 국가이다. 그래서 국가에 대한 기본권 존중을 의무화한 것이다. 그렇다면 보호의 경우에 기본권 침해의 주체로 상정되는 것은 누구인가? 만약 여기서도 국가가 상정되면 보호의무가 요구하는 것은 국가가 존중의무에 위반하지 않는 것을 확보하기 위한 제도와 위반한 경우에 구제를 위한 제도를 설계하고 실시하는 것이며, 따라서 존중의무와 보호의무가 대상으로 하는 기본권은 동일한 내용의 것이 된다. 독일에서 기원한 보호의무론은 국가에 의한 존중의무 위반의 경우도 예상한다고 할 수 있지만, 그러나 이 보호의무론이 염두에 두고 있는 기본권 침해는 실은 국가에 의한 경우만이 아니라 제3자(사인)에 의한 경우도 포함하고 있다. 사인에 의한 경우야말로 중심적이라고 할 수 있다.[25]

예를 들어서 생각해보자. 어떤 사인 A의 기본권을 다른 사인 B에 의한 침해로부터 보호하는 것이 국가의 보호의무의 중심적인 내용이다. 따라서 동일한 기본권이라는 용어가 사용되지만 존중의무의 대상인 기본권과 보호의무의 대상인 기본권은 그 내용을 달리한다. 이것을 사인 A의 행위로 관찰해보면 다음과 같이 된다. A가 표현의 자유를 행사하려고 한다고 하자. 이 때 국가는 이를 존중해야 하고 제한 등의 개입을 해서는 아니 된다(존중의무). 그런데 A의 의도가 국가가 아닌 B에 기인하는 어떤 이유에 의해 방해받는다고 하자. 이 때 국가는 A가 그 의도를 실현할 수 있도록 보호할 의무를 지고, B에 대하여 방해를 하지 않도록 명하게 된다. 이 경우 A가 국가에 대하여 존중을 요구할 수 있는 표현

24) 이부하, 앞의 논문, 43면.

25) 한수웅, 헌법학, 법문사, 2013, 418면.

의 자유의 범위 정도와 보호를 요구할 수 있는 범위 정도는 당연히 다를 것이다. 범위 정도를 획정하는데 있어서 고려해야 하는 요구가 다를 수 있기 때문이다. 보호의 경우 B에 의한 방해는 계약에 기인할지도 모르고, 사실행위에 기인할지도 모른다. 그 원인은 B 자신의 경제적 자유의 행사 결과일지도 모른다. 그렇다면 동일 조문이 보장하는 동일의 기본권 문제라고 할 수는 없고, 동일 조문에 의해 다른 기본권을 보장하고자 하는 것이 아닌가라는 생각을 지울 수 없다. 기본권의 다차원적 기능을 인정하고자 하는 논의[26]라고 할 수 있을 것이다.

동일한 권리가 맥락의 차이에 따라 다른 기능을 담당하는 경우는 있을 수 있고, 존중과 보호는 바로 그러한 맥락의 차이에 지나지 않는다는 설명도 가능하기 때문에 이 점에 대하여는 더 이상의 설명이 필요 없을 것 같다. 우려스러운 것은 보호의무론이 기본권의 당사자를 국가에 한정한다고 하면서도 실은 기본권의 효력을 제3자 관계에까지 미치는 것이 아닌가하는 의문이다. 전술한 바와 같이 보호의무론에 있어서 기본권 침해의 주체로 상정되는 것은 사인 B이다. 그러나 기본권의 당사자는 국가이기 때문에 A는 기본권을 B에게 주장할 수 없다. 즉 A는 B에 대하여 자신의 기본권을 침해하지 말라고 주장하고, 그 침해에 대한 구제를 국가에 요구한다고 할 수는 없다. 그럼에도 불구하고 A는 B에 대하여 어떤 법익의 침해를 주장하고 그 구제를 국가에 요구하고, 거기서 만약 국가가 구제해주지 않으면 기본권보호의무 위반이 된다고 주장하는 것이다. 그런데 그 법익은 기본권을 근거로 하지 않는다면 무엇을 근거로 주장할 수 있을까? 그것을 근거지우는 법률이 존재한다면 A와 B의 다툼은 그 법률의 해석·적용에 의해 결정된다. 그때 법률의 내용이 A 혹은 B의 기본권을 침해할 수 있다면 해당 법률에 대한 위헌심사의 문제가 될 것이고, 법률이 존재하지 않으면 A의 청구는 법적 근거를 결하기 때문에 기각이 될 것이다. 그런데 여기서 A의 청구를 기각하면 국가

26) 정혜영, 방어권과 기본권보호의무: 보호의무사안의 방어권적 재구성에 관한 논의를 중심으로, 아주법학 제7권 제4호, 2014, 2, 140면.

는 보호의무 위반이 되기 때문에 청구를 인용해야 한다고 주장하는 것이다. A는 B에 대하여는 이익 침해의 법적 근거를 결하기 때문에 거기서 발생하는 사태는 A의 사실상의 이익의 사실상의 침해라는 것에 지나지 않지만 국가와의 관계에서는 그 사실상의 이익 침해가 기본권보호의무의 대상이 된다. 원칙대로라면 국가는 이 보호의무를 담당하기 위하여 필요한 법률을 마련해두어야 한다. 그러나 입법부가 그것을 해태했다고 해서 국가권력의 일부를 구성하는 법원이 국가의 기본권보호의무를 면해줄 수는 없다는 것이다. 그래서 이를 재판을 통하여 행하고자 하는 것이다. 이것은 B에게는 완전한 사후법인 것이다. 법률에 의한 제약이 없는 한 자유라고 생각했기 때문에 갑자기 제약이 법원에 의해 법 정립이 되고, 사후적으로 적용되는 것이다. B의 행위가 기본권으로서 국가에 대하여 존중을 청구하고자 하는 것인 경우에는 그 행위를 법원이 법률에 의하지 않고 규제하는 것을 의미하고, 법률의 유보에 반하는 사태가 된다. 이러한 것은 국가가 법률을 제정한다는 통상의 절차에 의해 보호의무를 과한 것이 아니기 때문이고 그 1차적 책임은 국가에 있다. 따라서 본래 A는 B가 아닌 국가에 대하여 입법부작위에 의한 책임을 추급해야 했다. 그럼에도 불구하고 A의 대한 청구가 인용된다고 하면 그것은 B가 A에 대하여 어떤 법적 책임을 진다는 것을 묵시적으로 인정하기 때문일 것이다. 그리고 그 법적 책임이란 기본권 존중의무가 될 것이다. 국가가 A의 기본권보호의무를 지는 것은 이른바 반사적인 것이고, 국가에 의해 보호되어야 하는 A의 기본권을 B도 존중해야 한다고 생각하는 것이다. 분명한 것은 B의 존중의무에 대응하여 A가 B에 대한 주관적 권리를 가진다고 할 수 없다. 그런 한도에서는 기본권이 대국가적 권리라는 전제를 유지하고 있는 것으로 볼 수 있다. 그러나 사인 간의 존중의무를 법적 의무로 설명하기 위하여 객관법적 의무로 관념하고 있는 것은 아닐까? 그렇다면 동일 조문에 규정된 기본권이 대국가적으로는 주관적 권리로 기능하고, 대사인에 있어서는 객관법으로 기능하는 것이 된다.

이상과 같은 독일에서의 논의[27]는 헌법해석상 국가의 기본권보호의무를 승인하는 것에서 출발한다. 그것을 승인하는 한 나머지는 논리 필연적으로 자기 전개해가는 성질의 논의라고 생각할 수 있다. 독일기본법 제1조 제1항은 "인간의 존엄은 불가침이다. 이를 존중하고 보호하는 것은 모든 국가권력의 의무이다"라고 규정하고 있기 때문에 해석론상 존중의무와 보호의무를 드는 것은 자연스러울 것이다. 그리고 보호의무의 대상을 존중의무의 대상과는 구별하고 사인에 의한 기본권 침해로부터의 보호까지 포함하여 해석하는 것도 독일 헌법사에 비추어볼 때 무리한 해석은 아닐 것이다.

우리 헌법도 제10조에서 "국가는 개인이 가지는 불가침의 기본적 인권을 확인하고 이를 보장할 의무를 진다"라고 규정하고 있다. 즉 국민의 기본적 인권은 국가 이전에 존재하는 천부인권적 성질을 가지는 것이며 이를 최대한으로 보장하는 것이 국가의 중대한 책무라는 점을 밝히고 있다. 이로써 기본권에 대한 보호의무자로서의 국가는 국민의 기본권에 대한 침해자로서의 지위에 서는 것이 아니라 국민과 동반자로서의 지위에 서게 되는 것이다.[28] 다만 우리 헌법의 해석론에서는 신중한 접근을 요한다. 독일적 기본권보호의무를 해석론에 의해 인정하고자 한다면 우리 헌법을 지지하는 원리론으로 논해야 할 것이다. 단지 독일에서 인정하기 때문에 우리나라에서도 필요하다고 해서는 아니 된다. 그것을 인정하는 장단점에 대한 상세한 검토도 필요하다.[29]

---

27) 크리스티안 슈타르크, 기본권 보호의무, 독일 기본권이론의 이해, 법문사, 2004, 486면 이하; 로베르트 알렉시, 주관적 권리와 객관규범으로서의 기본권, 독일 기본권이론의 이해, 법무사, 2004, 353면 이하.

28) 성낙인, 헌법학, 법문사, 2015, 970면; 헌재 1997.1.16 90헌마110 등.

29) Michelman, "The protective function of the state," above, note 2, at pp. 156 - 160; Christian Education South Africa v Minister of Education (CCT4/00) [2000] ZACC 11; 2000 (4) SA 757; 2000 (10) BCLR 1051 (18 August 2000).

Ⅳ. 헌법상 기본권보호의무의 구조

앞에서 기본권보호의무의 논의에 신중해야 한다고 했지만, 우리 헌법의 해석상 국가의 기본권보호의무라는 사고를 원리론적으로 근거 짓는 것이 어려운 것은 아니다. 약간 다른 이해 방법이겠지만 근대입헌주의의 기본권에 있어서 다음과 같이 논의하는 것도 가능할 것이다.

사회계약론에 의할 때 국가는 자연권으로서의 기본권을 보다 잘 보호할 의무를 진다. 사회계약에 의해 정치사회(국가)가 창설되고,[30] 주권자인 인민 혹은 국민이 헌법을 제정하는 것이기 때문에 기본권(자연권)보호의무는 국가가 헌법 이전에 지는 의무인 것이다. 그러나 헌법을 출발점으로 하는 실정법 질서는 국가가 기본권(자연권)을 보호하는 임무를 수행하는데 있어서 따라야 하는 '법적 절차'를 정하는 것[31]인 이상 자연권의 보호의무는 실정법 질서로서의 법적 절차에 내재하는 목적이고, 그러한 의미에서 실정법적 효력을 가진다[32]고 생각할 수 있다. 이 때 보호의무의 대상이 되는 기본권은 헌법 안에 들어오기 이전의 단계라는 것이 관념되기 때문에 사회구성원 전체를 당사자로 하게 된다. 그러한 의미에서 초헌법적 권리=자연권인 것이고, 그 권리를 국가=실정법질서=법의 절차가 보호하는 의무를 헌법내재적 의무로 지게 되는 것이다. 그 의무를 담당하는 활동에 있어서 국가는 헌법상의 권리로서의 기본권을 존중할 의무를 진다. 자연권은 모든 관계에서 보호되어야 하고, 사인 간뿐만 아니라 국가 설립 후에는 국가와 개별 국민과의 사이에서도 보호되어야 한다. 그래서 국가와 사인의 관계를 규율하는 헌법 속에 자연권을 넣고 그것을 존중할 의무를 국가에 부과하는 것이다. 따라서 헌법상의 권리는

---

30) 토머스 홉스 지음/진석용 옮김, 리바이어던 1, 나남, 2008, 232-233면; 존 로크/강정인·문지영 옮김, 통치론, 까치, 1996, 93면 이하.

31) 한수웅, 앞의 책, 424면 이하 참조; 김상용, 서양에서 자연법론의 생성, 발전 및 영향에 관한 연구 -고대에서부터 근세까지-, 학술원논문집(인문·사회과학편) 제51집 제1호, 대한민국학술원, 2012, 143-144면.

32) 한수웅, 앞의 책, 371면.

존중의무의 대상이 되고 있고, 보호의무의 대상은 되지 않는다.

독일의 헌법 판례 및 학설이 보호의무의 대상을 헌법상의 권리로서 기본권에서 찾는 것은 헌법 조문에 '보호'가 규정되어 있다는 것만이 아니라, 오히려 법실증주의적 사고의 영향이 작용했던 것으로 생각된다.[33) 헌법해석 중에 자연권적 사고를 넣는 것을 피하고자 했다고 생각할 수 있다. 법적인 보호의무의 대상을 자연권으로 하는 것은 법실증주의적으로 볼 때는 무언가 불안하다는 느낌이 있었지 않나 생각된다. 헌법상의 보호의무의 대상은 헌법상의 권리이어야 하기 때문에 개개의 기본권을 보호의무의 대상으로 파악하는 것이다. 그 때문에 동일한 기본권에 다른 의무를 부여하게 되었지만 자연권에 호소하기보다는 그 방편이 설득력이 있는 논의라고 생각되었을 것이다. 그러나 원래 자연권의 보호로 생각된 것을 실정적인 기본권에 넣는다는 것이기 때문에 그 한도 내에서는 기본권이 사인 간에 있어서도 효력이 있기 때문에 변화되지 않을 수 없다. 그러나 다른 한편으로 기본권은 국가에 대한 방어권이라는 전제가 있기 때문에 기본권의 사인간의 효력을 정면으로부터 인정하는 것은 아니다. 그래서 채용된 방법이 기본권의 존중의무와 보호의무를 구별하고 사인 간의 효력을 보호의무론으로 넣은 것이다. 이에 의해 기본권의 당사자는 국가라는 것은 유지되었다고 볼 수 있다. 그러나 거기서는 기본권에 존중의무의 경우와는 다른 의미가 부여되어 기본권의 개념이 복잡·애매화 되었다. 뿐만 아니라 국가가 보호의무를 지는 기본권이 실은 사인과의 관계의 문제라는 것이 전제로 되어 있고, 기본권이 대국가적 방어권에 그치지 않고 사인 간에 있어서도 법적 효력을 가진다는 관념으로 변화하고 있는 것이다.

이상은 독일이 보호의무론을 구성한 원인의 하나로 법실증주의적 사고의 영향도 있었을 것이라는 추측이지만, 자연권적 논의를 한다고 해서 반드시 자연권 사상에 집착해야 하는 것은 아니다. 여기서는 자연권

---

33) 이부하, 앞의 논문, 42면.

사상의 핵심은 실정법 질서를 지지하는 전 실정법적 가치의 존재를 상정하는 것이다.[34] 그것을 넘어서 전 실증법적 가치의 객관적 존재를 승인하지 않는다고 해서 이 논의의 구조가 무의미해지는 것은 아니다. 기본 가치에 대한 공감대는 필요하지만 공감대라는 발상은 객관적 진리라는 발상과는 다르다. 공감대는 부단한 형성과정에 놓이고, 실정법은 그 잠정적인 착지점에 지나지 않는다. 공감대의 형성은 자유로운 토의(deliberation)를 통하여 영속적으로 전개되는 것이고, 헌법은 그 공감대를 잠정적인 공감대에 기초하는 법적 룰로서 규정한 것이다. 이 법적 과정을 통하여 기본가치의 구체적 내용이 실정법질서에 들어가는 것이 가능해진다.

Ⅴ. 단계구조의 설정과 법영역

정리하자면 헌법은 국가가 그 역할을 담당하고 활동하는데 있어서 따라야 하는 '법적 절차'를 정한 것으로 당사자는 국가로 제한된다. 그 때문에 헌법상에 규정된 기본권도 국가에 그 존중을 의무화시킨 권리인 것이다. 사인은 헌법상의 권리에 대한 존중의무를 부담하지 않는다. 사인 간에 자연권이 존중되도록 보장하는 역할, 즉 사인 간의 관계가 개인의 존중을 기초로 규율되는 것을 보장하는 역할은 국가의 역할인 것이고, 이에 국가는 그 역할을 담당하기 위하여 헌법이 정하는 절차에 따라 필요한 법률을 제정하고, 집행하며, 裁定을 해나가게 되는 것이다. 여기서 중요한 것은 이 법의 절차가 법형식의 단계구조를 자신들 속에 편입한다는 것이다. 헌법은 법정리·법집행의 권한기관과 절차의 차이에 따라 법형식을 구별하고, 법형식 간에 효력의 상하관계를 설정하고 있다. 우선 법의 절차를 정하는 헌법이 다른 모든 법형식의 수권규범이고 궁

34) 김상용, 앞의 논문, 144면.

극적인 근거로 논리상 당연히 최고 위치에 있다. 이에 헌법은 제107조 제1항에서 "법률이 헌법에 위반되는 여부가 재판의 전제가 된 경우에는 법원은 헌법재판소에 제청하여 그 심판에 의하여 재판한다"고 하고, 제2항에서 "명령·규칙 또는 처분이 헌법이나 법률에 위반되는 여부가 재판의 전제가 된 경우에는 대법원은 이를 최종적으로 심사할 권한을 가진다"고 규정함으로써 스스로를 최고규범이고 다른 법형식에 상위하는 형식적 효력을 가진다고 선언하고 있다. 이러한 헌법의 최고규범성은 이와 일체를 이루는 헌법개정이 다른 법형식의 정립보다도 신중한 절차에 따르는 것에 의해서도 담보되고 있다.[35] 그리고 헌법 하에서 가장 중요한 법형식이 법률이다. 법률은 헌법이 정하는 법적 절차의 전개를 작동시키는 역할이 배분되어 있다. 국민을 대상으로 하는 국가의 모든 활동은 '법의 지배의 원리' 하에서 일정한 법의 형식으로 전개되어야 하는데, 그 최초의 법형식이 바로 법률인 것이다. 법의 절차의 다음 단계가 법률의 집행이다. 법률의 집행은 법률의 위임에 기초하거나 혹은 법률을 보충할 필요에 따라 일반적인 법정립이 필요한 경우에는 명령의 형식에 의해 행해진다. 그리고 마지막 단계로 법률 혹은 명령이 개별적·구체적으로 집행된다. 법의 절차는 이러한 '헌법－법률－명령－구체적 법정립' 이라는 단계 구조를 기본적 골격으로 하고 조약, 조례 기타 법형식이 적절한 위치에 배치되어 존재하는 것이다.

사회에서 모든 관계는 헌법이 규율하는 것을 별도로 하고, 우선은 법률에 의해 규율된다. 법률은 규율해야 하는 관계들을 영역별로 분절하고, 각 영역을 독자의 법칙에 따라 규율한다. 그 때 영역들의 분류 및 정리에 이용되어온 전통적인 틀이 公法과 私法의 구별이었다. 공법이란 국가를 일방 당사자로 하는 법률관계를 기본으로 하고, 사법이란 사인 간의 법률관계를 기본으로 한다. 여기서 중요한 것은 민법이라는 법률은 사법의 중심이 되는 법으로 사법의 일반법이라는 성격을 가지는 법률이

35) 이병규, 헌법개정과 다수결원리 그리고 국민투표, 법학논총 제30집 제4호, 한양대학교 법학연구소, 2013, 12, 57면.

라는 것이다.

모든 사회관계는 개인의 존엄을 기본가치로 편성·규율해야 한다. 이것은 헌법이 개인의 존엄을 기본가치로 하고 있는 것에서 추인할 수 있다. 헌법이 정하는 개인의 존엄과 거기서 파생하는 개인의 존중 원리는 직접적으로는 국가를 당사자로 하지만, 그 기본가치가 바로 실정법 질서에서 최고 위치를 차지하는 헌법에 차지된다는 것이 바로 전 헌법적 전 실정법적 기본가치라는 공감대의 존재를 나타내는 것이다. 이러한 사고방식은 법실증주의적 사고에서는 인정하기 어려울지도 모르지만, 우리 헌법을 이해하는데 있어서는 합치하는 것이 아닌가 생각된다. 그것이 인정되지 않으면 모든 법률이 전 실정법 질서의 기초에 있는 개인의 존엄을 반영하지 않아도 된다는 것이 된다. 특히 사법의 골격이 되는 민법에 대하여는 이것을 강하게 요청한다. 이 요청은 실정법적으로는 헌법이 입법행위를 헌법상의 개인의 존엄에 따르는 것에 의해 담보되고 있다. 그러나 헌법의 개인의 존엄이 사인 간에 미치는 효과는 입법행위가 그에 따르는 것의 이른바 반사효에 지나지 않는다. 사인 간을 법적 효력을 가지고 규율하는 것은 법률이며, 특히 민법이다. 그리고 민법이 행하는 것은 사인관계를 규율해야 하는 전 실정법적 가치로서의 개인의 존엄을 실정법 규범으로서 구체화한 것이다. 헌법 제36조 제1항은 "혼인과 가족생활은 개인의 존엄과 양성의 평등을 기초로 성립되고 유지되어야 하며, 국가는 이를 보장한다"고 규정하고 있다. 예를 들면 이 조문에 의해 개인의 존엄이 사인 간의 관계를 규율하는 기본가치로서 실정법이 차지할 수 있는 길을 열어 놓은 것일 수도 있다. 다른 한편으로 법률은 공법관계도 규율한다. 그러나 공법관계는 국가를 일방 당사자로 하는 관계이기 때문에 헌법의 개인의 존엄이 효력을 가지고, 법률의 상위규범으로서 공법관계를 구성하는 법률을 직접적으로 규율한다. 그래서 여기서는 법률의 헌법합치적 해석이 요청되는 것이다. 이리하여 전 실정법적 가치인 개인의 존엄은 공법에도 사법에도 실정법적 가치로 다루어지지만 절차가 다른 것이다.

Ⅵ. 민법에 의한 기본권 보호

민법도 사인관계에서 헌법과 마찬가지로 '개인의 존엄'을 기본 가치로 편성하고 규율한다. 그렇다고 민법이 헌법과 동일한 기본권 개념을 사용하는 것은 아니다. 헌법은 인간의 존엄을 기초로 개인을 '개인으로서' 존중할 것을 요구하기(헌법 제10조 전단)때문에 행복을 추구할 수 있는 권리를 말하는 것이며(헌법 제10조 후단), 거기서 파생되는 개별 기본권을 제10조 이하에서 규정한다는 입장을 취하고 있다.[36] 그러나 민법은 사인간의 관계에서 개인의 존중의 실정법적 구체화와 그 실현을 헌법과 다르게 구성한다. 민법이 규율하는 것은 원리상 평등한 입장에 있는 사인간의 관계이고, 공권력의 행사를 중심으로 평등한 관계로 구현되는 헌법관계에서는 개인의 존중의 구현 방법이 다르기 때문이다.

동일한 개인의 존중을 전 실정법적 기초와 그 출발점에 두더라도 그 실현을 실정법으로 설계할 때는 당해 실정법 질서에서 차지하는 위치나 성격 혹은 과제 등의 차이에 따라 개인의 존엄의 법적 구체화의 내용과 형태는 달라질 수 있다. 헌법에서 구체화할 때는 헌법이 국가를 구속하는 규범이라는 성격에 따라 개인의 존엄은 국가가 존중해야 하는 개별 기본권으로 표현된다. 그것은 개인이 개인으로서 존중되기 때문에, 즉 자율적 삶이 가능하기 때문에 국가에 대하여 요구할 수 있는 필요불가결한 권리로 구성된다. 이에 대하여 민법에서 구체화하는 경우에는 개인의 존엄에 기초하는 사인 간의 관계를 실현하는 데는 그것을 어떠한 법률관계나 권리의무관계로 설계하는 것이 좋은가라는 관점에서 행해진다. 그 해답의 하나로 채용되는 것이 바로 모든 국민에게 원칙상 '권리능력'과 '행위능력'을 인정하고 계약자유를 인정하는 등을 내용으로 하는 현행 민법이다. 민법은 사적 자치를 원칙으로 하지만 그것은 헌법에 의해서도 보장된다.[37] 그러나 우리 헌법은 사적 자치를 명시하고 있지는

36) 한수웅, 앞의 책, 521면.

않다. 사적 자치가 사인 간의 관계에서 원칙이 된다고 한다면 헌법이 그것을 규정하고 있지 않는 것은 당연한 것이다. 헌법은 재산권이나 직업의 자유와 같은 경제적 자유권을 보장하고 있고, 그에 의해 헌법의 관점에서 보면 경제적 자유권이 대국가적으로 보장되고 있는 반사효라고 볼 수 있다. 그 반사효의 틀에서 사인 간의 자유로운 교섭의 실정법적 구체화를 설계하고 보장하는 것이 민법인 것이다. 반사효의 틀 내에서라고 했지만 그것은 사인 간의 법적 관계를 구체화한 법률이 그 법률에서 파악되는 개인의 대국가적 방어권을 침해하는 내용이라면 헌법 위반의 법률이 되기 때문이다.

사실 민법이 인간의 존엄에 기초하는 사인관계를 어떻게 구체화할 것인가에 대한 논의는 민법학에 주어진 과제이지만, 그럼에도 불구하고 민법의 일반규정인 公序良俗(민법 제103조)이나 不法行爲(민법 제760조) 규정이 이와 관련하여 어떤 의미를 가지는지는 생각해볼 필요가 있다.[38] 이른바 기본권의 제3자적 효력론에 있어서 다수설적 위치를 차지하고 있는 간접적용설은 헌법상 기본권의 가치를 민법 제103조나 제760조로 해석하는 구조이다. 그러나 이는 헌법상 기본권이 사인 간에 미치는 효과가 반사적인 것에 불과하다는 것을 이해하기 위한 전제를 결하고 있다. 독일의 지배적 이론과 같이 헌법의 기본권의 가치가 객관법으로서 전방위적인 효력을 가진다는 전제 하에서는 이와 같이 이해하는 것도 불가능한 것은 아니다. 그러나 이러한 구조로 이해하게 되면 헌법관이나 기본권관의 변용이 불가피해진다. 그것을 피하여 전통적 헌법관을 유지하면서 사인 간에 기본권 가치의 보장을 실현하고자 한다면 민법을 전실정법적인 기본가치로서 개인의 존엄을 보장하기 위한 실정법으로 파악하고 그 해석을 이러한 기본가치에 따르는 구조라고 해도 될 것이다. 이

---

37) 이영준, 민법의 지도원리로서의 사적자치: 민법개정초안에 언급하여, 법조 제527호, 법조협회, 2000, 8, 42면 이하.

38) 松本和彦, 基本権保護義務と不法行為法制度 -- 山本説に対する憲法学説の一反応, 企業と法創造 7(3), 2011, 1, 96頁.

와 같이 해석하게 되면 민법 제103조와 제760조의 일반규정은 개인의 존엄을 기초로 하는 구체화를 법원의 해석에 맡긴 것이 된다. 그 한도 내에서 민법은 법원에 의한 법창조를 승인한 것이 된다. 따라서 법률유보는 유지되는 것이다.

[참고문헌]

권영성, 헌법학원론, 법문사, 2008.

게오르그 옐리네크 외/김효전 편역, 독일 기본권이론의 이해, 법문사, 2004.

김철수, (학설·판례) 헌법학, 박영사, 2009.

로베르트 알렉시 지음/이준일 옮김, 기본권이론, 한길사, 2007.

성낙인, 헌법학, 법문사, 2015.

______, 프랑스헌법학, 법문사, 1995.

송기춘, 국가의 기본권보장의무에 관한 연구, 서울대학교 박사학위논문, 1999.

이병규, 헌법개정과 다수결원리 그리고 국민투표, 법학논총 제30집 제4호, 한양대학교 법학연구소, 2013. 12.

이부하, 국가의 기본권보호의무와 과소보호금지원칙, 법학연구 제17집 제2호, 인하대학교 법학연구소, 2014. 6.

______, 헌법영역에서 기본권보호의무, 공법학연구 제8권 제3호, 한국비교공법학회, 2007. 5.

정종섭, 기본권 개념에 관한 연구, 서울대학교 법학 제44권 제2호, 서울대학교 법학연구소, 2003. 6.

정태호, 기본권보호의무, 인권과정의 제252호, 대한변호사협회, 1997. 8.

한수웅, 헌법학, 법문사, 2014.

長谷部恭男, 憲法と平和を問いなおす, ちくま新書, 2004.
長谷部 恭男, 憲法の理性, 東京大学出版会, 2006: 손형섭·미즈시마 레오 공역, 헌법의 이성, 박영사, 2014.
辻村 みよ子, 比較憲法(新版), 岩波書店, 2011.
松本和彦, 基本権保護義務と不法行為法制度

[Abstract]

Introductory Discussion on the Protection of Fundamental Rights and the Role of Civil Law

Byeong Gyu Lee*

This paper attempts to have an introductory discussion on the protection of fundamental rights under the Constitution and the role of civil law. Based on what is called a theory of obligation to protect fundamental rights, the discussion seeks a better understanding of characteristics of basic rights both as rights to national defense and as an ordering of objective values, and it deals with how fundamental rights can be interpreted in the judicial field.

Although the issue of how civil law gives shape to private relations based on human dignity is a task assigned to the study of civil law, it is nevertheless necessary to think over what significance such general clauses of civil law as public order and good morals (Civil Code Article 103) or tort law (Civil Code Article 104) have regarding the issue. In terms of so-called force of the rights to a third person, the indirect effect theory which is in the position of the prevail opinion has the system of interpreting values of fundamental rights in accordance to Civil Code Article 103 or Civil Code

* Assistant Professor, Dong－Eui Institute of Technology

Article 760. However, the theory lacks a prerequisite for understanding that the effect on private relations is just reflective of the fundamental rights under the Constitution. Such understanding is not impossible on condition that like the dominant theory of Germany, values of fundamental rights under the Constitution have an effect covering a wide range as an objective law.

Yet if understood in this way, the alteration of constitutional ideas or the ideas of fundamental rights would be inevitable. To avoid the transformation and realize the protection of values of fundamental rights to private relations while holding traditional ideas of the Constitution, it would be acceptable that civil law is acknowledged as positive law to protect the dignity of individuals which is the basic value of the whole positive law and the interpretation of civil law depends on those fundamental values. Therefore, the general provisions of Civil Code Article 103 and Civil Code Article 760 leave the actualization based on the dignity of individuals up to the interpretation by the court. Within the limits, civil law gives approval to the creation of law by the court. Surely, the court allows for the creation of law through interpretation of civil law rather than through constitutional interpretation.

[Keywords]

Obligation to protect Fundamental Rights, Constitution, Civil Law, Constitutionalism, force of the Rights to a third person

대형유통업체 영업활동 보장과 제한에 대한 경제·사회적 소고

이세주*

[국문초록]

경제영역에서 국가의 역할과 과제에 대한 인식의 변화와 더불어, 한 국가의 최고법규범인 헌법에서도 경제영역에서의 국가작용에 대한 헌법적 대응의 필요성과 당위성이 제기된다. 우리 헌법에서 말하고 있는 경제에 관한 기본원리의 내용과 함께, 경제영역에의 국가적 개입의 헌법적 정당성의 내용에서 부터 제기되는 기본적인 질문들에 대한 설명이 필요하다. 이를 위해서는 경제와 경제질서를 위해 우리 헌법이 담고 있는 기본적인 원칙과 실현원리의 구체적인 내용들에 대한 의미 파악이 우선해

* 가톨릭대학교 법정경학부 법학과 조교수

야 한다. 나아가 오늘날 경제영역에서 제기되는 헌법적 문제 상황의 발생 및 헌법적 검토를 필요로 하는 내용들에 대한 논의가 이어져야 한다. 오늘날 경제영역에서 제기되는 헌법적 문제 상황과 쟁점들은 현재까지의 실질적 경제발전과정 속에서, 경제사적·경제사상적 시각에서의 논의와 더불어, 경제정책과 경제입법 과정에서 각 개별 경제주체 간의 다양한 경제적 이해관계의 대립과 충돌로 인해 매우 복합적으로 나타난다. 이를 넘어 오늘날의 경제활동과 일련의 경제순환과정은, 특히 급속한 경제발전과정 속에서 복합적인 경향이 짙으며, 이는 개별 당사자 간의 범위를 넘어 경제적·사회적으로 나타나는 영향도 점차 증대되어 가고 있다. 이러한 배경을 바탕으로, 기본적으로 경제활동의 개별 경제주체인 개인의 경제활동에 대한 검토도 중요하겠으나, 상대적으로 경제활동의 규모와 영향력이 큰 대형유통업체와 관련된 경제활동이 점차 오늘날의 경제영역에서 대두되고 있는 논의들의 중심을 이루고 있다. 개인의 경제활동 과정에서 혹은 그 결과를 통해 나타나는 현상 및 영향력과는 달리, 규모가 큰 대형유통업체의 경제활동 과정과 결과를 통해 나타나는 다양한 경제적·사회적 결과와 영향력이 상당히 크기 때문이다. 이를 위해서는 대형유통업의 영업활동과 관련하여, 경제생활과 소비생활의 변화 및 소비자보호를 위한 다양한 논의들에 대해서 심도 깊게 살펴볼 필요가 있다.

[주제어]
헌법상 경제질서, 경제헌법, 경제활동, 대형유통업체, 소비자보호

Ⅰ. 들어가며

우리 사회에서 헌법상 자유롭고 공정한 경제질서 확립과 경제역영에서의 이른바 공정한 갑을관계 정착 혹은 불공정한 갑을관계 개선 그리고 경제활동 각 당사자들 간의 경쟁보다는 상생발전을 도모하기 위한

협의와 관련 정책 등에 대한 여러 논의들이 있어왔다. 그 중에서도 가장 주목을 받았던 화두인 '경제민주화'의 의미와 그 실현을 위한 여러 내용 중, 이른바 '대형마트'와 '기업형 슈퍼마켓'(SSM: Super Supermarket) 등의 대형유통업체 영업활동 규제에 대한 필요성, 정당성, 실효성 등의 논쟁이 가장 활발히 논의되어진 사항들 중 하나라고 할 수 있다.[1] 또한 이에 대해서는 우리 헌법재판소도 이러한 주제들과 관련된 사건들의 결정문을 통해 나름의 세밀한 검토와 판단을 보여주었다.

이를 좀 더 구체적으로 살펴보면, 오늘날 주로 대기업이 소유 및 운영하고 있는 대규모점포와 대형유통업체의 새로운 등장 및 확장과 더불어, 그 영업시간의 제한이 없이 영업활동의 수행으로 인해, 특히 기존의 소상공인과 전통시장 상인들이 매출액과 고객수 감소로 인해 막대한 경제적 피해를 입고 있다는 지적이 있다.[2] 나아가 이른바 '골목상권'혹은 '전통시장' 등으로 대표되는 소상공인들과 영세자영업자들의 경제적 생존권에 대한 중대한 위협으로까지 확대되어 가면서, 대형유통업체의

---

1) 이와 관련한 상황에 대한 분석과 문제제기에 대해서는 특히, 최우용, 대형마트와 SSM 영업규제의 문제점과 제도적·정책적 정비방안에 관한 고찰, 공법학연구 제13권 제3호, 2012, 213-215. 이와 더불어, 백옥선, 대형마트 및 기업형슈퍼마켓 영업일시 규제에 관한 법적 고찰, 행정법연구 제36호, 2013; 이세주, 기업의 경제활동의 보장과 제한에 대한 헌법적 검토, 헌법재판연구원, 2014; 정진욱/최윤정, 대형마트 영업제한에 대한 분석, 2013 한국규제학회 춘계학술대회 발표논문집, 2013; 최봉석/구지선, 대형마트와 SSM의 자율규제에 관한 법적 검토, 행정법연구 제36호, 2013 등 참조.

2) 참고로 이러한 주제와 관련한 다양한 경제적, 사회적 현상과 효과 등에 대한 검토 및 분석의 내용들에 대해서는 예를 들어, 김범식, 대형마트 영업제한의 전통시장 매출증대 효과와 정책방안, SDI 정책리포트 제125호(서울연구원), 2012; 마상열, 대형마트 영업규제의 의미와 중소유통업과의 상생발전 방안, 정책포커스 2012-9(경남발전연구원), 2012; 박충렬, 대형마트 및 SSM 영업제한 규제 도입을 둘러싼 논쟁, 이슈와 논점 제425호(국회입법조사처), 2012; 박충렬/이건묵/허원, 대·중소기업 양극화 해소를 위한 정책 현황과 개선 과제, 정책보고서 제27호(국회입법조사처), 2013; 이승창, 신업태(대형마트, SSM) 의무휴업과 전통시장의 상생 논쟁, 마케팅 제46권 제9호, 2012; 이영철/이국연, 대형마트의 독과점 현상 및 불공정거래 개선방안, 2009 (사)한국유통학회 동계학술대회 발표논문집, 2009; 전경련(편), 대형마트 규제 바로 알기, FKI 전국경제인연합회, 2012; 최승재, 대형마트-SSM 규제, 과연 공정한가, 월간 경영계 제397권, 2012 등 참조.

계속적인 등장과 확장 그리고 영업시간의 지속적인 연장은 여러 심각한 경제적, 사회적 문제들을 야기하기도 한다. 이러한 상황과 문제의식을 바탕으로 특히, 대형유통업체의 영업활동 제한의 근거라 할 수 있는 유통산업발전법의 해당 규정들과 관련하여 발생한 사건들에 대한 헌법재판소의 검토와 판단을 종합적으로 살펴보고자 한다. 그리고 대형유통업체의 영업활동 보장과 제한과 더불어, 골목상권, 전통시장 그리고 소비자 보호 등과 관련해서 함께 생각해야 할 사항들에 대해서도 살펴보고자 한다.

Ⅱ. 대형유통업체 영업활동 제한과 헌법재판소의 주요 결정

1. 유통산업발전법의 제정 및 개정 개관

우리나라의 지난 경제발전 과정 속에서, 특히 유통산업의 효율적인 진흥과 균형적인 발전을 도모하고, 건전한 상거래질서를 확립함으로써 소비자를 보호하고 국민경제의 발전에 이바지함을 목적으로 지난 1997년 '유통산업발전법'이 제정되었다.[3] 그로부터 5년 뒤인 2012년 초에 유통산업발전법이 개정되었는데,[4] 주요 개정의 내용들 중에서도, 특히 '대규모점포 등에 대한 영업시간 제한'의 내용을 규정한 조항인 제12조의2가 신설되었다.[5] 2013년 초에도 법률이 개정되면서,[6] 해당 규정의 몇 가지

3) 1997년 유통산업발전법 제정 당시에는 법의 목적을 다음과 같이 규정하고 있다. 제1조(목적) 이 법은 유통산업의 효율적인 진흥과 균형적인 발전을 도모하고, 건전한 상거래질서를 확립함으로써 소비자를 보호하고 국민경제의 발전에 이바지함을 목적으로 한다.
4) 유통산업발전법 [시행 2012.1.17.] [법률 제11175호, 2012.1.17., 일부개정]
5) 유통산업발전법 제12조의2(대규모점포등에 대한 영업시간의 제한 등) ① 시장·군수·구청장은 건전한 유통질서 확립, 근로자의 건강권 및 대규모점포등과 중소유통업의 상

내용이 다소 개정되었다.[7] 이에 따라 관련 규정 이해당사자들의 극심한

생발전을 위하여 필요하다고 인정하는 경우 대규모점포 중 대통령령으로 정하는 것과 준대규모점포에 대하여 다음 각 호의 영업시간 제한을 명하거나 의무휴업일을 지정하여 의무휴업을 명할 수 있다. 다만, 연간 총매출액 중 「농수산물 유통 및 가격안정에 관한 법률」에 따른 농수산물의 매출액 비중이 51퍼센트 이상인 대규모점포등으로서 해당 지방자치단체의 조례로 정하는 대규모점포등에 대하여는 그러하지 아니하다.

1. 영업시간 제한
2. 의무휴업일 지정

② 시장·군수·구청장은 제1항 제1호에 따라 오전 0시부터 오전 8시까지의 범위에서 영업시간을 제한할 수 있다.

③ 시장·군수·구청장은 제1항 제2호에 따라 매월 1일 이상 2일 이내의 범위에서 의무휴업일을 지정할 수 있다.

④ 제1항부터 제3항까지의 규정에 따른 영업시간 제한 및 의무휴업일 지정에 필요한 사항은 해당 지방자치단체의 조례로 정한다. [본조신설 2012.1.17.]

6) 2013년 1월 23일 개정된 유통산업발전법(법률 제11626호, 2013.1.23., 일부개정)의 내용 중, 여기서 다루고 있는 동법 제12조의2의 주요 개정 내용을 살펴보면, 영업시간제한 등의 적용제외 대상 점포의 기준이 되는 농수산물 매출액 비중을 현행 51퍼센트에서 55퍼센트로 상향조정하고, 대형마트와 준대규모점포에 대한 영업시간 제한의 범위를 현행 '오전 0시부터 오전 8시까지'에서 '오전 0시부터 오전 10시까지'로 2시간 연장하며, 대형마트와 준대규모점포에 대한 의무휴업일의 범위를 현행 '매월 1일 이상 2일 이내'에서 '매월 이틀'로 개정하였다. 그리고 의무휴업일은 공휴일 중에서 지정하되, 이해당사자와 합의를 거쳐 공휴일이 아닌 날을 지정할 수 있도록 하였다.

7) 유통산업발전법 제12조의2(대규모점포등에 대한 영업시간의 제한 등) ① 특별자치시장·시장·군수·구청장은 건전한 유통질서 확립, 근로자의 건강권 및 대규모점포등과 중소유통업의 상생발전(相生發展)을 위하여 필요하다고 인정하는 경우 대형마트(대규모점포에 개설된 점포로서 대형마트의 요건을 갖춘 점포를 포함한다)와 준대규모점포에 대하여 다음 각 호의 영업시간 제한을 명하거나 의무휴업일을 지정하여 의무휴업을 명할 수 있다. 다만, 연간 총매출액 중 「농수산물 유통 및 가격안정에 관한 법률」에 따른 농수산물의 매출액 비중이 55퍼센트 이상인 대규모점포등으로서 해당 지방자치단체의 조례로 정하는 대규모점포등에 대하여는 그러하지 아니하다.

1. 영업시간 제한
2. 의무휴업일 지정

② 특별자치시장·시장·군수·구청장은 제1항 제1호에 따라 오전 0시부터 오전 10시까지의 범위에서 영업시간을 제한할 수 있다.

③ 특별자치시장·시장·군수·구청장은 제1항 제2호에 따라 매월 이틀을 의무휴업일로 지정하여야 한다. 이 경우 의무휴업일은 공휴일 중에서 지정하되, 이해당사자와 합의를 거쳐 공휴일이 아닌 날을 의무휴업일로 지정할 수 있다.

④ 제1항부터 제3항까지의 규정에 따른 영업시간 제한 및 의무휴업일 지정에 필요한

의견대립을 시작으로 사회적으로, 경제적으로 많은 관심과 논란을 불러 일으켰다.

유통산업발전법 제12조의2의 신설을 주요 내용으로한 2012년 개정 당시 유통산업발전법에서 대규모점포 등에 대한 영업시간을 제한하는 규정의 신설 이유를 살펴보면, 건전한 유통질서 확립, 근로자의 건강권 및 대규모점포 등과 중소유통업의 상생발전 등을 위하여 필요하다고 인정되는 경우에는 대규모점포 중 대통령령으로 정하는 것과 준대규모점포에 대하여 지방자치단체의 조례가 정하는 바에 따라 오전 0시부터 오전 8시까지의 범위에서 영업시간 제한을 명하거나 매월 1일 이상 2일 이내의 범위에서 의무휴업을 명할 수 있도록 하고, 이를 위반한 자에게는 3천만원 이하의 과태료를 부과[8]하도록 하려는 것이었다.[9]

2. 유통산업발전법 관련 헌법재판소 주요 결정

(1) 2013헌마261 및 2013헌마262 사건(유통산업발전법 제12조의2 위헌확인)[10]

1) 사건 개요

2013헌마261 사건의 청구인들은 대형마트인 롯데마트와 이마트 등의 대형유통업체에 여러 농·수산물을 납품하여왔으며, 2013헌마262 사

사항은 해당 지방자치단체의 조례로 정한다. [전문개정 2013.1.23.]

8) 유통산업발전법 제52조(과태료) ① 다음 각 호의 어느 하나에 해당하는 자에게는 3천만원 이하의 과태료를 부과한다.

1. 제12조의2 제1항 제1호에 따른 명령을 위반하여 영업제한시간에 영업을 한 자
2. 제12조의2 제1항 제2호에 따른 의무휴업 명령을 위반한 자 <신설 2012.1.17.>

9) 유통산업발전법 [시행 2012.1.17.] [법률 제11175호, 2012.1.17., 일부개정], 제·개정이유서.

10) 헌재 2013. 5. 7. 2013헌마261; 2013. 5. 7. 2013헌마262(유통산업발전법 제12조의2 위헌확인).

건의 청구인들도 대형유통업체에 커피믹스와 선식 등을 납품하여왔다. 각 사건의 청구인들은 대형마트 등의 영업시간 제한 및 의무휴업에 대하여 규정한 유통산업발전법(2013. 1. 23. 법률 제11626호로 개정된 것) 제12조의2가 원재료를 매입하여 제조 및 가공 후 이를 대형마트 등에 납품하는 자신들의 매출을 줄어들게 하는 등 기본권을 침해한다고 주장하면서 2013년 4월에 두 사건 각각 헌법소원심판을 청구하였다.

2) 결정요지

두 사건 모두에 대해서 헌법재판소 제2지정재판부는 이 사건 법률조항의 직접적 수규자가 아닌 제3자에 불과한 청구인들의 심판청구는 자기관련성이 인정되지 않는다는 이유로 모두 각하결정을 하였다. 결정내용을 좀 더 구체적으로 살펴보면, 헌법재판소법 제68조 제1항에 의하면 헌법소원심판은 공권력의 행사 또는 불행사로 인하여 헌법상 보장된 기본권을 침해받은 자가 청구할 수 있는데, 기본권을 침해받은 자라 함은 공권력의 행사 또는 불행사로 인하여 자기의 기본권이 현재 그리고 직접적으로 침해받은 자를 의미하며 단순히 간접적, 사실적 또는 경제적인 이해관계가 있을 뿐인 제3자는 이에 해당하지 않는다. 이에 제3자는 특별한 사정이 없는 한 기본권 침해에 직접 관련되었다고 볼 수 없다.

이 사건 법률조항은 대형마트 등의 지역상권 진출로 큰 피해를 입고 있는 기존 시장상인 등 소상공인을 보호하기 위하여 제정되었는바, 그 목적을 달성하기 위하여 시장 등이 영업시간 제한을 명하거나 의무휴업일을 지정하여 의무휴업을 명할 수 있도록 정하고 있을 뿐, 대형마트 등에 물건을 납품하는 자들을 규율하는 내용을 전혀 포함하고 있지 않다. 이 사건 법률조항에 따른 영업시간 제한이나 의무휴업 명령 위반 시 과태료를 부과받는 것도 이를 위반한 대형마트 등이다. 청구인들과 같은 납품업자들은 이 사건 법률조항에도 불구하고 여전히 대형마트 등에 물건을 판매할 수 있고, 대형마트 등의 진출로 피해를 입게 된 기존 시장상인 등 소상공인을 보호하기 위하여 대형마트 등의 영업을 제한할 뿐, 청구인들과 같은 납품업자들과 대형마트 등 사이의 납품계약까지 제한할 것을 그 목적으로 하는 것이라고 볼 수 없다.

이 사건 법률조항으로 청구인들의 법적 이익이 어떠한 제한을 받고 있다고 보이지 않으며, 다만 이 사건 법률조항으로 인하여 대형마트 등의 매출이 감소하고 이것이 대형마트 등과 납품업자들 간의 납품계약에도 영향을 미쳐 청구인들의 매출 또한 감소될 수 있다 하더라도, 이와 같은 청구인들에 대한 효과는 그 직접성 등을 고려하면 청구인들을 이 사건 법률조항에 법적으로 의미 있게 관련시킬 정도로 강하다고 보기 어렵고, 단지 간접적, 사실적 또는 경제적 이해관계에 불과하다 할 것이다.

(2) 2012헌마162 · 252(병합) 사건(유통산업발전법 제12조의2 등 위헌확인)[11)]

1) 사건개요

2012헌마162 사건의 청구인들은 유통산업발전법에 의한 대규모점포 및 준대규모점포를 경영하는 회사들이고, 2012헌마252 사건의 청구인들은 유통산업발전법상 대규모점포를 경영하는 프랜차이즈형 체인사업에 대한 가맹계약을 체결하여 준대규모점포를 운영하고 있는 사업자들이다. 각 사건의 청구들인은 유통산업발전법(2012. 1. 17. 법률 제11175호로 개정되고, 2013. 1. 23. 법률 제11626호로 개정되기 전의 것) 제12조의2는 자신들의 직업의 자유 및 평등권을 침해한다고 주장하며 2012년 2월과 3월에 각각 헌법소원심판을 청구하였다.

2) 판결요지

이 사건에 대해서 헌법재판소 전원재판부는 이 사건 법률조항에 대한 심판청구는 기본권 침해의 직접성이 인정되지 않으므로 부적법하다고

---

11) 헌재 2013. 12. 26. 2012헌마162 등, 공보 제207호, 142 이하.

모두 각하결정을 하였다. 결정내용을 좀 더 구체적으로 살펴보면, 이 사건 법률조항에 따라 시장 등 지방자치단체의 장은 영업시간 제한 및 의무휴업일 지정과 관련하여 그러한 조치가 필요한지 여부 및 이를 시행할지 여부에 관한 판단에 있어 재량권을 가지고 있고, 구체적인 시행과 관련하여서도 특정시간대 또는 특정일(휴일 포함 여부)을 지정하여 시행할 수 있는 재량권도 가지고 있다. 따라서 청구인들이 주장하는 기본권 침해의 법률효과는 시장 등 지방자치단체의 장이 해당 지방자치단체의 실정에 따라 영업시간 제한 및 의무휴업일 지정에 관한 구체적인 처분을 하였을 때 그 처분에 의하여 비로소 발생하는 것이지, 이 사건 법률조항에 의하여 곧바로 발생하는 것이 아니므로 기본권 침해의 직접성을 인정할 수 없다.

이 사건 법률조항은 지방자치단체의 장에게 영업시간 제한 및 의무휴업일 지정이 필요 여부와 더불어, 필요하다면 그러한 처분을 행할 것인지 여부에 대하여 재량을 인정하고 있기 때문에 법률조항에서 영업시간 제한의 범위 및 의무휴업일수의 범위를 규정하고 있다고 하더라도 지방자치단체의 장이 영업시간 제한 및 의무휴업일 지정에 관한 구체적 처분 전에는 청구인들의 법적 지위나 권리·의무는 어떠한 영향도 받지 않는다. 또한 이 사건 법률조항은 지방자치단체의 장에게 대통령령으로 정한 대규모점포에 대하여 영업시간을 제한하거나 의무휴업일 지정을 할 것인지에 대한 재량을 인정하고 있으므로, 이 사건 법률조항 중 대규모점포 부분과 위 시행령 조항이 결합하여 직접 국민의 권리와 의무에 대한 사항을 정하고 있는 경우라고 볼 수 없고, 조례의 제정이 없어도 지방자치단체의 장은 영업시간 제한 등의 처분이 필요하다고 판단할 경우에는 처분을 할 수 있으므로 이 사건 법률조항이 하위규범인 조례와 불가분의 관계를 가지면서 직접 국민의 권리와 의무에 관한 사항을 정하고 있는 경우라고도 볼 수 없다.

(3) 2012헌마308 사건(유통산업발전법 제12조의2 등 위헌확인)[12)]

1) 사건개요

이 사건 청구인들은 유통산업발전법에 의한 대규모점포를 경영하는 회사와 프랜차이즈형 체인사업에 대한 가맹계약을 체결하여 유통법상 준대규모점포를 운영하고 있는 사업자들이다. 유통산업발전법(2012. 1. 17. 법률 제11175호로 개정되고, 2013. 1. 23. 법률 제11626호로 개정되기 전의 것) 제12조의2 규정에 따라 부천시장은 2012년 3월 26일 '부천시 전통상업보전구역 지정 및 대규모·준대규모점포의 등록제한 등에 관한 조례'(2012. 3. 26. 조례 제2687호로 개정되고, 2013. 8. 5. 조례 제2793호로 개정되기 전의 것)를 공포하였는데,[13)] 부천시 조례 제14조의2에는 시장은 부천 시내에 있는 대규모점포 중 유통산업발전법 시행령 시행령에서 정하는 것과 준대규모점포에 대하여 오전 0시부터 오전 8시까지 영업시간 제한을 명하여야 하고, 매월 두 번째 일요일과 네 번째 일요일을 의무휴업일로 정하여 휴업을 명하여야 한다고 규정하였다. 그러자 청구인들은 유통산업발전법 제12조의2 중 '준대규모점포' 부분 및 해당 조례 제14조의2 중 '준대규모점포' 부분이 자신들의 직업의 자유 및 평등권을 침해한다고 주장하며 2012년 3월 26일 헌법소원심판을 청구하였다.

2) 결정요지

이 사건에 대해서 헌법재판소 전원재판부는 이 사건 법률조항에 대

12) 헌재 2013. 12. 26. 2012헌마308, 공보 제207호, 150 이하.

13) 구 부천시 전통상업보전구역 지정 및 대규모·준대규모점포의 등록제한 등에 관한 조례(2012. 3. 26. 조례 제2687호로 개정되고, 2013. 8. 5. 조례 제2793호로 개정되기 전의 것) 제14조의2(대규모점포 등에 대한 영업시간의 제한 등) 시장은「유통산업발전법」제12조의2에 따라 건전한 유통질서 확립, 근로자의 건강권 및 대규모점포 등과 중소유통업의 상생발전을 위하여 부천시에 소재하는 대규모점포 중「유통산업발전법 시행령」에서 정하는 것과 준대규모점포에 대하여 다음 각 호와 같이 영업시간 제한을 명하고, 의무휴업일을 지정하여 의무휴업을 명하여야 한다.

1. 영업시간 제한은 오전 0시부터 오전 8시까지 한다.
2. 의무휴업일은 매월 두 번째 일요일과 네 번째 일요일로 지정한다.

한 심판청구는 기본권 침해의 직접성이 인정되지 않으므로 부적법하고, 이 사건 조례조항에 대한 심판청구는 권리보호이익이 인정되지 않는다고 하여 각하결정을 하였다. 결정내용을 좀 더 구체적으로 살펴보면, 이 사건 법률조항에 따라 시장 등 지방자치단체의 장은 영업시간 제한 및 의무휴업일 지정과 관련하여 그러한 조치가 필요한지 여부 및 그 시행 여부에 관한 판단에 있어 재량권을 가지고 있고, 구체적인 시행과 관련하여서도 특정시간대 또는 특정일(휴일 포함 여부)을 지정하여 시행할 수 있는 재량권도 가지고 있다. 따라서 청구인들이 주장하는 기본권 침해의 법률효과는 시장 등 지방자치단체의 장이 구체적인 처분을 하였을 때 그 처분에 의하여 비로소 발생하는 것이지, 이 사건 법률조항에 의하여 곧바로 발생하는 것이 아니므로 기본권 침해의 직접성을 인정할 수 없다.

이와 더불어, 이 사건 조례조항은 이 사건 헌법소원 제기 후인 2013년 8월 5일 조례 제2793호로 개정되었고, 개정된 내용에 의하면, 시장은 영업시간 제한을 오전 0시부터 10시까지의 범위 이내, 의무휴업일을 매월 공휴일 중 이틀로 정하되, 이해당사자와 합의를 거쳐 공휴일이 아닌 날을 의무휴업일로 지정할 수 있게 되었다. 그리고 부천시장은 2013년 9월 4일 개정된 조례에 따라 새로운 처분을 하였다. 따라서 이 사건 조례조항 및 이 사건 조례조항을 근거로 한 처분은 효력을 상실하였으므로 이 사건 조례조항에 대한 심판청구는 권리보호이익이 인정되지 않는다.

한편, 청구인의 주관적 권리구제에는 도움이 되지 아니한다 하더라도, 같은 유형의 침해행위가 앞으로도 반복될 위험이 있고 헌법질서의 수호·유지를 위하여 그에 대한 헌법적 해명이 긴요한 사항에 대하여는 예외적으로 헌법소원심판청구의 이익을 인정할 수 있으나, 이 사건 조례조항이 2013년 8월 5일 조례 제2793호로 개정되면서 시장에게 영업시간 제한 및 의무휴업명령에 대하여 재량을 부여하고 있으므로 이 사건 조례조항과 같은 유형의 침해행위가 반복될 위험이 있거나 헌법적 해명이 필요한 사항이라고 볼 수 없으므로, 이 사건 조례조항에 대한 심판청구가 예외적인 심판청구이익을 인정할 만한 경우에 해당하지도 않는다.

(4) 2013헌마269 · 273 · 355(병합) 사건(유통산업발전법 제12조의2 위헌확인)[14)]

1) 사건개요

2013헌마269 사건의 청구인들은 유통산업발전법에 의한 대규모점포를 경영하는 회사의 대형마트에 입점하여 점포를 운영하고 있는 사업자들이고, 2013헌마273 사건의 청구인들은 대규모점포를 경영하는 회사와 프랜차이즈형 체인사업에 대한 가맹계약을 체결하여 유통산업발전법상 준대규모점포를 운영하고 있는 사업자들이며, 2013헌마355 사건의 청구인들은 대형마트와 준대규모점포를 운영하는 회사들이다. 청구인들은 2013년 1월 23일 법률 제11626호로 개정된 유통산업발전법 제12조의2는 자신들의 직업의 자유 및 평등권을 침해한다고 주장하며 2013년 4월과 5월에 각각 헌법소원심판을 청구하였다.

2) 결정요지

이 사건에 대해서 헌법재판소 전원재판부는 이 사건 법률조항에 대한 심판청구는 기본권 침해의 직접성이 인정되지 않으므로 부적법하다고 모두 각하결정을 하였다. 결정내용을 좀 더 구체적으로 살펴보면, 유통산업발전법 제12조의2 제1항 및 제2항에 따르면, 특별자치시장 등은 대형마트 등의 영업시간 제한 및 의무휴업일 지정과 관련하여 그러한 조치가 필요한지 여부 및 그 시행 여부 판단에 재량권을 가지고 있고, 구체적인 시행과 관련하여서도 영업시간 제한의 경우 오전 0시부터 오전 10시까지의 범위에서 특정시간대를 지정하여 시행할 수 있는 재량권도 가지고 있다. 따라서 청구인들이 주장하는 기본권 침해의 법률효과는 특

14) 헌재 2013. 12. 26. 2013헌마269 등, 판례집 25-2(하), 732 이하.

별자치시장 등 지방자치단체의 장이 해당 지방자치단체의 실정에 따라 영업시간 제한 및 의무휴업일 지정에 관한 구체적인 처분을 하였을 때 그 처분에 의하여 비로소 발생하는 것이지, 위 조항들에 의하여 곧바로 발생하는 것이 아니므로 기본권 침해의 직접성을 인정할 수 없다. 또한 위 조항들은 지방자치단체의 장에게 영업시간 제한 및 의무휴업일 지정이 필요한지 여부에 관한 판단 및 영업시간 제한 및 의무휴업일 지정이 필요하다면 그러한 처분을 행할 것인지 여부에 대하여 재량을 인정하고 있기 때문에, 지방자치단체장의 장이 해당 지방자치단체 내 소재하는 대형마트와 준대규모점포에 대하여 영업시간 제한 및 의무휴업일 지정에 관한 구체적인 처분을 하기 전에는 청구인들의 법적 지위나 권리·의무는 어떠한 영향도 받지 않는다. 따라서 위 조항들에 의하여 직접 자유의 제한이나 의무의 부과가 있는 경우라고 볼 수 없으므로 위 조항들에 의한 기본권 침해의 직접성을 인정할 수 없다.

유통산업발전법 제12조의2 제3항에 따라 특별자치시장 등 지방자치단체의 장이 재량의 여지없이 매월 이틀을 의무휴업일로 지정하여야 한다면 위 조항은 집행행위 이전에 이미 청구인들의 권리관계를 직접 변동시키거나 법적 지위를 결정한다고 할 것이므로 기본권 침해의 직접성을 인정할 수도 있을 것이다. 그러나 동법 제12조의2 제1항에 따르면 지방자치단체의 장에게 대형마트 등에 대하여 영업시간 제한 및 의무휴업일 지정이 필요한지 여부에 대한 판단, 그 판단에 따른 대형마트 등의 영업시간 제한 및 의무휴업의 시행 여부 등에 대한 재량권을 부여하고 있고, 제3항은 같은 조 제1항 제2호를 전제로 한 규정이므로 지방자치단체의 장이 재량의 여지없이 매월 이틀의 의무휴업일을 지정하여야 한다고 볼 수는 없다. 따라서 유통산업발전법 제12조의2 제1항 및 제3항의 내용을 종합하면, 지방자치단체의 장은 필요하다고 인정할 경우에 재량으로 의무휴업일을 지정하여 의무휴업을 명할 수 있는데, 의무휴업을 명할 경우에는 제3항에 따라 그 의무휴업일 수(數)를 매월 이틀로 지정하여야 한다는 의미로 해석함이 타당하다. 그런데 의무휴업일 지정 일수에 대하여는 지방자치단체의 장의 재량이 인정되지 않는다고 하더라도 의무휴업일을 지정할 것인지 여부에 대하여 지방자치단체의 장의 재량이 인정되기 때문에, 제3항이 매월 이틀의 의무휴업일을 정할 것을 규정하고 있다고 하더라도 지방자치단체의 장이 의무휴업일을 지정하는 집행행위를 하기 전에는 청구인들의 법적 지위나 권리·의무는 어떠한 영향도 받지 않는다. 그러므로 위 조항은 집행행위 이전에 법률에 의하여 직접 자유의 제한이나 의무의 부과가 있는 경우라고 볼 수 없으므로 기본권 침해의 직접성이 인정된다고 할 수 없다.

Ⅲ. 대형유통업체 영업활동과 골목상권, 전통시장 그리고 소비자 보호

1. 경제생활과 소비활동의 변화

일반적으로 생산자에 의해 생산된 일정한 재화를 소비자에게 판매할 목적과 소비자의 필요한 재화의 구입을 목적으로, 각각 판매와 소비를 위해 전통적으로 '시장'이라는 일정한 공간이 형성된다. 이러한 전통적인 시장과 더불어, 점차 크고 작은 여러 형태의 중·소형 상점이 소비자의 생활영역에 밀접하게 위치하게 된다. 과거 시장을 중심으로 한 판매와 구입과는 달리, 오늘날에는 이른바, '대형마트'를 중심으로 한 생산된 소비재 상품의 판매와 구입이 이루어지는 것이 일반적인 경제생활 형태가 되었다.

이러한 대형마트의 등장과 급속한 확장 및 발전 현상에 따라, 특히 기존의 전통시장의 역할을 하던 공간은 물론 중·소형 상점에서의 판매와 소비 활동은 점차 감소되어 간다. 이러한 변화된 경제생활 현상 속에서 발생하는 문제점이 지난 몇 년 동안 논의되고 지적되어 온 대형마트 영업활동에 의한 이른바, 골목상권과 전통시장 상권 그리고 그 경제적 생존까지 위협받는 현상이 발생하게 되었다. 즉, 규모가 큰 기업이 보유하고 있는 경제력과 대단위 유통력 그리고 거대 자본의 투입과 대량생산품의 대량판매 등의 특징을 갖는 대형마트의 영업활동을 통해, 기존의 골목 상권과 전통시장 상권의 존속과 생존에 큰 위협을 주는 현상으로 나타나게 된 것이라고 볼 수 있다.

이러한 변화된 경제생활과 함께 헌법적으로 제기되고 있는 문제점들에 대한 검토가 필요하다. 즉, 소비자들의 경제생활이 대형마트를 중심으로 한 오늘날 일반적인 소비활동과 소비성향에 대한 검토를 의미한다고 할 수 있다. 우선, 이러한 부분에 대한 검토에서 나타나는 특징들을 좀 더 구체적으로 살펴보면, 크게 여섯 가지의 특징을 발견할 수 있다.

첫째, 대형마트의 전략적이고 경제적인 가격경쟁력, 둘째, 기존의 중·소형상점과 전통시장에 비해 탁월하게 쾌적하고 편리한 소비활동을 위해 유리하다는 점, 셋째, 다양한 물품을 비교적 집중된 공간 안에서 구입할 수 있으며, 이를 통해 상품간 가격비교를 통해 소비자에게 보다 경제적이고 적합한 생산품을 구입하는데 유리하다는 점, 넷째, 오늘날 대량생산과 더불어 대량소비가 일반적인 형태이며, 이에 대형마트에서의 대량구매가 상대적으로 용이하고 적합하다는 점, 다섯째, 소비자가 상품에 대해 큰 가치를 두고 있는 부분인 판매상품의 원산지, 유통기한 그리고 위생상태 등에 대한 신뢰의 측면에서, 대형마트의 제품에 대한 신뢰경쟁력이 상당히 높다는 점, 그리고 마지막으로 대형마트에서의 상품 구매 전후로 제공되는 소비자를 위한 다양한 소비편리적 또는 소비용이적 서비스의 제공이 기존의 중·소형상점과 시장에 비해 편리하고 우수하다는 점(예를 들어, 제품의 반품처리, 소비과정 전반에 대한 이의제기, 소비자 중심의 각종 서비스 제공 등) 등을 언급할 수 있다.

기존의 전통시장에서의 구매활동에 비해, 대형마트가 갖고 있는 이러한 몇 가지 특징들 때문에 소비자의 선택은 자신의 구체적인 구입활동에 가장 적합하고, 편리하며, 경제적으로도 유리하다는 것이 대형마트가 갖고 있는 장점이라고 할 수 있다. 소비자의 입장에서 살펴본 이러한 소비자의 경제적 선택은 어찌 보면 당연한 현상일 수 있다. 이러한 상황에서 중·소형상점과 전통시장을 유지 및 발전시키기 위한 정책을 세운다면, 기존의 대형마트에 대한 일방적 규제를 통한 방법이 아니라, 중·소형상점과 전통시장을 어떤 목적과 이유로 유지 및 발전시켜야 하는지에 대한 정당성이 우선해야 할 것이다.[15] 이어서 대형마트에서의 경제적이고 편리한 소비활동과 비교해서, 소비자의 구체적인 구입활동을 유인 및 장려할 수 있는 개선사항의 발견 및 실현에 우선 중점을 두어야 할 것이다.

여전히 기존 전통시장의 전통에서 비롯되는 전문화와 특성화의 장점과 특징을 유지하고 있는 현재의 전문적 전통시장의 경우, 대형마트에 비해 여전히 강한 판매경쟁력과 소비자유인력을 보유하고 있다. 대형마트의 의무휴일제 시행 또는 영업시간의 제한 등을 통해 반사적으로 중·소형상점과 전통시장에서의 소비자의 소비증가를 기대하기는 매우 불명확하다. 또한, 그간 유통과정에서 발생하는 비합리적인 가격책정 등과

---

15) 참고로, "전통시장 및 상점가 육성을 위한 특별법"에서는 이 법의 목적과 전통시장의 의미에 대해서 규정하고 있다.

전통시장 및 상점가 육성을 위한 특별법 제1조(목적) 이 법은 전통시장과 상점가의 시설 및 경영의 현대화와 시장 정비를 촉진하여 지역상권의 활성화와 유통산업의 균형 있는 성장을 도모함으로써 국민경제 발전에 이바지함을 목적으로 한다. [전문개정 2010.6.8]

제2조(정의) 이 법에서 사용하는 용어의 뜻은 다음과 같다. <개정 2012.12.11>

1. "전통시장"이란 자연발생적으로 또는 사회적·경제적 필요에 의하여 조성되고, 상품이나 용역의 거래가 상호신뢰에 기초하여 주로 전통적 방식으로 이루어지는 장소로서 다음 각 목의 요건을 모두 충족한다고 특별자치도지사·시장·군수·구청장(구청장은 자치구의 구청장을 말한다. 이하 "시장·군수·구청장"이라 한다)이 인정하는 곳을 말한다.

가. 해당 구역 및 건물에 대통령령으로 정하는 수 이상의 점포가 밀집한 곳일 것

나. 「유통산업발전법 시행령」 제2조에 따른 용역제공장소의 범위에 해당하는 점포수가 전체 점포수의 2분의 1 미만일 것

다. 그 밖에 대통령령으로 정하는 기준에 맞을 것.

관련하여 제기되었던 문제점들은 유통구조의 개선을 통해 해결해야 할 문제이지, 대형마트를 선택한 소비자와의 관련성, 그리고 그러한 소비자의 소비활동과 소비성향에 맞추어 발전한 대형마트의 경제적 전략과 경쟁력과 관련하여 해결해야 할 문제가 아닐 것이다. 이러한 내용들과 관련해서 살펴보면, 앞에서 살펴본 헌법재판소의 관련 사건들의 결정에서, 유통산업발전법이 대형마트 등의 지역상권 진출로 큰 피해를 입고 있는 기존 시장상인 등 소상공인을 보호하기 위하여 제정되었다고 하여 해당 법률조항의 의미를 설명하고 있지만, 대형마트의 진출로 인한 경제적 손실 또는 피해발생의 구체적 인과관계와 실증적 전망 등에 대해서 좀 더 설명을 하지 않은 아쉬움이 있다.

2. 대형유통업체 영업활동과 소비자 보호

이러한 검토와 관련하여 함께 살펴보아야 할 내용 중에 하나가 소비자의 보호이다. 우선, 소비자보호에 대해서 우리 헌법 제124조에서는 "국가는 건전한 소비행위를 계도하고 생산품의 품질향상을 촉구하기 위한 소비자보호운동을 법률이 정하는 바에 의하여 보장한다"고 규정하고 있다. 이는 경제영역과 경제생활 속에서 특히, 소비자 보호를 목적으로 하는 국가의 소비자 보호 정책에 대한 과제를 규정하고 있는 것이다. 대량생산과 대량소비의 특징을 갖는 일반적인 오늘날의 경제생활 관계 속에서, 경제력과 시장지배력의 남용으로 인해 경제적 약자인 소비자가 경제적 강자인 생산에게 경제적으로 종속되는 것을 방지해야 한다.[16]

이러한 관점에서 살펴보면, 대형마트의 영업일과 개점시간 등의 제한은 중·소형상점과 전통시장 유지와 발전을 위한 목적이 아니라는 점은 부차적인 근거로 언급되어 질 수는 있다. 결국, 시장에서 생산자인

16) 정극원, 헌법 제124조, 법제처 편, 헌법 주석서 Ⅳ, 2010, 531; 한수웅, 헌법학, 법문사, 2015, 322-325.

규모가 큰 기업이 행할 수 있는 시장지배력의 남용에 의한 소비자 과잉소비활동의 유인과 조장을 막고, 건전하고 경제적인 소비를 유도하고 촉진한다는 측면에서 소비자 보호를 위한 목적에 적합해야 제한의 헌법적 정당성이 있을 것이다.

나아가 대형마트의 강한 경제력과 시장지배력 그리고 자본력과 유통경쟁력 등을 동원하여, 의도적인 공격적·출혈적 가격설정행위, 이른바 "출혈적 가격경쟁"은 결과적으로 시장경제질서의 기본원리에 합치하지 않는 경제적 결과가 나타날 것이 예상된다. 다른 경쟁주체들의 측면에서 살펴보면, 대형마트의 출혈적 가격경쟁으로 인해 다른 경쟁주체들은 경쟁시장에서의 자유롭고 공정한 경쟁이 불가능해 지며, 해당 시장에서 더 이상 경제력과 경쟁력을 갖추지 못하고 사라진다. 이로써 자연적인 시장독점현상이 발생하게 된다. 독점된 시장에서는 대형마트에 의한 생산독점과 판매독점 등이 구체적으로 발생하게 되고, 이를 통해 독점적 지위를 확보하게 된 대형마트는 지속적인 가격상승을 통해 최대 이윤을 추구하게 된다. 또는 시장 독점에 사용된 가격형성 상황을 계속 유지한다면, 생산 및 판매되는 재화와 서비스에 대한 질적 저하를 시도함으로써 경제적 효율성과 이윤 추구를 만족시켜 나갈 것이다. 이러한 현상을 소비자의 측면에서 살펴보면, 시장지배력의 남용과 독과점 지위를 통해 경제적 약자인 소비자가 경제적 강자의 생산과 판매 등에 경제적으로 종속되게 되며, 재화와 서비스의 선택의 폭은 점차 사라지게 된다. 결국, 가격상승에 의한 소비자의 희생이 발생하거나 또는 재화와 서비스의 질적 저하에 의한 소비자 희생이 발생하게 된다.

비정상적인 출혈적 가격경쟁에 의한 판매가격 하락 현상의 지속의 측면에서 살펴보더라도, 저렴한 재화와 서비스의 독점적 생산 및 공급 그리고 유통 및 판매는 소비자의 과잉소비를 조장하게 된다. 이 또한 중·소형상점과 전통시장의 몰락과 더불어, 소비자의 과잉소비를 유인하고 조장하여, 결국 최종 소비자가 자기피해 또는 자기희생이 되어버리는 현상이 발생한다. 이를 통해 대형마트를 지배하는 규모가 큰 기업은 지속적인 수익을 창출할 수 있으며, 여기서 발생하는 경제적 이득이 적정한 소득의 분배로 이어지는 것이 아니라, 기업의 자기 이익과 자기 자본의 증식에만 집중되는 폐해가 발생할 가능성이 크다고 할 것이다.

이와 더불어서 살펴볼 수 있는 것은, 대형마트의 영업활동과 골목상권 및 소상공인 보호에 대한 검토이다. 앞에서도 살펴보았듯이, 대형마트는 상대적으로 대량소비에 적합한 강한 소비가격 경쟁력, 소비환경 경쟁력 그리고 소비서비스 경쟁력 등을 보유하고 있다. 이러한 대형마트의 특징과 장점들은, 반대로 기존의 골목상권과 전통시장이 갖고 있던 단점들이라는 반증이기도 하다. 즉, 가격 경쟁력, 환경 경쟁력 그리고 서비스 경쟁력의 혁신적인 개선을 통해 대형마트가 소비자의 선택을 받은 새로운 시장의 공간이며, 이는 소비자의 소비활동에 단점으로 작용하는 기존의 시장에서의 소비환경과 여건을 보완한 결과라는 경제적 분석도 가능하다. 대형마트는 소비자의 소비활동과 소비유인을 위해, 기존의 단점을 보완 및 개선하여 소비자를 위한 다양한 소비환경 개선을 통해 소비자의 최종 선택을 받게 되었다. 이러한 대형마트의 특징과 장점을 이제 다시 골목상권과 전통시장이 자신의 단점의 극복을 위한 개선책으로 숙고할 필요성이 나타난다.

하지만, 이러한 과정에서 주의해야 할 점은, 규모가 큰 기업의 경제력과 시장지배력 그리고 자본력과 유통력을 기반으로 하여, 상호출혈적 또는 과잉경쟁적인 대기업 소속 소형 편의점의 입점시도와 입점허가는, 운영자의 입장에서는 생계를 목적으로 하는 각 대리점 간의 경제적 생존력과 더불어 생계 위협을 의미한다. 경제력과 자본력을 강하게 갖춘 대형마트는 과잉소비와 과잉경쟁의 상황에서도 자신의 경제력과 자본력으로 경제적 손해 발생에도 불구하고 버틸 수 있지만, 그렇지 못한 영세 소상공인은 막강한 경제력에 비해 약한 경제력으로 인해 심각한 경제상의 피해를 입게 된다. 대형마트의 영업시간 제한과 의무휴일제는 이러한 과잉소비와 과잉경쟁 현상의 발생을 억제하고, 유통 및 판매 종사자의 근로조건과 근로환경 악화를 억제하며, 대형마트가 가져야 할 경제적 희생이 소비자에게 전가되는 것을 방지하며, 그리고 이미 발생한 독과점 현상 및 과잉소비와 과잉경쟁을 규제하고 조정한다는 차원에서 영업시간의 제한과 의무휴일제 도입에 대한 설명과 검토가 가능할 것이다.

[참고문헌]

김범식, 대형마트 영업제한의 전통시장 매출증대 효과와 정책방안, SDI 정책리포트 제125호(서울연구원), 2012

마상열, 대형마트 영업규제의 의미와 중소유통업과의 상생발전 방안, 정책포커스 2012－9(경남발전연구원), 2012

박충렬, 대형마트 및 SSM 영업제한 규제 도입을 둘러싼 논쟁, 이슈와 논점 제425호(국회입법조사처), 2012

박충렬/이건묵/허원, 대·중소기업 양극화 해소를 위한 정책 현황과 개선과제, 정책보고서 제27호(국회입법조사처), 2013

백옥선, 대형마트 및 기업형슈퍼마켓 영업일시 규제에 관한 법적 고찰, 행정법연구 제36호, 2013

이세주, 기업의 경제활동의 보장과 제한에 대한 헌법적 검토, 헌법재판연구원, 2014

이승창, 신업태(대형마트, SSM) 의무휴업과 전통시장의 상생 논쟁, 마케팅 제46권 제9호, 2012

이영철/이국연, 대형마트의 독과점 현상 및 불공정거래 개선방안, 2009 (사)한국유통학회 동계학술대회 발표논문집, 2009

전광석, 한국헌법론, 집현재, 2015

전경련(편), 대형마트 규제 바로 알기, FKI 전국경제인연합회, 2012

정극원, 헌법 제124조, 법제처 편, 헌법 주석서 Ⅳ, 2010

정종섭, 헌법학원론, 박영사, 2015

정진욱/최윤정, 대형마트 영업제한에 대한 분석, 2013 한국규제학회 춘

계학술대회 발표논문집, 2013
최봉석/구지선, 대형마트와 SSM의 자율규제에 관한 법적 검토, 행정법 연구 제36호, 2013
최승재, 대형마트-SSM 규제, 과연 공정한가, 월간 경영계 제397권, 2012
최우용, 대형마트와 SSM 영업규제의 문제점과 제도적·정책적 정비방안에 관한 고찰, 공법학연구 제13권 제3호, 2012
한수웅, 헌법학, 법문사, 2015
허영, 한국헌법론, 박영사, 2015

[Abstract]

Eine wirtschaftliche und soziale Untersuchung über die Gewährleistung und Einschränkung der Geschäftstätigkeit von großen Einzelhändlern

Se Joo Lee*

In der modernen Industriegesellschaft ist nicht nur der Schutz und die Gewährleistung der wirtschaftlichen Grundrechte des Einzelnen von großer Bedeutung, sondern gerade auch die von großen Einzelhändlern als Wirtschaftssubjekte. Koreanische Verfassung gewährleistet die wirtschftliche Freiheit der Einzelnen und von großen Einzelhändlern der Unternehmen. Im Rekurs auf großen Einzelhändlern als Wirtschaftssubjekte gewinnt indes auch die Pflicht zur Gewährleistung einer gerechten Wirtschaftsordnung eine weitere Relevanz. Auf der grundrechtlich gewährleisteten Wirtschaftstätigkeit und den Erwerbsakten von Einzelnen und großen Einzelhändlern basieren die Marktwirtschaft

* Assistant Professor of Law, The Catholic University of Korea.

und Wirtschaftsordnung. Vor allem umfasst die Berufsfreiheit bezüglich der Teilhabe der großen Einzelhändlern als Wirtschaftssubjekt am Wirtschaftsprozess und auch bezüglich dessen berufsbezogenes Verhalten im marktwirtschaftlichen Wettbewerb im Rahmen der bestehenden Wirtschaftsordnung das Grundrecht der Geschäftstätigkeit von großen Einzelhändlern. Das koreanisches Verfassungsgericht erklärt schon über die Gewährleistung und Einschränkung der Geschäftstätigkeit von großen Einzelhändlern in den seien Enstscheidungen im Bezug auf die wirtschaftlichen Unternehmenstätigekeiten. Ob die wirtschaftlich-soziale Verantwortung der großen Einzelhändlern rechtlich und verfassungsrechtlich akzeptabel ist, wird der Verfassungstheorie und der Gesetzgebungspolitik überlassen. Die Berufsfreiheit, die Unternehmensfreiheit und der Verbraucherschutz stehen im Mittelpunkt der Verwirklichung nicht nur einer wirtschaftpolitischen, sondern auch einer sozialstaatlichen verfassungsrechtlichen Aufgabe im Wirtschaftsbereich.

[Keywords]

Verfassungsrechtliche Wirtschaftsordnung, Wirtschaftsverfassung, Wirtschaftstäigkeit, große Einzelhändler, Verbraucherschutz

[판례평석]

디엔에이신원확인정보 이용 및 보호에 관한 법률 사건

- 2011헌마28 · 106 · 141 · 156 · 326, 2013헌마215 · 360(병합) -

류성진*

[국문초록]

디엔에이법은 특정범죄에 대하여 확정판결을 받은 사람과 해당 범죄를 범하여 구속된 피의자 등에 대해서 사전 동의 또는 영장에 의한 디엔에이감식시료의 채취·감식과 데이터베이스의 관리, 디엔에이신원확인정보의 검색·회보를 할 수 있도록 하고, 대상자가 사망한 경우에 한해서 디엔에이신원확인정보의 삭제 등을 규정하고 있으며 부칙에서는 법

* 한국법제연구원 부연구위원, 법학박사(S.J.D.).

률의 소급적용을 규정하고 있다. 헌법재판소는 2011헌마28·106·141·156·326, 2013헌마215·360(병합)사건에서 해당 조항들이 신체의 자유, 평등권, 개인정보자기결정권, 영장주의, 소급입법금지 원칙에 반하지 않는다는 결정을 하였다. 헌법재판소는 해당 헌법쟁점들을 검토하면서 디엔에이법의 조항들이 각각의 기본권을 제한하고 있지만 과잉금지의 원칙에는 반하지 않는 정도여서 위헌은 아니라는 판단을 한 것이다.

그러나 디엔에이법의 해당 조항들은 입법목적의 정당성은 인정될 수 있다고 할지라도 그 수단의 적절성과 침해의 최소성, 법익의 균형성에 대해서는 의문이 있어 보인다. 지문감식과 같은 대체수단이 있음에도 특정범죄를 저지를 자에 대해 예외 없이 디엔에이정보를 채취하도록 한 것은 침해의 최소성에 반하는 것이고, 명확하고 합리적인 기준 없이 대상범죄를 특정한 것은 평등권에 대한 침해이며, 엄격하게 해석하면 디엔에이정보 채취에 대한 불확실한 동의에 기반하여 영장 없이 압수수색이 가능하게 하는 것은 영장주의원칙에도 반한다고 생각된다. 또 디엔에이 정보를 사망시까지 보관하도록 하고 삭제청구권을 제한하고 있는 것은 개인정보자기결정권을 과도하게 제한하는 것이라고 본다. 게다가 이러한 내용을 소급해서 적용하도록 하고 있는 부칙조항도 법적 안정성과 신뢰의 원칙을 해하고 있어 소급입법금지의 원칙에 반하며, 확정판결을 받은 자 뿐만 아니라 구속피의자 등에 대해서까지 디엔에이 정보의 채취가 가능하도록 하고 있는 부분 역시 무죄추정의 원칙에 반하여 위헌의 소지가 높다. 따라서 이러한 위헌적 요소들이 제거될 수 있는 입법적 보완이 이루어지지 않는다면, 향후 계속적인 위헌확인 청구가 있을 것이고 헌법재판소가 보다 전향적인 해석을 해야 하지 않을까 생각해 본다.

[주제어]

디엔에이정보, 신체의 자유, 평등권, 개인정보자기결정권, 영장주의, 소급입법금지의 원칙

Ⅰ. 서론

디엔에이신원확인정보의 이용 및 보호에 관한 법률(이하 디엔에이법)[1]은 특정 범죄[2]에 대하여 확정판결을 받은 사람은 물론이고, 해당 범죄를 범하여 구속된 피의자 등에 대해서까지 사전 동의 또는 영장에 의한 디엔에이감식시료의 채취·감식을 가능하게 하고 있고, 디엔에이신원확인정보의 검색·회보 및 관리를 할 수 있도록 하고, 대상자가 사망한 경우에 한해서 디엔에이신원확인정보의 삭제 등을 규정하고 있으며 부칙에서는 법률의 소급적용 등을 규정하고 있다. 본 헌법재판소 결정은 디엔에이법에 이러한 내용을 규정하고 있는 제5조제1항제1호, 제4호, 제6호, 제8호, 제8조제1항 및 제3항, 제10조제1항, 제11조제1항, 제13조제3항 및 부칙 제2조제1항의 위헌확인 청구에 대한 것인데, 2014년 8월 28일 관련된 여러 사건들과 함께 검토된 후, 각하와 기각으로 결정되었다.[3] 그런데 위 디엔에이법의 일부 조항들은 개인정보자기결정권, 평등권, 영

---

1) 17개의 조항과 7개의 부칙으로 구성되어 있는 이 법률의 연혁을 살펴보면, 1991년 국립과학수사연구소가 유전자분석을 수사에 활용하기 시작하면서 1994년 유전자자료은행의 설치 및 운영에 관한 법률안과 유전자정보은행설립에 관한 법률안이 마련되었으나, 경찰과 검찰 간의 의견조율의 실패로 입법화되지는 못하였다. 이후 2006년에도 유전자감식정보의 수집 및 관리에 관한 법률안이 제출되었으나, 개인정보에 관한 기본권침해 등이 문제가 되었고, 국회의 회기만료로 자동 폐기되었다. 그러나 국민들의 공분을 사는 강력범죄들이 발생하면서 2009년 5월 27일에 본 법률안이 마련되었고 2009년 12월 17일, 법제사법위원회 전체회의에서 수정 의결된 후 12월 29일에 찬성 222표, 반대 66표로 국회 본회의를 통과함으로써 2010년 1월 25일 제정되고 같은 해 7월 26일부터 시행되고 있다. 의안정보시스템(http://likms.assembly.go.kr/bill/jsp/BillSearchResult.jsp, 최종접속 2015년 9월 7일); 정한기, 디엔에이신원확인정보의 이용 및 보호에 관한 법률에 대한 헌법적 고찰, 서울법학 제20권 제2호 (2012), 85 – 86면; 법제사법위원회, 디엔에이신원확인정보의 이용 및 보호에 관한 법률안 심사보고서, 2009/12, 2면 이하 등 참조.

2) 해당 법률 제5조에 따르면, 11개로 분류되어진 범죄 또는 이와 경합된 죄에 대한 형의 선고, 보호관찰명령, 치료감호선고, 보호처분 등을 받아 확정된 사람에 대해 디엔에이감식시료를 채취할 수 있도록 하고 있다.

3) 헌재결 2014. 8. 28. 2011헌마28·106·141·156·326, 2013헌마215·360(병합) 이하 헌재결 2014. 8. 28. 2013헌마215·360(병합) 등이라고 한다.

장주의, 소급입법금지원칙 등 다양하고도 중요한 헌법적 쟁점들과 연관되어 있으며 이들 조항의 기본권침해 여부에 대해서 헌법재판소 내에서도 다수의견에 반대하는 유력한 견해들이 있었을 뿐 아니라,[4] 헌법학자들에 따라 관련 기본권의 보호범위를 다르게 해석하는 경우도 있다. 더군다나 오늘날과 같이 고도화된 정보화사회에서 개인정보에 대한 중요성은 더 이상 언급할 필요가 없을 정도이며, 그 중에서도 디엔에이와 관련된 정보는 개인의 생래적이고 내밀한 특성을 포함하고 있는 것으로 이러한 정보에 대한 처리와 보호는 민감한 이슈가 되어 가고 있다. 한편 이와 관련하여 디엔에이법의 위헌확인에 대한 헌법소원청구가 2015년 1월 16일에 다시 있었고[5] 청구기간의 도과로 인해 각하되었지만 또 다른 사건이 청구되어 현재 헌법재판소에서 같은 법 제11조제1항과 관련된 심리를 진행 중에 있다.[6] 그러므로 특정 범죄자에 대한 디엔에이정보의 채취 및 관리 등의 문제를 평등권이나 적법절차 원칙 등의 헌법적 쟁점과 연계해서 다루었던 이 결정은 우리 헌법의 디엔에이 정보에 대한 당시의 보호범위를 밝힌 것으로서 의미가 있는 것이지만, 빠르게 발전하고 있는 정보과학기술과 개인정보 및 기본권의 충돌이 종종 문제가 되고 있는 오늘의 상황에서, 향후 재판부의 개인정보 보호범위에 대한 헌법해석에 따라 판례도 변경될 가능성이 있지 않을까 생각된다. 따라서 이하에서는 해당 결정의 내용을 중심으로 관련되어 있는 주요한 헌법쟁점들에

---

4) 헌재결 2014. 8. 28. 2013헌마215·360(병합) 등, 판례집 26-2상, 371-380면. 이 사건 채취영장조항, 감식, 수록 및 관리조항에 대한 심판청구는 모두 부적법하므로 각하하고, 위 청구인들의 나머지 심판청구는 모두 이유 없으므로 기각하였는데, 그 중에서 채취조항들에 대해서는 재판관 김이수, 재판관 이진성, 재판관 강일원, 재판관 서기석의 반대의견, 삭제조항 및 부칙조항에 대해서는 재판관 김이수의 반대의견, 채취동의조항에 대해서는 재판관 김창종, 재판관 조용호의 반대의견, 삭제조항에 대해서는 재판관 이정미, 재판관 이진성, 재판관 김창종, 재판관 서기석의 보충의견이 있었다.

5) 헌재결 2015. 2. 10. 2015헌마53.

6) 현재 이 사건은 2013헌마488로 분류되어 심사 중에 있다(http://www.ccourt.go.kr/cckhome/comn/event/eventSearchTotalInfo.do?changeEventNo=2013%ED%97%8C%EB%A7%88488&viewType=1&searchType=1, 최종접속 2015년 9월 1일).

대한 논의를 하나씩 다시 검토하면서 몇 가지 의견들을 제시해 보고자 한다.

Ⅱ. 사건의 개요 및 헌법재판소의 견해

1. 사건의 개요[7)]

(1) 2011헌마28 사건

청구인은 2007년 10월 15일 폭력행위 등 처벌에 관한 법률 위반(집단흉기등상해)죄 등으로 징역 4년을 선고받고 그 형이 확정되어 교도소에 수용 중, 2011년 1월 10일 디엔에이법 제5조제2항에 의한 디엔에이감식시료 채취를 거부하였고, 같은 해 1월 20일 디엔에이감식시료채취영장을 통한 집행으로 모근을 포함한 모발 10개가 채취되었다. 청구인은 같은 해 1월 12일 디엔에이법 제5조제1항제6호, 제5조제2항, 제6조, 제8조, 제10조, 제11조 및 부칙 제2조제1항이 자신의 기본권을 침해한다며 위헌 확인을 구하는 헌법소원심판을 청구하였다.

(2) 2011헌마106 사건

청구인은 2010년 5월 12일 성폭력범죄의 처벌 및 피해자보호 등에 관한 법률 위반(강간등상해)죄 등으로 징역 13년을 선고받고 그 형이 확정되어 교도소에 수용 중, 2011년 2월 15일 디엔에이감식시료의 채취를 거부할 경우에는 채취영장에 의하여 강제로 채취될 수도 있다는 설명을

7) 이하에서 서술하고 있는 병합사건들의 개요는 헌재결 2014. 8. 28. 2013헌마215·360(병합) 등 사건의 헌법재판소 결정을 참고하여 재정리했음을 밝힌다. (http://search.ccourt.go.kr/ths/pr/ths_pr0101_P1.do, 최종접속 2015년 9월 6일).

듣고, 다음 날 디엔에이감식시료의 채취에 동의한 후, 구강점막에서의 디엔에이감식시료 채취에 응하였다. 그러나 청구인은 같은 해 2월 28일 디엔에이법 제5조, 제6조, 제9조가 자신의 기본권을 침해한다며 그 위헌 확인을 구하는 헌법소원심판을 청구하였다.

(3) 2011헌마141 사건

청구인 A는 2009년 7월 29일 강간치상죄로 징역 3년을 선고받고 그 형이 확정되어 교도소에 수용 중, 2011년 3월 21일 디엔에이법 제5조, 제8조, 제13조가 자신의 기본권을 침해한다며 그 위헌 확인을 구하는 헌법소원심판을 청구하였다. 청구인 B는 교도소에서 수용 중이던 2012년 11월 5일 디엔에이법 제5조에 의한 디엔에이감식시료 채취를 거부하였고, 2013년 1월 29일 디엔에이감식시료채취영장의 집행으로 디엔에이감식시료인 구강상피세포가 채취되었다.

(4) 2011헌마156 사건

청구인은 2002년 3월 28일 성폭력범죄의 처벌 및 피해자보호 등에 관한 법률 위반(강간등상해)죄 등으로 징역 10년을 선고받고 그 형이 확정되어 교도소에 수용 중, 2010년 12월 7일 디엔에이법 제5조에 의한 디엔에이감식시료 채취를 거부하였고 2011년 1월 10일 디엔에이감식시료채취영장의 집행으로 디엔에이감식시료인 구강상피세포가 채취되었다. 청구인은 2011년 3월 25일 이미 형이 확정되어 수용 중인 자에 대하여도 디엔에이감식시료를 채취할 수 있도록 한 디엔에이법 부칙 제2조제1항이 자신의 기본권을 침해한다며 헌법소원심판을 청구하였다.

(5) 2011헌마326 사건

청구인 A는 2010년 3월 30일 다중의 위력으로 위험한 물건을 소지한 채 피해자의 퇴거요구에 불응하고, 피해자에게 상해를 가하였다는 등의 범죄사실로 폭력행위 등 처벌에 관한 법률 위반(집단·흉기등퇴거불응)죄, 폭력행위 등 처벌에 관한 법률 위반(집단·흉기등상해)죄 등으로 징역 1년 6월에 집행유예 2년을 선고받고 그 형이 확정되었다. 2011년 3월 18일 청구인에게 디엔에이법에 따라 디엔에이를 채취하려고 하니 출석해달라고 요구하자 청구인은 검찰청에 출석하여 디엔에이감식시료의 채취에 동의한 후 디엔에이감식시료의 채취에 응하였다.

한편 또 다른 청구인들은 2009년 10월 28일 공모공동하여 다중의 위력으로 건물에 침입하고, 단체 또는 다중의 위력을 보이거나 위험한 물건을 휴대하여 재물을 손괴하였으며, 일반건조물을 방화하였다는 등의 범죄사실로 폭력행위 등 처벌에 관한 법률 위반(집단·흉기등주거침입)죄, 폭력행위 등 처벌에 관한 법률 위반(집단·흉기등재물손괴등)죄, 일반건조물방화죄 등으로 2010년 5월 31일 각 징역 4년을 선고받아 그 형이 확정되었다. 청구인들은 디엔에이감식시료 채취를 거부하였고, 디엔에이감식시료채취영장의 집행으로 디엔에이감식시료가 채취되었다. 이에 2011년 6월 16일 디엔에이감식시료를 채취한 행위 및 디엔에이법 제2조, 제5조, 제8조, 제13조가 청구인들의 기본권을 침해한다며 헌법소원심판을 청구하였다.

(6) 2013헌마215 사건

청구인은 2011년 9월 28일 위험한 물건인 야구방망이를 들고 피해자를 협박하였다는 범죄사실로 폭력행위 등 처벌에 관한 법률 위반(집단·흉기등협박)죄로 징역 6월에 집행유예 1년을 선고받아 그 형이 확정되었다. 청구인은 2012년 2월 15일 경부터 수회에 걸쳐 검찰로부터 디엔에이법 제5조제1항제6호에 근거한 디엔에이감식시료 채취 출석 안내문을 받자, 2013년 4월 5일 디엔에이법 제5조가 청구인의 기본권을 침해한다며 헌법소원심판을 청구하였다.

(7) 2013헌마360 사건

청구인은 2011년 10월 14일 다중의 위력으로 건조물에 침입하였다는 범죄사실로 폭력행위 등 처벌에 관한 법률 위반(집단·흉기등주거침입)죄로 징역 6월에 집행유예 2년의 형을 선고받고 그 형이 확정되었다. 2013년 1월 31일 청구인에게 디엔에이시료 채취 출석 안내문을 발송하고, 수차례 출석요구 전화를 하자, 청구인은 2013년 5월 21일 디엔에이감식시료를 채취하려는 행위 및 디엔에이법 제2조, 제5조, 제8조, 제13조가 청구인의 기본권을 침해한다며 헌법소원심판을 청구하였다.

2. 헌법재판소의 견해

(1) 신체의 자유에 대한 침해 여부

디엔에이법 시행령 제8조제1항은 디엔에이감식시료 채취의 구체적인 방법은 구강점막 또는 모근을 포함한 모발을 채취하는 방법으로 하고, 위 방법들에 의한 채취가 불가능하거나 현저히 곤란한 경우에는 분비물, 체액을 채취하는 방법으로 한다고 규정하고 있다. 따라서 디엔에이감식시료의 채취행위는 신체의 안정성을 해한다고 볼 수 있으므로 해당 조항들은 신체의 자유를 제한하고 있다. 헌법재판소는 이러한 신체의 자유에 대한 제한이 헌법에 위반되는지의 여부에 대해서 헌법 제37조제2항에 따른 과잉금지의 원칙을 하나씩 검토해 보고 있다. 먼저 해당 조항들은 범죄자의 수사, 검거 및 사후관리의 어려움을 해소하고 디엔에이정보를 활용한 조속한 범인의 검거를 통해 무고한 용의자의 배제 및 범죄예방을 그 목적으로 하고 있으므로 입법목적은 정당하다고 보았다.[8)]

---

8) 헌재결 2014. 8. 28. 2013헌마215·360(병합) 등, 판례집 26-2상, 361면. 사건의 재판부 결정요지는 다음과 같다. "디엔에이법의 채취조항들이 범죄 수사 및 예방을 위해 특정범죄의 수형자로부터 디엔에이감식시료를 채취할 수 있도록 하는 것은 입법목적의 정당성과 수단의 적절성이 인정된다. 디엔에이감식시료 채취 대상범죄는 재범의 위험성

또 이러한 입법목적을 달성하기 위해 재범의 위험성이 높은 범죄자의 디엔에이 감식시료를 채취해서 데이터베이스화하여 관리하는 것은 적절한 수단일 수밖에 없다고 하였다. 침해의 최소성과 관련하여서는 디엔에이 감식시료를 채취할 때 대상자에게 채취 이유, 채취할 시료의 종류 및 방법을 고지하도록 하고 있으며, 채취를 거부할 수 있음을 사전에 고지한 뒤 서면으로 동의를 받도록 하고 있는 점과 대상자가 동의하지 않으면 영장에 따라 채취하고 채취방법에 있어서도 대상자의 신체나 명예에 대한 침해를 최소화하는 방법을 사용하도록 하고 있는 점을 들어 침해의 최소성 요건도 갖추었다고 판단하였다.[9] 그리고 디엔에이 감식시료의 채취에 의해 제한되는 신체의 자유의 정도는 범죄수사 및 범죄예방 등에 기여하고자 하는 공익에 비하여 수인할 수 있을 정도의 가벼운 것이기 때문에 법익의 균형성도 인정된다고 보아 결론적으로 해당 조항들의 신체적 자유에 대한 침해는 헌법에 반하지 않는 범위 내에 있다고 하였다.[10]

(2) 평등권 침해 여부

헌법재판소는 채취대상 범죄는 대상이 아닌 범죄에 비하여 범행의 방법 및 수단의 위험성이 높아서 가중 처벌되는 것이며 행위의 태양이나 죄질이 무거운 강력범죄에 해당하는 범죄들일 뿐 아니라 흉기휴대상

이 높아 디엔에이신원확인정보를 수록·관리할 필요성이 높으며, 이 사건 법률은 서면동의 또는 영장에 의하여 채취하되, 채취 이유, 채취할 시료의 종류 및 방법을 고지하도록 하고 있고, 우선적으로 구강점막, 모발에서 채취하되 부득이한 경우만 그 외의 신체부분, 분비물, 체액을 채취하게 하는 등 채취대상자의 신체나 명예에 대한 침해를 최소화하도록 규정하고 있으므로 침해의 최소성 요건도 갖추었다. 제한되는 신체의 자유의 정도는 일상생활에서 경험할 수 있는 정도의 미약한 것으로서 범죄 수사 및 예방의 공익에 비하여 크다고 할 수 없어 법익의 균형성도 인정되므로, 이 사건 채취조항들은 과잉금지원칙에 위배되어 신체의 자유를 침해한다고 볼 수 없다."

9) 헌재결 2014. 8. 28., 2013헌마215·360(병합) 등, 판례집 26-2상, 361면.

10) 헌재결 2014. 8. 28., 2013헌마215·360(병합) 등, 판례집 26-2상, 362면.

해죄, 강간등상해죄, 강간치상죄, 방화죄 등은 통계적으로도 향후 재범할 가능성이 높은 범죄이므로, 이러한 범죄를 저지른 자에 대해서 장래 범죄수사 및 범죄예방 등을 위하여 디엔에이감식시료의 채취대상자군으로 삼은 것에는 합리적인 이유가 있다고 보고 있다.[11] 또 이 사건 부칙조항은 징역이나 금고 이상의 실형을 선고받아 그 형이 확정된 전과자 중에서 이 사건 법률 시행 당시에 수용 중인 사람에 대하여만 채취조항 등을 적용하고, 이미 형집행이 종료되어 구금이 해제된 사람은 대상에서 제외하여 수형중인 사람과 집행이 종료된 사람을 차별하고 있다.[12] 그러나 헌법재판소는 이 사건 법률의 시행 당시 이미 출소한 사람은 범행으로부터 상당 기간이 경과하여 재범의 위험성 또한 현재 수용 중인 사람보다 낮다고 볼 수 있고, 출소 후 평온하게 사회생활을 영위하고 있는 사람에게까지 소급하여 디엔에이감식시료를 채취하고 디엔에이신원확인정보를 수록하는 것은 지나치다고 보아 이미 형집행이 종료되어 구금이 해제된 사람과는 달리 수용 중인 사람에 대하여만 채취조항 등을 적용할 수 있도록 하는 이 사건 부칙조항은 그 차별에 합리성이 있어 평등원칙에 반하지 않는다고 판단했다.[13]

(3) 영장주의 및 적법절차 위반 여부

헌법재판소는 이에 대해 동의에 의하여 디엔에이감식시료를 채취하는 경우, 채취를 거부할 수 있음을 사전에 고지하고 서면으로 동의서를 받도록 하고 있으며,[14] 동의가 없으면 반드시 법관이 발부한 영장에 의

---

11) 헌재결 2014. 8. 28., 2013헌마215 · 360(병합) 등, 판례집 26－2상, 362면.

12) 헌재결 2014. 8. 28., 2013헌마215 · 360(병합) 등, 판례집 26－2상, 362면.

13) 헌재결 2014. 8. 28., 2013헌마215 · 360(병합) 등, 판례집 26－2상, 362면에 따르면 헌법재판소는 "디엔에이감식시료 채취대상 범죄는 범행의 방법 및 수단의 위험성으로 인하여 가중처벌되거나, 통계적으로 향후 재범할 가능성이 높은 범죄로서 디엔에이감식시료 채취 대상자군으로 삼은 것에 합리적 이유가 있으므로, 채취대상 범죄를 범한 범죄자에 대하여만 이 사건 채취조항들에 따라 디엔에이감식시료를 채취하더라도 평등권을 침해하는 것은 아니다"라고 하였다.

하여 채취하도록 하고 있으므로, 동의에 의하여 디엔에이감식시료를 채취하도록 규정한 조항 자체가 영장주의를 회피하는 수단으로 영장주의와 적법절차원칙을 위반하고 있다고 보기는 어렵다고 하였다. 또 자발적 동의를 보장하기 위하여 채취를 거부할 수 있음을 사전에 고지하는 데에서 더 나아가 동의 전 고지하여야 할 사항을 어느 범위까지 규정할 것인지 여부는 입법재량에 속하는 영역으로 추가적인 고지사항을 규정하지 않았다고 하여 이 사건 채취동의조항 자체가 적법절차원칙에 반하지 않는다고 하였다.[15]

(4) 개인정보자기결정권의 침해 여부

헌법재판소는 디엔에이법이 특별한 사유가 없는 한 사망할 때까지 이러한 개인정보인 디엔에이신원확인정보를 데이터베이스에 수록, 관리할 수 있도록 규정하고 있는 것은 개인정보자기결정권을 제한하고 있는 것이라고 하였다.[16] 다만 다른 범죄에 비하여 상대적으로 재범의 위험성

---

14) 디엔에이법 제8조 및 제3조 후단.

15) 헌재결 2014. 8. 28., 2013헌마215·360(병합) 등, 판례집 26－2상, 338－342면. “채취동의조항은 미리 채취대상자에게 채취를 거부할 수 있음을 고지하고 서면으로 동의를 받도록 규정하고 있고, 동의가 없으면 반드시 법관이 발부한 영장에 의하여 채취하여야 한다. 동의에 의한 디엔에이감식시료 채취를 규정한 이 사건 채취동의조항 자체가 영장주의와 적법절차원칙에 위배되어 신체의 자유를 침해하는 것은 아니다. 한편 채취영장조항 역시 헌법상 영장주의를 구체화한 조항이고, 이 사건 감식, 수록 및 관리조항은 업무 처리에 관한 방식을 규정한 것에 불과하므로, 이들 조항으로 인하여 청구인들의 기본권이 직접 침해되거나, 그 법적 지위에 어떠한 영향이 발생한다고 보기 어려워 기본권 침해의 가능성이 없다.”

16) 헌재결 2005. 5. 2 선고 99헌마513·2004헌마190(병합) 결정에서 재판부는 “개인정보의 하나인 지문정보의 수집·보관·전산화·이용이라는 일련의 과정에서 적용되고 행해진 규범 및 행위가 헌법에 위반되는지 여부에 대해 판단하면서 개인정보자기결정권을 헌법상 기본권으로 승인하는 것은 현대의 정보통신기술의 발달에 내재된 위험성으로부터 개인정보를 보호함으로써 궁극적으로는 훼손될 가능성을 차단하기 위하여 필요한 최소한의 헌법적 보장 장치라고 하면서, 이를 독자적인 기본권으로서 헌법에 명시되지 아니한 기본권”이라고 판시하였다. 또 헌재결 2005. 7. 21. 2003헌마282등에서는 “인간의 존엄과 가치, 행복추구권을 규정한 헌법 제10조 제1문에서 도출되는 일반적

이 높은 범죄를 범한 수형인등은 언제 다시 동종의 범죄를 저지를지 알 수 없어 그가 생존하는 동안에는 재범의 위험성이 있다고 할 수 있으므로, 데이터베이스에 수록된 디엔에이신원확인정보를 수형인등이 사망할 때까지 관리하여 범죄수사 및 범죄예방에 이바지하고자 하는 이 사건 삭제조항은 입법 목적의 정당성과 수단의 적절성이 인정된다고 보고 있고, 제3조제2항은 데이터베이스에 수록되는 디엔에이신원확인정보에 개인식별을 위하여 필요한 사항 외의 정보 또는 인적 사항이 포함되어서는 아니 된다고 규정하여, 최소한의 필요정보만을 수록하도록 하고 있어 침해의 최소성 원칙에 부합하고 있고, 법익의 균형성 원칙에도 반하지 않기 때문에 위헌은 아니라고 판단하였다.[17]

인격권 및 헌법 제17조의 사생활의 비밀과 자유에 의하여 보장되는 개인정보자기결정권은 자신에 관한 정보가 언제 누구에게 어느 범위까지 알려지고 또 이용되도록 할 것인지를 그 정보주체가 스스로 결정할 수 있는 권리이다. 즉 정보주체가 개인정보의 공개와 이용에 관하여 스스로 결정할 권리를 말한다. 개인정보자기결정권의 보호대상이 되는 개인정보는 개인의 신체, 신념, 사회적 지위, 신분 등과 같이 개인의 인격주체성을 특징짓는 사항으로서, 그 개인의 동일성을 식별할 수 있게 하는 일체의 정보라고 할 수 있다. 또한, 그러한 개인정보를 대상으로 한 조사·수집·보관·처리·이용 등의 행위는 모두 원칙적으로 개인정보자기결정권에 대한 제한에 해당한다"고 하였다.

17) 헌재결 2014. 8. 28., 2013헌마215·360(병합) 등, 판례집 26－2상, 366－367면. 재판부는 "검색·회보조항에서 정한 검색·회보 사유의 필요성이 있으므로 입법목적의 정당성과 수단의 적절성이 인정되고, 검색·회보 사유가 한정되어 있고, 개인정보보호를 위한 조치들을 규정하고 있는 점에서 침해최소성 원칙에 반하지 않으며, 범죄수사 등을 위한 공익이 청구인들의 불이익보다 커서 법익균형성도 충족하므로, 이 사건 검색·회보조항이 과잉금지원칙을 위반하여 개인정보자기결정권을 침해한다고 볼 수 없다. 또 재범의 위험성이 높은 범죄를 범한 수형인등은 생존하는 동안에는 재범의 위험성이 있으므로, 디엔에이신원확인정보를 수형인등이 사망할 때까지 관리하여 범죄 수사 및 예방에 이바지하고자 하는 이 사건 삭제조항은 입법목적의 정당성과 수단의 적절성이 인정된다. 디엔에이신원확인정보는 개인식별을 위한 최소한의 정보인 단순한 숫자에 불과하여 이로부터 개인의 유전정보를 확인할 수 없는 것이어서 개인의 존엄과 인격권에 심대한 영향을 미칠 수 있는 민감한 정보라고 보기 어렵고, 이 사건 법률은 디엔에이신원확인정보의 수록 후 디엔에이감식시료와 디엔에이의 즉시 폐기, 무죄 등의 판결이 확정된 경우 디엔에이신원확인정보의 삭제, 디엔에이인적관리자와 디엔에이신원확인정보담당자의 분리, 디엔에이신원확인정보데이터베이스관리위원회의 설치, 업무목적 외 디엔에이신원확인정보의 사용·제공·누설 금지 및 위반시 처벌, 데이터베이

동 법률 검색·회보 조항에 관한 판단에 있어서도 헌법재판소는 데이터베이스에 새로운 디엔에이신원확인정보를 수록하는 경우 여죄가 있는지 여부를 확인할 필요가 있고, 범죄수사를 위하여 검색하는 것은 이 사건 법률의 입법목적 그 자체이며, 적절한 수단이라고 할 수 있다고 하였다. 또 이 사건 검색·회보 조항은 디엔에이신원확인정보를 검색·회보할 수 있는 사유를 한정하고 있고, 검색결과를 회보하는 때에는 그 용도, 작성자, 조회자의 성명 및 작성 일시를 명시하도록 하고 있으며,[18] 업무목적 외에 디엔에이신원확인정보를 사용하거나 타인에게 제공 또는 누설하는 경우에는 형사처벌을 하는[19] 등 개인정보 이용으로 발생할 수 있는 피해를 최소화하여 침해 최소성 원칙에 반하지 않는다고 하였다. 또한 이 사건 삭제조항과 마찬가지로 범죄수사 등의 목적을 위한 공익이 청구인들의 현실적 불이익보다 크다고 할 것이므로 법익균형성도 충족하기 때문에 개인정보자기결정권을 침해한다고 보지 않았다.[20]

(5) 소급입법금지원칙 위반 여부

헌법재판소는 이에 대해 보안처분은 형벌과는 달리 행위자의 장래 재범위험성에 근거하는 것으로서, 행위시가 아닌 재판시의 재범위험성 여부에 대한 판단에 따라 보안처분 선고를 결정하므로 원칙적으로 재판시 현행법을 소급적용할 수 있다고 보는 것이 타당하고 합리적이라고 하면서 보안처분의 범주가 넓고 그 모습이 다양한 이상, 보안처분에 속한다는 이유만으로 일률적으로 소급입법금지원칙이 적용된다거나 그렇지

스 보안장치 등을 규정하여 개인정보보호에 관한 규정을 두고 있으므로 이 사건 삭제조항은 침해최소성 원칙에 위배되지 않는다. 디엔에이신원확인정보를 범죄수사 등에 이용함으로써 달성할 수 있는 공익의 중요성에 비하여 청구인의 불이익이 크다고 보기 어려워 법익균형성도 갖추었으므로, 이 사건 삭제조항은 과잉금지원칙을 위반하여 개인정보자기결정권을 침해한다고 볼 수 없다"고 하였다.

18) 디엔에이법 제11조제2항.

19) 디엔에이법 제17조제3항 및 제4항.

20) 헌재결 2014. 8. 28., 2013헌마215·360(병합) 등, 판례집 26-2상, 369면.

않다고 단정해서는 안 되고, 보안처분이라는 우회적인 방법으로 형벌불소급의 원칙을 유명무실하게 하는 것을 허용해서도 안 된다고 하였다. 따라서 보안처분이라 하더라도 형벌적 성격이 강하여 신체의 자유를 박탈하거나 박탈에 준하는 정도로 신체의 자유를 제한하는 경우에는 소급입법금지원칙을 적용하는 것이 법치주의 및 죄형법정주의에 부합한다고 판단하였다.[21] 이 사건과 관련해서는 디엔에이감식시료의 채취 및 디엔에이신원확인정보의 수집, 수록, 검색, 회보를 포함하는 디엔에이신원확인정보의 수집·이용은 전통적 의미의 형벌이 아닐 뿐 아니라, 범죄수사 및 범죄예방에 이바지하여 국민을 보호하고자 하는 공익을 목적으로 하며, 디엔에이신원확인정보를 통해서 대상자의 행동 자체를 통제하는 것도 아니라는 점에서 이 사건 부칙조항이 처벌적인 효과를 가져 오는 것은 아니라고 하였다.[22] 따라서 디엔에이신원확인정보의 수집·이용은 범죄의 예방효과를 가지는 보안처분으로서의 성격을 일부 지닌다고 하더라도 이는 형벌과는 구별되는 비형벌적 보안처분으로서 소급입법금지원칙이 적용되지 아니하고, 소급적용으로 발생하는 당사자의 손실에 비하여 소급적용으로 인한 공익적 목적이 더 크다고 할 것이므로, 이 사건 법률 시행 당시 디엔에이감식시료 채취 대상범죄로 이미 징역이나 금고 이상의 실형을 선고받아 그 형이 확정되어 수용 중인 사람들까지 이 사건 법률을 적용한다고 하여 소급입법금지원칙에 위배되는 것은 아니라는 것이다.[23] 나아가 디엔에이감식시료 채취 및 디엔에이신원확인정보의 수집, 수록, 검색, 회보 행위는 장래에 대한 위험을 방지하여 사회를 보호하기 위한 것으로서 형벌과는 다른 목적과 기능을 가지고 있으므로, 형벌 외에 또 다른 형벌로서 신체형이나 명예형에 해당한다고 볼 수는 없고, 헌법 제13조제1항에서 말하는 '처벌'이라고 할 수 없다. 따라서 이 사건 법률조항들이 이중처벌금지 원칙에도 반하는 것은 아니라고 하였다.[24]

21) 헌재결 2012. 12. 27. 2010헌가82 등.
22) 헌재결 2014. 8. 28., 2013헌마215·360(병합) 등, 판례집 26-2상, 369면.
23) 헌재결 2014. 8. 28., 2013헌마215·360(병합) 등, 판례집 26-2상, 369면.

Ⅲ. 주요 쟁점에 대한 검토

헌법재판소는 디엔에이법의 해당 조항들 중 채취조항들의 신체의 자유 및 평등권 침해 여부, 채취동의 및 채취영장조항의 영장주의와 적법절차원칙 위반 여부, 디엔에이정보에 대한 검색·회보 및 삭제조항의 개인정보자기결정권 침해 여부, 부칙조항의 소급입법금지원칙·과잉금지원칙 위배 및 평등권 침해 여부를 검토하고 있다. 그리고 해당 사건에서는 쟁점이 되진 않았지만 구속피의자 등에 대한 디엔에이정보의 채취 등은 무죄추정의 원칙[25]에 반할 수 있다는 의문이 있다고 할 것이므로 이하에서는 이러한 헌법적 쟁점들을 중심으로 헌법재판소의 결정을 되짚어 보고자 한다.

---

24) 헌재결 2014. 8. 28. 2013헌마215·360(병합) 등, 판례집 26-2상, 369면이하에서 재판부는 "디엔에이신원확인정보의 수집·이용은 수형인등에게 심리적 압박으로 인한 범죄예방효과를 가진다는 점에서 보안처분의 성격을 지니지만, 처벌적인 효과가 없는 비형벌적 보안처분으로서 소급입법금지원칙이 적용되지 않고, 소급적용으로 인한 공익적 목적이 당사자의 손실보다 더 크다고 할 것이므로, 이 사건 부칙조항이 법률 시행 당시 디엔에이감식시료 채취 대상범죄로 실형이 확정되어 수용 중인 사람들까지 이 사건 법률을 적용한다고 하여 소급입법금지원칙에 위배되는 것은 아니다. 재범의 위험성에 효과적으로 대처하고, 디엔에이신원확인정보의 활용도를 높인다는 점에서도 소급적용을 규정한 이 사건 부칙조항은 그 목적의 정당성과 수단의 적절성이 인정되고, 전과자 중 수용 중인 사람에 대하여만 소급 적용하는 것은 입법형성권의 범위 내에 있으므로 침해의 최소성 원칙에 위배되지 않으며, 법률 시행 전 이미 형이 확정되어 수용 중인 사람의 신뢰가치는 낮은 반면 재범의 가능성, 데이터베이스 제도의 실효성 추구라는 공익은 상대적으로 더 크다고 할 것이어서 법익균형성도 갖추고 있으므로, 이 사건 부칙조항이 과잉금지원칙에 위배되어 이 사건 법률 시행 전 형이 확정되어 수용 중인 사람의 신체의 자유 및 개인정보자기결정권을 침해한다고 볼 수 없다. 따라서 이 사건 법률 시행 당시 이미 출소한 사람은 재범의 위험성이 현재 수용 중인 사람보다 낮다고 볼 수 있고, 평온한 사회생활을 영위하고 있는 사람에게까지 소급적용하는 것은 지나치므로, 이 사건 부칙조항이 수용 중인 사람에 대하여만 소급적용하도록 규정하는 것은 차별에 합리성이 있어 평등권을 침해한다고 볼 수 없다"고 하였다.

25) 정한기, 앞의 글, 97-98면. 이 법에 따르면 구속 피의자에 대해서도 유전자정보를 획득할 수 있고, 데이터베이스화도 가능하기 때문에 마치 피의자를 이미 확정판결을 받고 수감되어 있는 수형자와 동일한 위치에 놓는 것처럼 보일 수 있어, 헌법 제27조제4항의 무죄추정의 원칙에도 반할 소지가 있다.

1. 신체의 자유에 대한 침해 여부

우리 헌법 제12조제1항에서 보장하고 있는 신체의 자유는, 신체의 안정성이 외부로부터의 물리적인 힘이나 정신적인 위험으로부터 침해당하지 않을 자유와 신체활동을 임의적이고 자율적으로 할 수 있는 자유를 의미한다.[26] 물론 디엔에이법은 디엔에이 정보를 장래의 범죄수사에 활용하는 것을 주된 목적으로 하고 있기 때문에 공공복리 및 질서유지라는 공익적 목적달성에 부합하는 것이라고 말할 수 있다. 그런데 이 사건 채취조항들은 재범의 위험성이 없거나 불명확한 대상자에 대해서까지 디엔에이감식시료를 채취할 수 있도록 하고 있으므로 과연 장래의 범죄수사에 절대적인 도움을 줄 수 있는가라는 의문이 들기도 한다. 또 입법목적을 달성하기 위해서는 디엔에이 정보를 채취하여 데이터베이스화하는 방법을 사용할 수밖에 없기 때문에 방법의 적절성은 인정될 수 있다고 보인다. 다만, 재범의 위험성에 대한 명확한 근거나 구체적인 수치의 제시 없이 단지 '통계에 의하면' 이라고 하여 11개의 특정 범죄를 범한 자에 대해 획일적으로 디엔에이감식시료를 채취할 수 있게 하고 있으므로 침해의 최소성 원칙에는 반한다고 생각된다. 게다가 현재 활용되고 있는 지문감식제도와 같이 신체의 자유에 대한 제한을 최소화할 수 있는 방법 등을 통해서도 입법목적을 달성할 수 있다고 보여진다.[27] 다시 말해서 대상범죄의 재범의 위험성은 단지 범죄분류상의 특징일 뿐이지 해당 범죄자의 재범가능성이 높다는 것까지 직접적으로 추정하기는 어렵다고 생각된다. 예컨대 본 사건에서의 일부 청구인들은 폭력행위 등 처벌에 관한 법률을 위반했기 때문에 형을 받았지만 사실관계를 보면, 범죄이긴 하나 파업과정에서 불가피하게 발생했던 것으로 형이 종료된 후에 다시 동일한 범죄를 일으킬 가능성이 높다고 볼 수는 없지 않은가

---

26) 헌재결 1992. 12. 24. 92헌가8; 헌재결 2005. 5. 26. 99헌마513등.

27) 임지봉, 디엔에이신원확인정보의 이용 및 보호에 관한 법률안의 위헌성과 기타의 문제점 및 그 대안, 서강법학 제11권 제2호 (2009), 115－116면.

하는 것이다.[28] 즉 재범의 위험성은 개별적인 범죄자에 대해 판단해도 디엔에이법의 입법목적은 충분히 달성할 수 있음에도 불구하고 일률적으로 특정범죄를 분류하여 이들의 신체의 자유를 제한하는 것은 침해의 최소성 원칙에 반한다는 것이다.[29] 그리고 디엔에이 정보의 일괄적 채취를 통해 이들이 받게 되는 신체적 불이익이 디엔에이 채취를 통해 달성하고자 하는 공익에 비해서 결코 작다고만 볼 수 없으므로 법익균형성 원칙에도 어긋난다고 생각한다. 따라서 이 사건 채취조항들은 과잉금지 원칙에 반하여 청구인들의 신체의 자유를 침해하고 있다고 볼 수 있다.

2. 평등권의 침해 여부

헌법재판소는 평등권 침해여부의 검토에 있어서 형이 확정된 자와 이미 구금 등이 해제되어 출소한 자들과의 차별은 합리적이기 때문에 합리적 차별이라고 하고 있지만, 그 외에 디엔에이정보 채취대상범죄를 범한 자와 비대상 범죄자들 사이의 평등권 침해에 대한 문제는 여전히 남아 있다. 먼저 이 사건 채취조항들은 채취대상을 특정 범죄를 범한 자로 한정하고 있는데, 이로 인해 디엔에이감식시료 채취대상 범죄를 범한 범죄자와 채취대상이 아닌 범죄를 범한 범죄자들 사이에 차별이 생긴다. 물론 우리 헌법 제11조제1항에서 말하고 있는 평등의 원칙은 모든 차별을 금지하는 것은 아니고 합리적 기준이 있는 구별로서 과잉금지의 원칙에 위배되지 않는 평등권 제한은 가능하다는 것을 의미한다. 그런데 과연 디엔에이법 제5조제1항의 각호와 제6조가 규정하고 있는 특정범죄의 죄를 선고받은 수형인과 특정범죄를 저지른 혐의를 받고 구속된 구속피의자범죄자와 다른 범죄를 저지른 수형인이나 피의자, 혹은 비범죄자를 구별하는 합리적기준이 있는가에 대해서는 의문이 있다. 즉 이러한

28) 헌재결 2001. 10. 25. 2001헌마326.

29) 조하늬, DNA신원확인정보 채취·이용의 헌법적 문제, 한양대학교(2015), 126면 참조.

특정범죄를 저지른 수형인이나 피의자는 재범의 확률이 특히 더 높다거나 디엔에이감식대상 정보를 범죄현장에 남길 확률이 훨씬 높다는 등의 구체적인 사유가 있어야 이러한 차별이 합리적 기준에 따른 구별이 될 수 있게 되는 것이다. 그러나 제5조제1항에 열거된 방화죄, 살인죄 등의 특정범죄가 다른 범죄에 비해 특히 재범률이 더 높다고 보기는 힘들고, 방화죄의 경우처럼, 이러한 죄들이라고 해서 범죄현장에 혈액 등의 유전자감식정보가 남을 확률이 특히 더 높은 것도 아니다. 구체적으로 살펴보면, 적용대상범죄 중에서 약취 유인의 죄는 다른 범죄에 비해서 재범률이 특별히 높다고 볼 수 없고, 존속살해나 특정범죄가중처벌 등에 관한 법률상의 일부범죄는 무기나 장기복역인 경우가 많으므로 재범 가능성의 기회가 오히려 적다고 할 수 있으며, 주거침입이나 퇴거불응 및 재물손괴의 경우에는 재범률이 높을 수도 있지만, 강력범죄 등에 비해서 상대적으로 경미한 범죄로서 디엔에이정보를 채취하여 강력범죄의 수사를 돕고자 하는 동법의 입법취지와도 맞지 않기 때문에 과연 해당규정들을 통한 대상범죄의 특정이 합리적인 근거를 가지고 있는지 의문이다.30)

또 비록 야간주거침입절도 및 특수절도의 경우에 일반적인 절도범에 비해 불법성이 크다고 할 수 있지만, 사람의 생명·신체·자유에 대한 중대한 침해와는 직접적으로 관련이 없다는 점에서 다른 강력범죄와 동일하게 대우하는 것도 어색하며 재범률도 다른 범죄에 비해 얼마나 높은지에 대한 공식적인 자료도 찾을 수 없다.31) 이에 대한 실증적인 증명이 없다면, 야간주거침입절도 및 특수절도를 디엔에이정보 채취대상군으로 하고 있는 해당 조항은 위헌적 소지가 있다고 볼 수 있다.32) 폭력범

---

30) 임지봉, 앞의 글, 116면 이하 참조.

31) 박현호, 외국사례를 통한 유전자은행의 발전방향 모색, 수사연구, 제24권 제9호 (2006), 32면; 이승환, 합리적인 범죄자 DNA 데이터베이스 구축, 유전자정보은행에 관한 형사정책적 검토, 한국형사정책학회 추계학술대회 자료집 (2006), 11면.

32) 조성용, DNA신원확인정보의 이용 및 보호에 관한 법률에 대한 비판적 검토, 형사정책연구 제21권 제3호 (2010), 231－235면. 이러한 의미에서 적어도 중복의 의미가 있는 형법 제332조와 특정범죄가중처벌 등에 관한 법률 제5조의4제1항 및 제5항 중 경

의 경우에는 일반적으로 공식적인 범죄통계자료에서도 폭력범을 강력범죄로 분류하지 않는다는 점도 고려해야 하며,[33] 폭행, 협박, 체포·감금, 재물손괴, 강요, 주거침입, 퇴거불응 등을 상습적으로 범한 자 및 그러한 범죄를 재차 범한 누범을 가중처벌하는 폭력행위 등 처벌에 관한 법률 제2조제1항 및 제3항에 따른 범죄자인 경우에도 마찬가지로 실증적인 증명이 필요하다. 따라서 관련 조항들이 구체적인 기준 없이 디엔에이 정보의 채취대상군을 규정하고 있으므로 해서 적용대상범죄의 모든 행위자가 디엔에이 정보의 데이터베이스화 대상이 될 수밖에 없고, 입법목적에서 채취대상범죄를 특정 강력범죄로 한정한 의미가 퇴색되며, 대상범죄 자체의 기준이 불명확하게 되기 때문에 과연 이러한 것들이 평등의 원칙에 반하지 않는 합리적 기준에 의한 차별인지가 의문시 되는 것이다.[34] 따라서 법률 제5조제1항 및 제6조는 열거된 특정범죄의 수형인 및 구속피의자와 다른 범죄의 수형인 및 구속피의자를 구별하는 것은 합리적 기준이 없는 차별로서 평등권을 침해하는 것이 아닌가 생각된다.[35]

3. 개인정보자기결정권의 침해 여부

디엔에이정보의 삭제와 관련해서 살펴보았을 때, 이러한 정보는 개

미한 범죄인 단순절도에 대한 상습범 및 누범처벌규정을 특정범죄의 목록에서 삭제하는 것이 바람직하다.

33) 조성용, 앞의 글, 234면. 재산범죄인 공갈 및 손괴를 제외하면 약취·유인의 법정형이 가장 높고, 상해, 체포·감금, 협박, 폭행의 순으로 법정형이 낮아진다. 단순히 형법상의 법정형만을 비교하면 폭력범은 강력범죄의 범주에 속할 수 없다. 설사 폭력범 중 가장 법정형이 높은 약취·유인의 죄를 강력범죄의 범주에 넣는다고 하더라도 재범률이 전체 범죄의 재범률보다 높다고 할 수 있을지 의문이다.

34) 윤영철, 디엔에이신원확인정보의 이용 및 보호에 관한 법률에 대한 비판적 고찰, 홍익법학 제12권 제1호 (2011), 388－390면; 김혜경, 유전자정보수집의 입법목적의 정당성－디엔에이신원확인정보의 이용 및 보호에 관한 법률을 중심으로, 형사법연구 제22권 제3호 (2010), 255면 참조.

35) 임지봉, 앞의 글, 116면.

인 식별을 목적으로 디엔에이감식을 통하여 취득한 정보로서 일련의 숫자 또는 부호의 조합으로 표기된 것인데, 이는 개인정보 보호법 제2조제1호에서 말하는 '생존하는 개인에 관한 정보로서 당해정보만으로는 특정 개인을 식별할 수 없더라도 다른 정보와 쉽게 결합하여 당해 개인을 식별할 수 있는 정보'에 해당하는 것으로 개인정보의 일종이므로 헌법상 보호되어야 하는 정보임에는 틀림없다. 일반적으로 정보의 수록과 삭제는 불가분의 관계에 있다고 할 것인데, 개인정보를 수록해서는 안 되는 경우이거나 일단 수록된 개인정보이지만 더 이상 필요하지 않는 경우에는 삭제할 수 있도록 해야 한다. 여기에서 동법 제13조에서 규정하고 있는 디엔에이정보에 대한 삭제사유와 범위가 어떠한 기준이나 원칙에 따라서 설정된 것인지에 대해 검토해 볼 필요가 있다.[36] 정보삭제권과 관련하여 제13조에 삭제규정을 두고 있지만, 이는 무죄, 면소, 공소기각, 불기소처분 등으로 한정되어 있고 대상자의 삭제청구권에 대한 내용은 없어 문제가 된다. 또한 삭제규정만 존재할 뿐 보관기간에 대한 규정은 달리 두고 있지 않다. 따라서 디엔에이정보가 수록된, 법정 삭제사유의 범위에 포함되지 않는 수형인 또는 구속피의자는 본인의 개인정보에 대한 삭제를 요청할 수 없을 뿐더러 해당 정보는 사망할 때까지 데이터베이스에 보존되게 되는 것이다.[37] 예컨대 특정범죄로 구속된 피의자가 기소유예의 처분을 받고 석방되거나, 특정범죄로 형을 선고받은 수형자가 복역을 마치고 출감하더라도 재심에서 무죄 등의 판결이 확정되지 않는 경우에는 그들의 개인정보가 사망하기 전까지 데이터베이스에 계속 수록되는 경우가 발생한다는 것이다. 그런데 국가기관이 정보를 저장하고 관리하는 기간이 길면 길수록 개인의 정보자기결정권의 제한은 축소될 수

36) 조성용, 앞의 글, 251－253면.

37) 이승환, 앞의 글, 11면; 김혜경, 앞의 글, 256면. 입법례를 살펴보면 영국, 오스트리아, 핀란드, 노르웨이 등 영구 불삭제국가 이외에는 대부분 보관기간을 규정하고 있다. 독일, 스웨덴, 네덜란드, 덴마크, 헝가리 등은 수형자대상 정보는 5－20년 후에, 피의자대상 정보는 무죄판결 또는 기각의 경우 삭제하도록 되어 있다.

밖에 없다. 따라서 개인정정보의 일정한 관리기간과 함께 삭제청구권을 규정함으로써 개인정보자기결정권의 침해를 최소화할 필요가 있는 것이다.[38] 다시 말하면, 장기간 디엔에이정보를 수록하는 것이 수형자의 기본적 인권보호 및 재사회화의 요청, 나아가 과잉금지의 원칙에 위배되는 것인지 문제된다는 것이다.[39] 데이터베이스에 수록된 디엔에이정보는 더 이상 수록이 필요하지 않으면 삭제되어야 한다. 따라서 개별사례마다 일정한 기한을 정해 놓고 수록된 디엔에이정보의 삭제 여부를 심사하거나 일정한 기간, 예컨대 5년~20년이 경과하면 일률적으로 디엔에이정보를 삭제하는 방법을 채용해서 기본권 침해를 최소화해야 하는 것이 아닌가 생각된다.[40]

한편 정보의 보관기간과 관련해서, 대상자가 재범하지 않고 상당 기간을 경과하는 경우에는 재범의 위험성이 그만큼 줄어든다고 할 것임에도 불구하고 일률적으로 대상자가 사망할 때까지 디엔에이신원확인정보를 보관하는 것은 지나치게 과도한 제한이며, 특히 소년범의 경우에는 이러한 처사는 더 가혹하다고 할 수 있다.[41] 또 장기간 재범하지 않은

---

38) 국가기관에 의한 디엔에이신원확인정보의 저장 및 보관기간이 장기화될수록 개인의 정보적 자기결정권 및 프라이버시권의 영역은 그 만큼 축소될 것이다. 그럼에도 불구하고 동법은 삭제규정만 두고 있을 뿐 신원확인정보의 보관기간에 대해서는 아무런 규정을 두고 있지 않다. 그 결과 국가기관은 디엔에이신원확인정보의 삭제사유에 해당하지 않는 경우 디엔에이신원확인정보를 구속피의자 또는 수형인 등이 사망할 때까지 보관할 수 있다고 해석될 여지가 있다.

39) 조성용, 앞의 글, 252면. 모범수로 출감한 이후 정상적인 사회생활을 영위해 왔기 때문에 더 이상 재범의 위험성이 없다고 판단되는 수형자가 있을 수 있으며, 심지어는 치료감호소에서 적절한 치료와 교육에 힘입어 정상적인 심신상태로 돌아왔기 때문에 더 이상 재범의 위험성이 없다고 판단되는 치료감호대상자도 있을 수 있다. 이러한 경우에는 디엔에이신원확인정보를 계속해서 데이터베이스에 수록해야 할 필요가 없다. 그럼에도 불구하고 이와 같은 개별적인 사정을 고려하지 않고 일률적으로 디엔에이신원확인정보를 관련 대상자가 사망할 때까지 계속 수록한다면, 이는 수형자의 기본적 인권보호 및 재사회화의 요청은 물론이고 과잉금지의 원칙에도 반하는 결과를 초래할 것이다.

40) 조성용, 앞의 글, 251-253면.

41) 대상 범죄 중에는 상대적으로 죄질이 경미하고 재범의 위험성이 높다고 보기 어려운

대상자의 경우 이 사건 삭제조항으로 인하여 예외적으로 달성되는 공익과 침해되는 사익 사이에 불균형이 발생할 수 있고, 장기간 보관과정에서 정보의 유출, 오용 등의 위험이 현실화되는 경우 대상자가 실제 입는 불이익도 작지 않다는 점에서 법익균형성을 갖추었다고 보기도 어려우므로, 이 사건 삭제조항은 과잉금지원칙에 위배되어 개인정보자기결정권을 침해한다고 보인다. 이와 관련하여 재판관 이정미, 재판관 이진성, 재판관 김창종, 재판관 서기석은 이 사건 삭제조항이 위헌이라고 할 만큼 명백하게 청구인들이 개인정보자기결정권을 침해한다고 보긴 어렵지만 기간경과로 인한 재범의 위험성 감소, 정보의 장기간 보관에 따른 유출, 오용 등 보관상의 문제점, 장기간 재범하지 않는 대상자의 침해되는 사익의 증대 등의 문제점을 고려하면, 국민의 기본권 제한을 최소화하기 위해 일정 기간 재범하지 않은 적절한 범위의 대상자의 경우에는 디엔에이신원확인정보를 삭제할 수 있도록 입법을 개선할 필요가 있다는 보충의견을 제시하기도 하였다. 생각건대 보관하고 있는 디엔에이정보를 5~20년 단위로 삭제하고 있는 해외입법례를 참고하여 디엔에이 정보의 보관기간을 설정하거나 삭제요청사유를 보다 명확히 하지 않는 한 해당 조항들은 개인정보자기결정권을 침해하는 위헌적 요소를 가지고 있다고 판단된다.[42)]

범죄도 포함되어 있고, 성폭력범죄자 신상정보등록의 경우 등록기간을 20년으로 제한하고 있는 것에 비추어 보면 대상 범죄의 경중 및 그에 따른 재범의 위험성에 따라 관리기간을 세분화 하는 등 침해정도 적은 수단을 채택할 수 있을 것이므로 이 사건 삭제조항은 침해의 최소성 원칙에 반한다.

42) 김성규, DNA정보의 데이터베이스화에 관한 법제의 의미와 형사정책적 과제, 형사정책연구 제23권 제1호 (2012), 275-278면. 독일, 덴마크, 벨기에, 헝가리, 네덜란드, 스웨덴은 유죄확정자의 경우에도 입력후 5~20년이 경과하면 자료를 삭제하도록 하고 있다. 또한 피의자 시점에서의 자료입력을 허용하는 국가들 중 대부분인 독일, 오스트리아, 헝가리, 핀란드, 스위스, 덴마크, 프랑스 등이 무죄확정 후나 불기소 시점 이후 자료를 삭제하도록 규정하고 있다.

4. 영장주의 및 적법절차 위반 여부

동법률의 디엔에이 정보 채취동의조항은 채취대상자가 동의하는 경우에 영장 없이 디엔에이감식시료를 채취할 수 있도록 하고 있는데, 이는 디엔에이감식시료의 채취를 법원의 영장이 아니라 대상자의 동의만으로 신체의 자유에 대한 제한을 허용하게 되므로, 영장주의와 적법절차원칙에 위배되어 신체의 자유를 침해하는 것이 아닌지가 문제된다. 즉 범죄혐의자에 불과한 피의자의 디엔에이정보는 비록 피의자에 의한 동의가 있었다 하더라도 압수 수색영장 없이 채취해 데이터베이스화 한다면 영장주의에 반하지 않는가라는 생각이 든다. 피의자로부터 디엔에이감식시료를 채취하는 것은 일종의 압수·수색에 해당한다고 할 수 있고 디엔에이감식시료 채취가 구속영장이 발부된 피의자에게 구속영장만 가지고 압수·수색까지도 할 수 있는 형사소송법 제216조의 상황에 해당한다고 보기도 어렵기 때문에 이를 위해서는 따로 압수·수색영장이 필요하다고 생각한다.[43] 따라서 유죄가 확정되지 않은 피의자 등으로부터 디엔에이감식시료를 채취하는 것은 장래의 범죄수사를 위한 자료를 확보하기 위한 강제수사에 해당되는 것이고 압수·수색영장 없이 디엔에이감식시료를 채취하는 것은 영장주의 원칙에 반하는 것일 수 있다는 것이다.[44] 물론 헌법재판소의 견해와 같이 디엔에이감식시료 채취는 동의가 없는 경우 영장에 의해 이루어지기 때문에 영장주의원칙에 반하지 않는다고도 할 수 있으나, 여기에서 말하는 디엔에이감식시료채취영장은 당해 범죄사건에 대해서는 혐의가 있기 때문에 발부되는 것이지 장래의 범죄사건에 대한 구체적인 혐의와는 관계없는 것이 아닌가 하는 점을 생각해 볼 필요가 있다.[45] 게다가 당해 범죄사건에 대해서는 아직 확정판결도 선고

---

43) 임지봉, 앞의 글, 118면.

44) 이한규, 디엔에이신원확인정보의 이용 및 보호에 관한 법률안 검토 보고, 법제사법위원회, 2009/11. 14면에서 재인용.

45) 윤영철, 앞의 글, 392면, 상황이 이렇다 보니 동법 제8조의 채취영장을 시료의 채취에

되지 않은 상태라면 문제는 더 심각해진다.[46] 따라서 본 법이 논란 없이 헌법상 영장주의 원칙에 부합하려면 채취영장과는 별개로 디엔에이감식을 위한 영장발부에 대한 법적 근거가 있어야 한다. 그럼에도 불구하고 동법은 채취영장에 관한 규정만을 두고 있을 뿐, 디엔에이감식영장 및 디엔에이정보저장영장과 같은 규정은 없다.[47] 한편 현행법상 동의가 있으면 영장이 필요 없게 되는데, 여기서 동의의 진정성문제도 생각해 봐야 한다. 다시 말해서 법 제8조제3항에서는 동의가 없으면 영장을 통해서 디엔에이정보를 채취하도록 하고 있는데 이는 영장주의 원칙 아래에서 당연한 것인데, 이렇게 명문으로 규정하고 있음으로 해서 일응 편법적인 강제수사를 묵시적으로 허용하고 있는 것이 아닌가 하는 오해를 준다. 본인의 동의라는 것은 얼마든지 강압에 의한 것일 수도 있고, 진심의 동의인지 확인하기도 쉽지 않다.[48] 그리고 수형인이나 구속피의자

서 디엔에이신원확인정보의 저장까지 포괄하는 영장으로 해석하려는 견해가 존재하는데, 이는 유추적용으로서 영장주의의 남용으로 이해될 수 있어 타당하지 않다.

46) 권창국, DNA 데이터베이스의 도입 및 관련법제에 관한 연구, 형사정책연구, 제16권 제4호 (2005), 183면 이하. 여기에 대해 일각에서는 외국의 판례 내지 입법례를 들어 위헌의 소지가 없다고 반박한다. 그리하여 한편으로는 Kincade사건에 대한 미연방 항소심판결을 근거로, 다른 한편으로는 디엔에이신원확인정보의 수집을 위한 혈액의 강제채취는 "침해 최소한의 법칙"에 위배되지 않는다는 미국 연방대법원 판결과 디엔에이감식시료의 채취를 지문채취와 같은 '일상적인 기소절차의 일부'(a routine booking procedure)로 보고 있는 다수 판결을 근거로, 무죄추정의 원칙이나 영장주의 원칙에 위반되지 않는다고 한다. "그러나 자세히 보면 여기에서 인용한 미국의 판례는 피의자가 아니라 이미 확정판결을 선고받은 수형자를 대상으로 한 것이라는 점을 알 수 있다. 물론 미국 일부 주에서 특정 피의자로부터 디엔에이신원확인정보를 수집하여 데이터베이스에 수록하는 것을 허용하고 있지만, 일단 합법적으로 디엔에이신원확인정보를 수집하여 데이터베이스에 수록하였다하더라도 디엔에이신원확인정보의 대조 및 검색만큼은 피의자가 당해 범죄사건은 물론이고 이후의 범죄사건에서도 혐의가 분명한 경우에 한해서 허용하고 있다는 점에 주목해야 한다."

47) 김성준, 범죄자 DNA정보채취에 대한 헌법적 고찰, 世界憲法研究, 第15卷 3號 (2009) 71－75면. "그렇다면 이러한 문제점들을 치유하기 위해서는 체포구속영장 발부시 영장실질심사 절차를 거치는 것과 유사하게, 제8조에 의한 영장발부 전에 영장발부판사가 대상자를 신문하고 판사가 영장발부를 할 때에는 유전자정보 수집의 타당성의 기준을 재범위험성에 맞추어 판단하여야 할 것이다."

의 경우 시설내 구금이라는 공포 속에서 동의요구절차가 이루어질텐데 과연 자발적 의사에 기한 자유로운 동의인가 하는 점은 의문이 있다. 따라서 장래의 범죄수사에 대한 필요에 따라 그것도 불확실한 동의에 근거해서 영장도 없이 디엔에이정보를 채취하고 감식할 수 있도록 하는 해당 조항은 우리 헌법 상 영장주의 원칙에 반하는 것이 아닌가 하는 생각이 든다.

5. 무죄추정 원칙의 위반 여부

우리 헌법 제27조제4항은 "형사피고인은 유죄의 판결이 확정될 때까지는 무죄로 추정된다"고 하여 무죄추정의 원칙을 명문화하고 있다. 이는 재판에 있어서 무죄의 판결이든 유죄의 판결이든 재판이 확정될 때까지 형사피의자나 형사피고인은 무죄로 추정된다는 것을 의미한다.[49) 무죄추정의 원칙에 대해 헌법조항은 피고인으로 규정하고 있지만 이 원칙은 피의자에게도 적용된다는 입장을 헌법재판소는 취하고 있다.[50) 동법은 적용대상범죄로 구속된 피의자와 치료감호법에 의해보호 구속된 치료감호대상자, 그 범죄로 유죄가 확정된 수형인 등으로부터 디엔에이감

48) 황인수·김재희, 형사상 유전자감식정보의 수집·관리 등에 대한 검토, 慶熙法學 제46권 제1호 (2011), 179면.

49) 정한기, 앞의 글, 102－107면. 유죄판결이란 실형을 선고하는 형선고의 판결 이외에 형의 면제, 집행유예의 판결, 선고유예의 판결도 포함된다

50) 헌법재판소는 "공소제기조차 되지 아니한 형사피의자에게 무죄추정의 원칙이 적용되는 것은 너무도 당연한 일이며, 이 무죄추정의 원칙은 언제나 불리한 처지에 놓여 인권이 유린되기 쉬운 피의자, 피고인의 지위를 옹호하여 형사절차에서 그들의 불이익을 필요 최소한에 그치게 하자는 것으로서 인간의 존엄성 존중을 궁극의 목표로 하고 있는 헌법이념에서 나온 것"이라고 판시하였다(헌재결 1992. 1. 28. 91헌마111); 또한 헌법재판소는 "구속피의자에 대해 검사조사실에서 수갑 및 포승을 사용한 상태로 신문을 받은 사안에 대해 피의자에 대한 계구사용은 도주 또는 증거인멸의 우려가 있거나 검사조사실 내의 안전과 질서를 유지하기 위하여 꼭 필요한 목적을 위하여만 허용될 수 있다는 이유로 계구의 사용이 무죄추정의 원칙에 반한다"고 판시하였다(헌재결 2005. 5. 26. 2001헌마728).

식시료의 채취 및 감식, 디엔에이신원확인정보의 데이터베이스 저장을 규정하고 있다.[51)] 그런데 구속피의자의 경우에는 아직 유죄판결이 확정되지 않았다는 점에서 무죄추정의 원칙에 반하는 것이 아닌가 의문이 생긴다.[52)] 또한 수형인 등의 경우에도 장래에 있을 수도 있는 범죄에 대한 수사의 편의를 위해 디엔에이정보를 채취하고 관리, 감식하는 것이고 이는 잠재적 범죄자로 취급하는 것에 다름없는 것으로 무죄추정의 원칙 위반의 문제가 발생할 수 있다.[53)] 대법원도 디엔에이법의 입법과정에서 의견을 통하여 아직 유죄판결이 확정되기 전인 피의자까지 디엔에이감식시료를 채취하는 것은 당해 사건도 아닌 장래의 범죄수사를 위한 자료확보를 위해 강제수사를 하는 것으로 위헌 소지가 있다는 견해를 나타내기도 했다.[54)] 즉, 신원확인을 위해 디엔에이감식시료를 채취하는 과정

---

51) 디엔에이법 제5조, 제6조, 제10조.

52) 임지봉, 앞의 글, 118면. "재범가능성이 높은 특정범죄 수형인의 디엔에이를 채취하는 것은 한 가지 범죄행위에 대한 또 다른 이중처벌로 이중처벌금지의 원칙에 반할 수 있고, 특정범죄의 구속피의자의 디엔에이를 채취하는 것은 아직 유죄의 확정판결을 받지 않은 구속피의자를 죄가 있는 자처럼 다루는 것으로 헌법상의 무죄추정의 원칙에 위배될 수 있다."

53) 하태영, DNA 관리법과 DNA 감정 - 디엔에이신원확인정보의 이용 및 보호에 관한 법률, 東亞法學 第48號 (2010), 299 - 303면. 헌법 제27조 제4항은 "형사피고인은 유죄의 판결이 확정될 때까지는 무죄로 추정된다"고 규정하고 있다. 또한 형사소송법 제275조 2도 "피고인은 유죄의 판결이 확정될 때까지는 무죄로 추정된다"고 규정하고 있다. "무죄추정의 원칙은 인권보장사상에서 유래하여 시민적 자유를 수호하려는 근대법의 특징을 표방하고 있다. 이 원칙은 수사절차와 공판절차에 모두 지배하는 지도원리가 되어 있다. 무죄추정의 원칙은 피의자와 피고인을 유죄의 높은 가능성이 있는 사람으로 취급해서는 안 된다는 것을 의미한다. 이 원칙은 피의자와 피고인에 대하여 가할 수 있는 불이익의 규범적 한계를 설정한다. 피의자와 피고인은 범죄혐의를 받고 있기 때문에 어느 정도의 인권 침해는 감수해야 한다(대판 1996.5.14. 96도561). 그러나 그 침해는 나중에 그가 유죄가 아니라는 것이 밝혀진다 하더라도 그 이전에 그에게 가하여진 모든 처분이 적법하였다는 평가를 받을 수 있을 정도에 그쳐야 한다. 피의자에 대한 모든 침해는 실제로 무죄인 피의자도 감당할 수 있을 정도까지만 가해져야 한다. 이것이 무죄추정원칙의 규범적 의미이다. 따라서 이 법률 제10조제1항제1호는 위헌적인 소지가 있다고 생각된다."

54) 이한규, 앞의 글, 14면.

에서부터 무죄로 추정 받아야 할 피고인이 이미 유죄인 것으로 다루어지는 것은 헌법에 반한다는 것이다.[55] 그리고 의심이 되는 범죄뿐만 아니라 미제사건 등 기타 사건과의 유전자정보의 일치를 알아보기 위해 정보검색을 자유롭게 하는 것 역시 무죄추정의 원칙에 반한다고 볼 수 있다.[56] 오히려 법원이 대상범죄에 대해 유죄판결을 선고하면서 일정 요건 아래 필요성이 인정되는 경우에 한해 부가처분의 하나로 디엔에이정보를 데이터베이스에 등재하도록 명하는 방법을 통해 해결할 수 있는 부분이지 않을까 생각된다. 다시 말해서 현재 죄의 유무가 가려지지도 않은 구속피의자를 채취의 대상으로 하여 그 유전자정보를 데이터베이스화하는 것은 무죄추정의 원칙에 반하는 것이다.[57] 피의자의 기본권에 대한 제한은 종국에는 무죄가 된 피의자도 감당할 수 있을 정도까지만 허용될 수 있고, 수사기관이 사실을 조사하기 위해서 무죄일 수도 있는 사람에게 디엔에이정보의 채취까지 감수하도록 요구할 수는 없다는 것이다.[58] 신원확인을 위해 디엔에이감식시료를 채취하는 과정에서부터 무죄로 추정 받아야 할 피고인이 이미 유죄인 것으로 다루어지는 것은 곤란하다고 본다. 이와 관련하여 2008년 유럽인권재판소에 의하여 소추되지 않은 자 및 소추되었지만 유죄로 되지 않은 자의 디엔에이 감식시료 등을 보유하는 것은 개인의 프라이버시권을 과도하게 침해하는 것이므로 유럽인권조약 제8조에 위배된다고 판시한 사례가 있다.[59] 단순하게 생각

---

55) 헌법재판소는 "헌법상 무죄추정의 원칙에 따라 유죄판결이 확정되기 전에 피의자 또는 피고인을 죄 있는 자에 준하여 취급함으로써 법률적·사실적 측면에서 유형·무형의 불이익 주어서는 아니된다"고 판시하였다(헌재결 2009. 6. 25. 2007헌바25).

56) 박용철, 피의자의 유전자 정보 채취의 제문제, 형사정책 제18권 제2호 (2006), 24면.

57) 황인수 · 김재희, 앞의 글, 181면.

58) 하태영, 앞의 글, 300면 참고.

59) European Court of Human Rights, Grand Chamber Judgement, Case of S. and Marper v. The United Kingdom (Applications nos. 30562/04 and 30566/04), 4 December 2008, (http://hudoc.echr.coe.int/sites/eng/pages/search.aspx?i=001-90051, 최종접속 2015년 9월 7일) 참조. 사건에서 "S는 절도미수로 기소되었으나 무죄로 석방되었으며, Marper는 가혹행위죄로 기소되었으나 피해자와 합의하여 사건이 중단된 후, 영국 당국에 DNA 정보와 시료의 삭제를 요구하였으나 모든 상소심에서 기각되었다. 유

해 보아도 무죄의 추정을 받을 권리를 가지는 자와 유죄확정판결을 받은 자가 디엔에이정보와 관련된 여러 기본권의 제한 정도가 동일하다는 것은 적절하지 않으며, 특히 미성년자의 경우에는 그로 인한 사회적 낙인과 차별의 위험은 더 크다는 점을 간과해서는 안된다.[60]

6. 소급입법금지원칙의 위반 여부

이 사건 부칙조항은 이 사건 법률 시행 당시 디엔에이감식시료 채취 대상범죄로 이미 징역이나 금고 이상의 실형을 선고받아 그 형이 확정되어 수용 중인 사람에 대하여도 디엔에이감식시료를 채취하고 디엔에이신원확인정보를 데이터베이스에 수록 및 관리할 수 있도록 하고 있다. 디엔에이감식시료의 채취 및 디엔에이 정보의 수집, 수록, 검색, 회보를 포함하는 디엔에이 정보의 수집·이용은 범죄수사와 범죄예방을 목적으로 하는 형사처분이라 할 수 있는데, 헌법 제13조제1항 전단은 소급입법에 의한 형사처분을 엄격히 금하고 있다. 따라서 이 사건 부칙조항이 법률의 적용범위를 과도하게 소급하여 적용하도록 규정함으로써 이미 형이 확정된 사람들의 신뢰를 침해하는 것이 아닌지가 문제된다. 디엔에이법 부칙 제2조와 제3조에 따르면 이 법률은 시행 당시 형 집행 중에 있는 수형자와 구속피의자 등, 법 시행 전에 범죄현장에서 취득한 디엔에이 정보에 대해서도 적용된다. 또 이 법률의 부칙의 경과규정은 대법원의 보호관찰에 관한 입장[61]을 반영한 것으로 보이는데 보안처분도 범죄에

럽인권재판소는 국가에 의한 DNA감식시료 및 정보의 보유가 프라이버시권을 침해하지만, 그러한 간섭이 범죄검거와 범죄예방이라는 정당한 목적 하에 허용된다고 보았다. 그러나 범죄의 혐의가 있었지만 유죄로 인정되지 않은 자의 DNA정보의 보유는 정당화되지 않는다고 보았으며, 무죄추정권을 보유한 자와 유죄인 자를 동등하게 평가하는 것은 적절하지 않다고 보았다. 즉 무죄추정권을 보유한 자에 대하여는 DNA 데이터베이스 구축을 통한 공익보다 프라이버시권이라는 사익이 더 존중되어야 한다"고 판단한 것이다.

60) 김성규, 앞의 글, 275 - 278면.

대한 제제이기 때문에 소급입법금지의 원칙은 적용되어야 한다.[62] 이미 형이 선고된 수용자에 대한 디엔에이정보의 수집·이용은 행위자의 장래의 재범 위험성에 근거하여 부과되는 일종의 보안처분으로서 죄형법정주의 원칙에서 파생하는 소급입법금지원칙의 근본취지는 예측할 수 없는 방법으로 시민들의 자유와 안정된 법생활을 침해하는 모든 형태의 국가의 공권력에 의한 침해로부터 국민들을 지키는 데에 있으므로, 보안처분도 범죄에 대한 국가의 형사제재수단임은 형벌과 다름이 없어 소급입법금지원칙의 적용대상에서 예외가 될 수 없고, 이 사건 부칙조항에 따른 이 사건 법률의 소급 적용은 행위 시에 없던 형사적 제재가 사후입법에 의하여 소급하여 부과되는 것으로 소급입법금지의 원칙에 위배된다.

설령 비형벌적 보안처분에는 소급입법금지원칙이 적용되지 아니한다고 하더라도, 이 사건 부칙조항이 이 사건 법률 시행 당시 이미 형이 확정되어 수용 중인 사람들에 대해서까지도 소급 적용하도록 한 것은 특별한 형사정책적 근거나 필요성을 인정하기 어렵고, 수용자들의 신뢰 및 법적 안정성을 해하며, 장기간 수용 중인 사람들의 신뢰의 정도에 상관없이 일률적으로 소급 적용하는 점에서도 침해최소성 원칙에 반한다. 비록 대상자가 입게 되는 불이익이 크지 않다고 하나 법적 안정성에 대한 신뢰침해의 정도가 결코 가볍지 아니하여 법익균형성도 갖추었다고 보기 어려우므로, 소급입법금지원칙에 반한다고 생각된다. 따라서 이 법률 시행이전의 행위자에 대해서까지 디엔에이 정보를 확보할 수 있도록 하고 있는 부칙의 경과규정은 그것이 형벌이든 보안처분이든, 비형벌적 보안처분이든 관계없이, 소급입법금지의 원칙에 위배되는 것으로 위헌소지가 있어 보인다.

---

61) 대판 1997.6.13. 97도703.

62) 하태영, 앞의 글, 304-305면.

Ⅳ. 결론

이상에서 살펴 본 것처럼, 본 사건은 헌법재판소가 디엔에이법상 디엔에이정보의 채취, 감식, 보관, 및 삭제의 신체의 자유, 평등권, 개인정보자기결정권, 영장주의, 무죄추정의 원칙에 대한 위반 그리고 부칙조항의 소급입법금지원칙에 대한 위반 여부에 대해서 결정한 것이었다. 헌법재판소는 해당 헌법쟁점들을 검토하면서 디엔에이법의 조항들이 각각의 기본권을 제한하고 있지만 과잉금지의 원칙에는 반하지 않는 정도여서 위헌은 아니라는 결정을 하였다. 그러나 디엔에이정보의 채취와 관리를 통해서 수사, 검거 및 사후관리의 편의를 도모하고 조속한 범죄해결을 통해 무고한 용의자의 배제 및 범죄예방이라는 입법목적은 정당화될 수 있겠지만, 그 수단의 적절성과 침해의 최소성, 법익의 균형성에 대해서는 이론이 있을 수 있다고 본다. 즉 개인의 내밀한 디엔에이정보를 채취하는데 있어서 지문감식제도 등 다른 대체 수단으로도 가능한 점, 대상범죄를 특정한 사유인 재범률에 대한 실증적인 근거가 부족한 상황에서 그 기준이 과연 합리적인가 하는 것에 의문이 있으며, 신체의 자유나 평등권에 대한 침해의 여지가 있어 보인다. 또 어쩌면 궁박하고 특수한 상황에 처해 있는 형사피의자 등의 디엔에이정보 채취에 대한 동의가 영장주의원칙을 따르지 않아도 될 만큼 진정한 것인가에 대한 문제도 있었다. 그리고 법에서 규정하고 있는 영장은 당해 범죄에 관한 것이지, 장래의 수사편의를 위한 압수 수색까지 가능한 것은 아님에도 형사피의자나 피고인에게까지 압수 수색에 해당하는 디엔에이정보를 채취할 수 있도록 한 것은 무죄추정의 원칙에도 반하는 것이 아닌가 생각된다. 정보의 삭제와 관련해서도 디엔에이정보 삭제청구권에 대한 명확한 규정이 없고, 일정한 보관기간을 정해두지 않은 채 사망시까지 보관하게 하는 것은 개인정보자기결정권에 대한 과도한 제한이 아닌가 보여 지며, 부칙조항도 기 수용자들의 신뢰의 원칙이나 법적 안정성을 해하는 조치로써 소급입법금지의 원칙에 반한다고 생각된다. 따라서 디엔에이법의 해당조항들은 보다 면밀하게 검토되어 위헌적인 요소가 제거될 수 있도록 개정되어야 할 필요가 있으며, 향후 계속 청구될 것으로 예상되는 디엔에이법에 대한 위헌성 심사에 있어서도 - 특히 형사절차 등에 있어서 국민의 기본권제한은 더 엄격하게 심사되어야 할 것이기 때문에 - 헌법재판소의 전향적인 헌법해석과 결정이 있어야 하지 않을까 조심스럽게 생각해 본다.

[참고문헌]

권창국, DNA 데이터베이스의 도입 및 관련법제에 관한 연구, 형사정책연구, 제16권 제4호(2005)

김성규, DNA정보의 데이터베이스화에 관한 법제의 의미와 형사정책적 과제, 형사정책연구 제23권 제1호(2012)

김성준, 범죄자 DNA정보채취에 대한 헌법적 고찰, 世界憲法研究, 第15卷 3號(2009)

김혁돈, 형사절차에 있어 유전자정보의 이용, 법학논고 제33집(2010)

김혜경, 유전자정보수집의 입법목적의 정당성 - 디엔에이신원확인정보의 이용 및 보호에 관한 법률을 중심으로, 형사법연구 제22권 제3호(2010)

박용철, 피의자의 유전자 정보 채취의 제문제, 형사정책 제18권 제2호(2006)

서계원, 디엔에이신원확인정보의 이용 및 보호에 관한 법률의 문제점과 개선방안, 世界憲法研究 第16卷 2號(2010)

신동일, 디엔에이신원확인정보 이용 및 보호에 관한 법률의 문제점과 대안, 형사정책 제24권 제1호(2013)

박현호, 외국사례를 통한 유전자은행의 발전방향 모색, 수사연구 제24권

제9호(2006)

윤영철, 디엔에이신원확인정보의 이용 및 보호에 관한 법률에 대한 비판적 고찰, 홍익법학 제12권 제1호(2011)

이성기·한면수, 디엔에이신원확인정보의 이용 및 보호에 관한 법률의 위헌성에 관한 논의－미국, 영국, 독일, 프랑스의 입법례 비교를 중심으로, 法과 政策研究 第12輯 第1號(2012)

이승환, 합리적인 범죄자 DNA 데이터베이스 구축, 유전자정보은행에 관한 형사정책적 검토, 한국형사정책학회 추계학술대회 자료집(2006)

이준일, 디엔에이신원확인정보의 이용 및 보호에 관한 법률의 위헌성에 대한 검토－개인정보자기결정권에 대한 침해를 중심으로, 인권과정의 Vol. 422(2011)

이한규, 디엔에이신원확인정보의 이용 및 보호에 관한 법률안 검토 보고, 법제사법위원회, 2009/11

임지봉, 디엔에이신원확인정보의 이용 및 보호에 관한 법률안의 위헌성과 기타의 문제점 및 그 대안, 서강법학 제11권 제2호(2009)

정한기, 디엔에이신원확인정보의 이용 및 보호에 관한 법률에 대한 헌법적 고찰, 서울법학 제20권 제2호(2012)

조성용, DNA신원확인정보의 이용 및 보호에 관한 법률에 대한 비판적 검토, 형사정책연구 제21권 제3호(2010)

_____, 디엔에이신원확인정보의 이용 및 보호에 관한 법률에 관한 헌법재판소 결정(2011헌마28)에 대한 비판적 검토, 인권과정의 Vol. 446(2014)

조하늬, DNA신원확인정보 채취·이용의 헌법적 문제, 한양대학교(2015)

하태영, DNA 관리법과 DNA 감정－디엔에이신원확인정보의 이용 및 보호에 관한 법률, 東亞法學 第48號(2010)

황인수·김재희, 형사상 유전자감식정보의 수집·관리 등에 대한 검토, 慶熙法學 제46권 제1호(2011)

[Abstract]

Review of the Constitutional Cases related to the Act on the Use and·Protection of DNA Identification Information

Sungjin Yoo*

The DNA Act states that it is lawful to take and store the DNA information of suspects and perpetrators of specific crimes enumerated in the Act, with either their consent or a warrant. It also states that officers can search and circulate DNA information for the purpose of future criminal investigations. The Act states that the information will be deleted only when the suspect or perpetrator dies, and the Act could apply retroactively. In the 2013Hun-Ma215·360, etc., merged cases, the Constitutional Court held that the articles of this Act do not violate the freedom of body, right to equality, informational autonomy, doctrine of warrant, or principle of retrospective legislation prohibition under the constitution. After reviewing these constitutional cases, the Court stated that even if the articles limit or restrain the freedom of body, they do not contradict the principle of excess prohibition.

However, although one of the purposes of the articles of the Act is to promote fairness, there are questions as to whether the articles of the Act comply with other constitutional principles. For example, it may be a violation of the constitution to take the DNA information of all suspects for the specific crimes stated in the articles without any exception because there are alternatives to using DNA information, such as taking fingerprints. It may also be a violation of the right to equality because it treats perpetrators and suspected perpetrators of specific crimes differently from others without clear and rational standards. And it is a violation of the doctrine of warrants to allow taking DNA information without a warrant; merely getting suspects' consent is pro-

* S.J.D., Research Fellow, KLRI

blematic since they may not be sincere when giving it or may be pressured unduly to do so. Furthermore, it is excessively restrictive of personal information autonomy to keep DNA information until the death of the suspect without providing the right to request deletion of the information in specific circumstances. Moreover, it may be a violation of the prohibition of retrospective legislation because DNA information could be used to prosecute for crimes committed before this Act was enforced. Thus, unless those parts are removed through an amendment to the Act, the Court should correct the unconstitutionality by changing the past constitutional interpretations of any cases related to the DNA Act.

[Keywords]
DNA Information, Freedom of Body, Right to Equality, Informational Autonomy, Doctrine of Warrant, Principle of Retrospective Legislation Prohibition

정치자금의 기부행위 제한과 정치적 표현의 자유

조재현*

[국문요약]

정치적 자유는 민주주가에서 특별한 의미를 가진다. 정치적 자유는 크게 정치적 의사표현, 정당가입과 활동의 자유, 공직선거에서의 입후보자를 지지하는 등의 적극적 참정권 행사의 유형 등으로 구분된다. 정치적 자유 중에서 특정 정당이나 정치인에게 정치자금을 기부하는 행위를

---

* 동아대학교 법학전문대학원 교수

정치적 의사표현의 자유로 이해하는 것이 우리 헌법재판소의 태도이다. 정치적 의사표현의 자유는 정치적 생활영역에서 국가권력의 간섭이나 통제를 받지 아니하고 자유롭게 정치적 의사를 형성하고 발표할 수 있는 자유를 말한다. 헌법재판소는 정치자금의 기부를 정치적 표현의 자유로 이해하면서, 정치자금 기부행위를 규제하는 것은 정치적 의사표현 자체를 금지하거나 그 내용에 따라 규제하는 것이 아니기 때문에, 표현의 자유의 제한이론 중에서 내용 중립적 제한의 형식으로 인정한다. 헌법재판소는 그 동안 표현의 자유에 대한 제한과 관련하여, 표현내용에 대한 규제와 표현내용과는 무관한 제한을 구분하여 심사기준을 달리하고 있으며, 표현내용과 무관하게 규제하는 것은 합리적인 공익상의 이유로 폭넓은 제한이 가능하다고 결정해오고 있다. 그런데 이러한 헌법재판소의 결정내용은 다소 비판의 소지가 있다. 정치자금의 기부는 자신의 정치적 신념을 실현하는 수단이다. 그렇기 때문에 정치자금의 기부행위를 규제하는 것은 개인이나 단체의 정치적 신념이나 확신을 규제하는 것으로 볼 수 있다. 경우에 따라서 특정 정치인이나 특정 정당에 대한 정치자금의 기부를 제한하는 것은 내용에 대한 제한 중에서도 특정한 관점에 근거하여 정치적 표현을 제한하는 것이 될 수도 있다. 그리고 헌법재판소의 결정내용처럼 정치자금 기부행위의 제한을 내용 중립적 제한으로 이해한다고 하더라도 그것에 기초한 심사기준의 적용에서도 문제가 있다. 정치자금의 규제를 내용 중립적 제한으로 이해하는 경우에도 구체적인 심사기준의 적용에 있어서는 이전의 결정에 비추어 심사기준을 완화하려는 노력이 심사과정에서 나타나야 함에도 불구하고, 그러한 완화된 심사기준이나 엄격한 심사기준과는 구별되는 심사과정을 발견하기 어렵다는 점이다.

[주제어]
정치적 자유, 정치적 기본권, 정치적 표현의 자유, 내용 중립적 제한, 내용에 근거한 제한, 관점에 근거한 제한

Ⅰ. 들어가며

현대 민주주의는 개개인의 정치적 자유를 전제로 한다. 적극적으로 정당 등에 가입하여 자신의 정치적 의지를 직접 실현하기도 하며, 선거 등을 통하여 자신과 정치적 입장을 같이 하는 사람을 통하여 간접적으로 정치적 의지를 실현하기도 한다. 정치적 자유를 실현하는 정치활동은 특정 정당이나 정치인에게 정치자금을 기부하거나, 정치적 표현·정치적 집회·정치적 단체의 조직 등으로 구체화되기도 한다. 개인이 갖는 지위나 성향이 다른 만큼 정치적 자유의 실현은 다양한 형태로 나타난다.

다양한 정치적 자유의 실현은 헌법에 의해 보장된다. 정치적 자유권의 보장과 참정권이 그것이다.[1] 헌법 제8조에 의하여 정당의 가입과 활동이 보장된다. 헌법 제21조에서 정치적 자유를 보장한다. 동 조에서 정치적 집회 및 조직결성의 자유도 보장한다. 헌법 제24와 제41조 등에 의해서 선거 및 선거운동의 자유가 보장된다. 헌법 제25조에서는 공무담임권을 보장하고 있으며, 제72조와 제130조 제2항에서는 국민투표권을 보장하고 있다.

본 연구는 정치적 의사표현의 하나로 인정되고 있는 정치자금의 규제의 헌법적 근거와 그것에 대한 제한방식에 관하여 대상판례를 중심으로 검토하고자 한다. 우리 헌법재판소는 정치적 표현의 자유의 범위를 넓게 이해한다. 정치활동에 대한 지지·지원인 동시에 정책적 영향력 행사의 의도나 가능성을 내포하고 있는 정치자금의 기부 등도 정치적 의사표현으로 보고 있다.

우선 정치자금 기부의 성격을 정치적 표현의 자유로 이해하는 헌법재판소의 판례의 타당성을 검토한다. 다음으로 정치자금의 규제에 대한 제한의 의미와 제한의 정당성에 관하여 검토한다. 정치자금법에서는 법인 또는 단체는 정치자금을 기부할 수 없도록 정하고 있으며, 누구든지

1) 계희열, 『헌법학 (중)』, 박영사, 2007, 599면.

단체와 관련된 자금으로 정치자금을 기부할 수 없도록 정하고 있다.[2] 정치자금법은 개인이 단체와 관련되지 않은 정치자금을 기부하는 것을 금지하는 것은 아니다. 개인이 단체와 관련된 자금으로 정치자금을 기부하는 것을 금지하고 있다. 그리고 정치자금법은 단체가 정치자금을 기부할 수 없도록 금지하고 있다. 그렇지만 단체는 정치자금을 기부하는 것 이외의 다른 정치적 의사표현은 단체의 성격이나 목적에 따라 제한되거나 제한되지 않을 수 있으며, 공직선거법에 의하여 별도로 규율되는 것은 별론으로 하고, 정치자금법에서는 직접적으로 금지하고 있지는 않다. 헌법재판소는 정치자금법상의 단체의 정치자금의 기부행위를 정치적 의사표현으로 보고, 단체의 정치자금기부행위 제한은 표현에 대한 내용 중립적 제한으로서 정당하다고 판시해오고 있다.[3]

이하에서는 정치자금의 기부행위를 정치적 자유 내지는 정치활동의 자유로서, 정치적 표현의 자유라는 시각에서 이해하는 우리 헌법재판소의 결정례와 이와 관련한 헌법적 쟁점 등을 검토한다. 정치자금 기부가 의사 전달적 행위로서 헌법적으로 보호할 것인가의 문제와 헌법적 표현의 자유로 보장할 경우 어떠한 심사기준을 적용할 것인가의 문제를 구분하여 검토한다.

Ⅱ. 대상판례

1. 정치자금의 기부의 법적 성격

헌법재판소는 정치자금의 기부도 정치활동의 하나로 이해하면서 정

---

2) 정치자금법 제31조(기부의 제한)

① 외국인, 국내·외의 법인 또는 단체는 정치자금을 기부할 수 없다.

② 누구든지 국내·외의 법인 또는 단체와 관련된 자금으로 정치자금을 기부할 수 없다.

3) 헌재 2014. 4. 24. 2011헌바254; 헌재 2010. 12. 28. 2008헌바89.

당이나 정치인에 대한 정치자금의 기부는 정치적 의사표현의 자유에 의한 보호를 받는다고 결정하였다.

헌법재판소는 2011헌바254 결정 및 2008헌바89 결정 등에서 "특정한 정당이나 정치인에 대한 정치자금의 기부는 그의 정치활동에 대한 지지·지원인 동시에 정책적 영향력 행사의 의도 또는 가능성을 내포하고 있다는 점에서 일종의 정치활동 내지 정치적인 의사표현이라 할 것인바, 누구든지 단체와 관련된 자금으로 정치자금을 기부할 수 없도록 한 이 사건 기부금지 조항은 정치활동의 자유 내지 정치적 의사표현의 자유에 대한 제한이 된다고 볼 수 있다."[4]고 결정하였다.

2. 정치적 표현의 자유에 대한 제한

정치자금법은 개인이 단체와 관련된 자금으로 정치자금을 기부하거나, 단체가 정치자금을 기부하는 것을 금지하고 있다. 정치활동의 하나로서 단체의 정치자금의 기부는 정치적 의사표현의 자유에 해당하고, 정치자금의 기부행위를 제한하는 것은 정치적 의사표현의 자유에 대한 내용 중립적 규제에 해당한다는 것이 헌법재판소의 태도이다. 헌법재판소는 "단체의 정치적 의사표현은 그 방법에 따라 정당·정치인이나 유권자의 선거권 행사에 심대한 영향을 미친다는 점에서 그 방법적 제한의 필요성이 매우 크고, 위 조항은 단체의 정치적 의사표현 자체를 금지하거나 그 내용에 따라 규제하도록 한 것이 아니라, 개인과의 관계에서 불균형적으로 주어지기 쉬운 '자금'을 사용한 방법과 관련하여 규제를 하는 것이므로, 정치적 표현의 자유의 본질을 침해하는 것이라고 볼 수 없다. 개인의 정치적 의사형성이 온전하게 이루어질 수 있는 범위에서의 자금모집에 관한 단체의 관여를 일반적·추상적으로 규범화하여 허용하는 것은 입법기술상 곤란할 뿐만 아니라, 개인의 정치적 기본권 보호라는 입

4) 헌재 2010. 12. 28. 2008헌바89.

법목적 달성에 충분한 수단이라고 보기 어렵고, 달리 덜 제약적 수단이 존재함이 명백하지 않은 이상 위 조항이 침해의 최소성 원칙에 위반된다고 보기 어렵다. 위 조항에 의한 개인이나 단체의 정치적 표현의 자유 제한은 내용중립적인 방법 제한으로서 수인 불가능할 정도로 큰 것이 아닌 반면, 금권정치와 정경유착의 차단, 단체와의 관계에서 개인의 정치적 기본권 보호 등 위 조항에 의하여 달성되는 공익은 대의민주제를 채택하고 있는 민주국가에서 매우 크고 중요하다는 점에서 법익균형성 원칙도 충족된다."[5]고 판시하고 있다.

Ⅲ. 정치적 자유와 정치적 표현의 자유

1. 정치적 자유와 정치적 기본권

(1) 정치적 자유의 헌법적 보장

정치적 자유는 민주주가에서 특별한 의미를 가지며, 민주적 정치질서를 국민주권에 기초한 정치질서라고 할 때 정치적 결정은 국민에 의해 직접 또는 간접으로 행해지고 정당화된다.[6] 따라서 현대의 민주주의는 개개인의 정치적 자유를 전제로 한다.

정치적 자유는 매우 다양한 형태로 전개되기 때문에 일의적으로 정의하기 어려운 점이 있다. 일반적으로 정치적 자유를 크게 정치적 의사표현, 정당가입과 활동에 의해서 정당정책에 반영하는 자유, 공직선거에서의 입후보나 입후보자를 지지하는 등의 적극적 참정권 행사의 유형으로 이해하기도 한다.[7] 국가공무원법이나 국가공무원복무규정 등에서는

---

5) 헌재 2014. 4. 24. 2011헌바254; 헌재 2010. 12. 28. 2008헌바89.

6) 계희열(주 1), 599면.

7) 정영화, "헌법상 공무원의 정치적 자유의 제한과 그 한계", 『헌법학연구』 제18권 제1호,

정치운동이나 정치적 행위라는 개념을 정의하고 있다. 국가공무원법 제65조에서는 정치운동을 "정당이나 그 밖의 정치단체의 결성에 관여하거나 이에 가입하는 행위, 선거에서 특정 정당 또는 특정인을 지지 또는 반대하기 위하여 투표를 하거나 하지 아니하도록 권유 운동을 하는 것, 서명 운동을 기도(企圖)·주재(主宰)하거나 권유하는 것, 문서나 도서를 공공시설 등에 게시하거나 게시하게 하는 것, 기부금을 모집 또는 모집하게 하거나, 공공자금을 이용 또는 이용하게 하는 것, 타인에게 정당이나 그 밖의 정치단체에 가입하게 하거나 가입하지 아니하도록 권유 운동을 하는 것"으로 정의하고 있다. 국가공무원복무규정 제27조 제1항에서는 정치적 행위를 정치적 목적을 가진 것으로 정당의 조직, 조직의 확장, 그 밖에 그 목적 달성을 위한 것, 특정 정당 또는 정치단체를 지지하거나 반대하는 것, 법률에 따른 공직선거에서 특정 후보자를 당선하게 하거나 낙선하게 하기 위한 것이라고 정하고 있다.

정치적 자유의 형태는 다양하고 그 보장의 정도도 같지 않기 때문에 헌법적으로 보호되는 자유도 있지만, 헌법상으로 보장되지 않는 자유도 있을 수 있다. 헌법적 보호를 누리는 정치적 자유에는 이를 헌법에서 직접 보장하기도 하고, 헌법 해석상 정치적 자유를 도출하여 보장할 수도 있다. 정치적 의사를 자유롭게 표현하고, 자발적으로 정당에 가입할 수 있는 정치적 자유는 헌법에서 직접 보장하고 있다. 정치에 직접적으로 참여할 수 있는 참정권적 기본권의 형태로 정치적 자유가 보장되기도 한다. 선거권, 공무담임권, 국민투표권 등이 그것이다. 그 때문에 정치적 자유를 헌법적 차원이나 기본권적 차원에서 보장되는 정치적 자유권과 참정권으로 구분하는 견해가 있다.[8] 이러한 견해에 의하면 정치적 자유권으로는 정치적 표현의 자유(언론·출판·집회·결사의 자유), 정당의 설

2012. 3, 418면; 전학선, "프랑스 교육제도와 교원의 정치활동의 자유", 『세계헌법연구』 제19권 제3호, 2013, 75－79면; 유각근, "공무원 노동조합의 정치활동 범위와 한계", 『노동법학』 제36호, 2010. 12, 371－372면.

8) 계희열(주 1), 599면.

립과 활동의 자유 등이 있으며, 참정권으로는 선거권, 공무담임권, 국민투표권 등이 있다.

정치적 자유 중에는 헌법에서 직접 보장하고 있지 않는 정치활동도 있다. 정치활동이라 함은 권력의 획득과 유지를 둘러싼 투쟁 및 권력을 행사하는 활동[9]을 말하는 것으로 정치적 자유의 하나이다. 헌법에서 명시적인 보장 규정을 두지 않은 정치활동의 경우, 이러한 형태의 정치활동이 헌법상 보장되는 정치적 자유의 범주에 해당하는지의 여부와 그 헌법적 근거가 문제될 수 있다. 예컨대, 대상판례에서와 같이 정치자금을 기부하는 행위와 같은 정치활동이 그러하다. 정치자금의 기부와 같은 정치적 자유는 헌법에서 명시적으로 정하고 있지는 않다. 우리 헌법재판소는 특정 정당이나 정치인에게 정치자금을 기부하는 행위를 정치활동의 자유 내지는 정치적 의사표현의 자유로 이해한다. 정치자금의 기부를 통해 정치적 의사표현의 자유를 실현한다는 것이 학계의 일반적 견해이기도 하다.[10] 미국의 연방대법원도 정치자금의 기부는 수정헌법 제1조가 보호하는 표현에 해당한다고 판시하고 있다.[11]

---

9) 헌재 2004. 6. 24. 2004헌바16. 정치활동이라 함은 권력의 획득과 유지를 둘러싼 투쟁 및 권력을 행사하는 활동이다. 근대국가를 거쳐서 현대국가에 이르러 정치활동이 고도로 조직화되어 감에 따라 불가피하게 정치활동에 필요한 비용도 크게 증가하였다. 헌법 제8조 제3항에서 국가는 법률이 정하는 바에 의하여 정당운영에 필요한 자금을 보조할 수 있다고 규정하고 있으나, 재정적 제약아래에서 충분한 자금을 보조하기는 어렵다. 선거에 있어서는 헌법 제116조 제1항에서 선거운동 법정주의와 기회균등원칙을 천명하고, 같은 조 제2항에서 법률이 정하는 경우를 제외하고는 선거에 관한 경비는 정당 또는 후보자에게 부담시킬 수 없다고 규정하고 있기는 하나, 그 밖에 정치인 개인의 정치활동에 필요한 비용을 보조하는 규정은 없다. 그렇다면, 정당 또는 정치인은 정치자금 조달도 중요한 정치활동의 하나가 될 수밖에 없다.

10) 정만희, 『헌법과 통치구조』, 법문사, 2003, 580면; 홍완식, “법인·단체의 정치자금 기부금지”, 『세계헌법연구』 제17권 제1호, 2011, 123면.

11) Buckley v. Valeo, 424 U.S. 1(1976), 66－68.

(2) 정치자금의 기부와 정치적 표현의 자유

정치적 생활영역에서 국가권력의 간섭이나 통제를 받지 아니하고 자유롭게 정치적 의사를 형성하고 발표할 수 있는 자유를 정치적 의사표현의 자유라고 한다.

의사표현의 자유는 의사의 표현과 전파의 자유를 보장한다. 의사표현의 자유가 보호하는 의사는 자신의 의견, 견해, 소견, 확신, 평가, 판단, 예견, 가능한 모든 사물적 대상과 인간에 대한 태도표명 등을 말한다.[12] 그것이 정치적인 것이든, 상업적인 것이든 의사형성에 도움이 되는 표현은 모두 의사표현의 자유에 의하여 보장된다.[13]

헌법은 표현의 자유를 보장하면서 표현의 대상이 되는 의사뿐만 아니라, 의사의 전달이나 전파의 방법도 보장한다.[14] 의사의 표현과 전파의 방법에는 제한이 없다. 언어이든 비언어적인 방법이든 의사표현 또는 전파의 매개체는 어떠한 형태이건 가능하며 그 제한이 없다고 하는 것이 우리 재판소의 확립된 견해이다. 즉, 담화·연설·토론·연극·방송·음악·영화가요 등과 문서·소설·시가·도화·사진·조각·서화 등 모든 형상의 의사표현 또는 의사전파의 매개체를 포함한다.[15]

우리 헌법재판소와 미국의 연방대법원은 정치자금을 기부하는 행위를 정치적 의사표현의 하나로 보아 표현의 한 형식으로 이해한다.[16] 미국에서는 비언어적 표현의 헌법적 보호문제로서 이른바 상징적 언론의 법리를 발전시켜왔다. 표현은 언어나 문자를 통해서 뿐만 아니라 일정한 상징을 사용하거나 또는 상징적 행동을 통해서 나타나고, 이러한 상징적

---

12) 계희열(주 1), 431면.

13) 계희열(주 1), 432면.

14) 헌재 2001. 8. 30. 2000헌가9. 의사표현의 매개체를 의사표현을 위한 수단이라고 전제할 때, 이러한 의사표현의 매개체는 헌법 제21조 제1항이 보장하고 있는 언론·출판의 자유의 보호대상이 된다고 할 것이다.

15) 헌재 2001. 8. 30. 2000헌가9.

16) 최희경, "미국의 정치자금규제에 관한 헌법적 고찰", 『세계헌법연구』 제18권 제2호, 2012, 77면 참고.

표현도 헌법적 보호의 범주에 포함시키고 있다. 다만 이러한 상징적 표현이 수정헌법 제1조의 표현으로 분석되기 위해서는, 특정한 메시지를 전달하려는 의도가 있어야 하며, 메시지가 이를 받은 사람에게서 이해될 수 있는 실질적 가능성이 있어야 한다. 행위를 통해 사상을 표현하려는 자의 모든 행위가 모두 표현행위로 인정되는 것은 아니지만, 일정한 경우 의사전달의 요소를 가지고 있다고 보기에 충분하다고 보는 것이다.[17)]

생각건대, 정치자금의 기부도 의사 전달적 요소를 가지고 있다. 특정인이나 특정 정당에게 기부하는 경우 정치적 신념을 기부행위를 통해서 실천하려는 메시지가 있다고 보기에 충분하다. 그렇게 본다면 개인이나 단체가 정치자금을 특정인이나 정당에게 기부하는 경우 그것은 정치적 의사표현의 영역으로 볼 수 있다. 그렇지만 모든 기부행위가 정치적 표현의 자유로서 보장되는 것은 아니다. 예컨대, 헌법재판소는 타인이나 단체에 대한 기부행위는 일반적 행동의 자유로서 보호된다고 하면서, 기부행위라는 명목으로 매표행위를 하는 것을 방지함으로써 선거의 공정성을 확보하려는 것은 기부행위자의 일반적 행동자유권이나 행복추구권을 제한한다고 한다고 결정하였다.[18)]

---

17) 최희경, “상징적 표현의 규제에 대한 심사기준”, 『홍익법학』 제9권 제3호, 2008, 65면.
18) 헌재 2014. 2. 27. 2013헌바106. 타인이나 단체에 대한 기부행위는 공동체의 결속을 도모하고 사회생활에서 개인의 타인과의 연대를 확대하는 기능을 하므로 자본주의와 시장경제의 흠결을 보완하는 의미에서 국가·사회적으로 장려되어야 할 행위이다. 또한 기부행위자 본인은 자신의 재산을 사회적 약자나 소외 계층을 위하여 출연함으로써 자기가 속한 사회에 공헌하였다는 행복감과 만족감을 실현할 수 있으므로, 이는 헌법상 인격의 자유로운 발현을 위하여 필요한 행동을 할 수 있어야 한다는 의미의 행복추구권과 그로부터 파생되는 일반적 행동자유권의 행사로서 당연히 보호되어야 한다. 따라서 기부행위라는 명목으로 매표행위를 하는 것을 방지함으로써 선거의 공정성을 확보하기 위한 이 사건 금지조항은 공정선거라는 목적을 위하여 기부행위자의 헌법상 기본권인 일반적 행동자유권, 행복추구권을 제한한다.

2. 정치적 표현의 자유에 대한 제한

정치적 표현이나 그것에 상응하는 행동 등의 핵심적인 정치적 표현은 엄격한 사법심사에 의하여 실질적으로 보호할 가치가 있다. 그렇지만 보호할 만한 표현적 가치라고 하더라도 규제로부터 자유로울 수는 없다.

일반적으로 표현의 자유를 제한하는 경우 제한의 대상이 표현 그 자체인가 아니면 제한의 목적이 표현적 효과 그 자체를 대상으로 하지 않는가에 따라 심사기준을 달리하고 있다. 우리 헌법재판소는 정치자금의 규제를 정치적 의사표현 자체를 금지하거나 그 내용에 따라 규제하는 것이 아니므로, 표현의 자유의 제한이론 중에서 내용 중립적 제한의 형식으로 인정한다. 헌법재판소는 그 동안 표현의 자유에 대한 제한과 관련하여, 표현내용에 대한 규제와 표현내용과는 무관한 제한을 구분하여 심사기준을 달리하고 있으며, 표현내용과 무관하게 규제하는 것은 합리적인 공익상의 이유로 폭넓은 제한이 가능하다고 결정해오고 있다.[19]

미국에서도 표현의 자유에 대한 제한에 있어서 특수한 제한이론을 발전시켜왔다. 보호의 대상이나 규제의 대상을 구분하는 표현·행동 이분론[20]이나 표현의 자유에 대한 제한이 표현적 효과를 목적으로 하는가에 따라 제한 정도를 달리해 왔다고 분석하는 Two-track이론[21] 등이 그것이다.

---

19) 헌재 2002. 12. 18. 2000헌마764. 국가가 개인의 표현행위를 규제하는 경우, 표현내용에 대한 규제는 원칙적으로 중대한 공익의 실현을 위하여 불가피한 경우에 한하여 엄격한 요건 하에서 허용되는 반면, 표현내용과 무관하게 표현의 방법을 규제하는 것은 합리적인 공익상의 이유로 폭넓은 제한이 가능하다. 헌법상 표현의 자유가 보호하고자 하는 가장 핵심적인 것이 바로 '표현행위가 어떠한 내용을 대상으로 한 것이든 보호를 받아야 한다'는 것이며, '국가가 표현행위를 그 내용에 따라 차별함으로써 특정한 견해나 입장을 선호하거나 억압해서는 안된다'는 것이다.

20) Thomas I. Emersion, "The system of freedom of expression", (Vintage Books; A Division of Random House New York, 1971), p. 17.

21) L. H. Tribe, American Constitutional Law, The Foundation Press, 2nd ed., 1988, p. 789.

표현·행동 이분론은 표현의 자유와 관련하여 보호의 대상이 되는 표현(speech)과 규제의 대상이 되는 행동(action)[22]을 구분하여 그것에 대한 제약의 정도를 달리하고 있다. 표현과 행동 이분론은 표현 그 자체는 우월적 지위를 갖기 때문에 그 자체를 직접 통제하기 위한 제한은 허용되어서는 안된다는 것이 우선적인 전제이며, 다른 사회적인 목적은 표현에 대한 규제를 통해서가 아니라 행동에 대한 규제를 통해서 성취되어야 한다는 것이다. 그리고 표현과 행동을 구분하기 위한 경계의 설정은 표현의 내용에 근거한 제한인가 아니면 내용 중립적 제한인가를 판단하는 기본적인 전제가 된다.[23]

Two-track이론은 표현의 자유를 제한하는 경우 두 가지 유형으로 구분하여 표현의 자유를 제한해 왔으며, 이 경우 미국의 연방대법원은 심사기준을 달리하여 적용해 왔다는 것이다. 첫 번째 유형에서는 표현의 자유에 대한 제한이 표현적 효과를 그 목적으로 하고 있고, 두 번째 유형에서의 제한은 비표현적 효과를 목적으로 한다.[24] 첫 번째 유형은 문제가 되는 표현행위의 특정한 내용이나 관점에 대하여 표현의 자유를 제한하는 것으로, 정부제한이 법원에 의하여 정당성을 인정받기가 매우 어렵다. 이 경우 정부제한이 정당화되려면 표현의 자유에 의해서 예상되는 해악이 정부의 제한에 의하여 방지될 수는 있으나 표현을 허용하게 된다면 그러한 해악을 막는 것이 어렵다는 것을 정부가 설득력 있게 입증할 수 있어야 한다.[25] 두 번째 유형은 사상이나 표현의 내용과는 관계없이 정부가 다른 목적을 추구하기 위한 과정에서 사상이나 표현을 제약하는 경우이며, 이 경우에는 표현의 자유에 대한 제한문제를 해결하기

22) 표현과 행동의 구분은 그것이 언어적인가 비언어적인가에 따른 구별은 아니다. Thomas I. Emersion(fn 20), p. 17 – 18.

23) 조재현, "정치적 표현의 자유와 표현내용에 근거한 제한, – 내용 중립적 제한과 내용에 근거한 제한을 중심으로" –, 『법학연구』 제19권 제4호, 연세대학교 법학연구원, 2009. 12, 11면 참조.

24) L. H. Tribe(fn 21), p. 790.

25) L. H. Tribe(fn 21), p. 834.

위하여 전형적인 이익형량의 방법을 적용한다. 침해당하는 표현적 행위와 표현을 금지하기 위한 제재를 통해 얻어지는 가치나 이익에 대한 형량에 주의를 기울이게 된다.[26)]

우리 헌법재판소도 표현내용에 대한 규제와 표현내용과는 무관한 제한을 구분하여 심사기준을 달리하고 있으며, 표현내용과 무관하게 규제하는 것은 합리적인 공익상의 이유로 폭넓은 제한이 가능하다고 결정하였다.[27)]

3. 정치자금 규제에 의한 정치적 표현의 제한 유형

헌법재판소는 단체의 정치자금 기부를 통한 정치적 의사표현은 단체의 정치적 의사표현 자체를 금지하거나 내용에 따라 규제하도록 하는 것이 아니라 개인과의 관계에서 불균형적으로 주어지기 쉬운 '자금'을 사용한 방법과 관련하여 규제를 하는 것이므로, 정치적 표현의 자유의 본질을 침해하는 것이라고 볼 수 없다고 하였다. 그리고 정치자금의 규제에 의한 개인이나 단체의 정치적 표현의 자유 제한은 내용 중립적인 제한이라고 결정하였다. 결국 정치자금의 기부를 금지함으로써 정치적 표현의 자유를 제약하는 것은 표현적 효과나 표현 내용 그 자체를 제약하는 것이 아니라 내용 중립적 제한이라는 것이 헌법재판소의 견해이다.

(1) 내용 중립적 제한과 표현내용에 근거한 제한[28)]

표현의 자유의 대한 제한은 그것이 표현의 내용인가 아니면 그 밖에 표현의 방법 등에 대한 제한인가에 따라 그 정도를 달리할 수 있다는 것이 미국이나 우리의 판례와 학계의 일반적인 견해이다. 표현내용에

26) L. H. Tribe(fn 21), p. 978－979.

27) 헌재 2002. 12. 18. 2000헌마764.

28) 조재현(주 23), 4－8면 참조.

대한 제한도 다시 표현의 특정한 관점이나 이념, 관념 등을 제한하는 경우를 별도로 구분하여 논의하고 있다.

1) 내용 중립적 제한

내용 중립적 제한은 표현된 내용과는 관계없이 표현을 제한하는 경우를 말한다. 즉 전달하고자 하는 메시지의 의사표현적인 영향이나 효과 및 그 내용과는 관계없이 표현을 제한하는 경우를 말한다.[29] 시간, 장소 방법 등을 제한하는 법률이 일반적으로 내용 중립적 제한의 경우에 해당하는데, 예컨대 병원근처에서 소음을 규제한다든지, 주택가에 광고게시판을 금지하는 법률 등이 그것이다.[30]

내용에 근거한 제한이 표현의 내용에 기초하여 일정한 표현내용이나 주제를 제한하는 경우에 엄격한 심사기준을 적용하는 반면에 내용중립적인 표현의 제한에 있어서는 그것의 합헌성을 심사함에 있어서 비교적 넓은 범위의 심사기준을 적용하고 있다.

2) 표현 내용에 근거한 제한

내용에 근거한 제한은 표현의 내용에 근거하여 제한하는 경우를 말한다. 내용에 근거한 제한은 표현의 내용 중에서 일정한 주제 등을 제한하는 경우도 있고, 일정한 관점이나 관념과는 무관하게 제한하는 경우와 일정한 관점에 근거하여 제한하는 경우 등이 있다. 관점에 근거한 제한은 모두 내용에 근거한 제한이지만, 내용에 근거하여 제한하는 경우는 관점과는 무관한 경우도 있으므로 내용에 근거한 제한이 모두 관점에 근거한 제한이라고 할 수는 없다.[31] 관점 중립적인 제한 중에서 내용에

---

29) G. R. Stone, "Content-neutral restrictions", University of Chicago Law Review, Winter, 1987, p. 48; Melissa Waller Baldwin, "An example of policy creating law through first amendment", Ohio Nothern University Law Review, 1995, p. 1108; 이부하, "상징적 표현의 권리", 『공법학연구』 제6권 제2호, 2005. 6, 171－172면 참조.

30) Joseph S. Johnston, "A poisoned arrow in his quiver: Why forbidding an entire branch of government from communication with a reporter violates the first amendment", University of Baltimore Law Review, Fall 2006, p. 151.

근거한 제한은 표현의 범주 또는 주제(subject matter)등에 근거하여 표현을 제약한다. 그렇지만 그러한 제한은 표현의 범주 내에 있는 특별한 생각(idea)이나 관점을 목표로 하지는 않는다는 점에서 관점에 근거한 제한과 구별된다.

박람회 등에서 모든 인쇄물이나 전단지의 배포를 금지하는 것은 내용 중립적 제한의 예에 해당하지만, 정치적인 선전을 목적으로 하는 전단지의 배포를 금지하는 것은 내용에 근거한 제한이다. 그 밖에도 내용에 근거한 제한으로는 공립학교 근처에서 평화로운 노동운동을 위한 피케팅 이외의 모든 형태의 피케팅을 금지하는 법률, 도시교통수단의 내부광고에 정치적인 메시지를 금지하는 법률, 투표소로부터의 일정거리 범위 내에서 정치적인 캠페인을 금지하는 법률 등도 포함한다.[32] 이러한 내용에 근거한 제한은 특정한 관념이나 관점을 제한하고 있는 것은 아니라는 점에서 관점에 근거한 제한과는 구별된다.

3) 관점에 근거한 제한[33]

관점에 근거한 제한은 표현된 특정한 생각이나 의견에 근거하여 표현을 제한한다. 그러므로 관점에 근거한 제한은 내용에 근거한 제한의 하위범주에 해당한다. 내용에 근거한 제한이 표현의 범주 내에 있는 모든 관점을 포함하여 표현내용의 전체 범주를 억압한다는 점에서 일정한 관점이나 특정한 생각 등에 근거하여 제한하는 관점에 근거한 제한과는 구별된다. 즉 관점에 근거한 제한은 정부가 특별한 문제(issue)에만 가담하여 편든다는 점에서 구별된다. 표현에 대하여 관점에 근거하여 제한을 하고자 하는 법률을 제정하는 경우에 정부가 의도하는 목적은 정부가 선호하는 관점을 촉진시키면서 반대로 정부가 싫어하는 관점은 억압하여

31) Joseph S. Johnston(fn 30), p. 151 – 152.

32) Joseph S. Johnston(fn 30), p. 154 – 155.

33) 그 밖에 관점에 근거한 제한의 예로는 Joseph S. Johnston(fn 30), pp. 152; G. R. Stone, "Content regulation and the first amendment", William and Mary Law Review, Winter, 1983, p. 197.

경쟁하는 관점사이에 불평등한 경기장을 만들기 위한 것이다.[34] 예컨대, 박람회 등에서 모든 인쇄물이나 전단지의 배포를 금지하는 것은 내용중립적 제한의 예에 해당하고, 정치적인 선전을 목적으로 하는 전단지의 배포를 금지하는 것은 내용에 근거한 제한에 해당한다고 할 수 있다. 반면에 특정 정당의 전단지 배포를 금지하거나, 전쟁반대를 위한 전단지를 배포하는 것을 금지하는 것은 관점에 근거한 제한이 된다.

미국 연방대법원은 정부가 주제(subject matter)가 아니라 주제에 관한 화자의 특별한 관점을 제한목표로 하는 경우에는 수정헌법 제1조 위반은 아주 심각해 질 수 있다는 점을 인식하고 있다.[35] 그렇기 때문에 관점에 근거하여 제한이나 차별을 하는 것은 내용차별의 형태 중에서도 가장 지독하고 악명 높은 형태의 제한에 해당한다고 보고 있다. 관점에 근거한 제한은 아주 강하게 왜곡된 효과를 가져오기 때문에 표현의 자유에 대한 제한 중에서도 가장 좋지 않은 형태의 제한이며, 그것은 공적인 토론을 왜곡하게 할 수 있다.[36] 그렇기 때문에 미국의 경우 다른 관점이나 의견보다 하나의 관점을 선호하는 특정 관점에 근거한 제한은 수정헌법 제1조 하에서의 핵심적인 원칙들을 깔아뭉개는 것[37]으로 표현의 자유에 대한 심각한 문제로 받아들이고 있다.

Ⅳ. 판례에 대한 평가

1. 표현의 자유의 제한에 대한 심사기준

헌법재판소는 표현 내용에 대한 제한과 내용 중립적 제한에 대한

34) Joseph S. Johnston(fn 30), p. 154.
35) Rosenberger v. Rector & Visitors of Univ. of Va., 515 U.S. 819, 829(1995).
36) Joseph S. Johnston(fn 30), p. 155.
37) Joseph S. Johnston(fn 30), p. 155.

심시기준을 달리하여 적용한다. 표현 내용에 대한 제한은 엄격한 심사를 요구한다. 특정한 주제나 관점에 관한 심사를 언급하기도 한다. 예컨대, "국가가 표현행위를 규제하는 경우 특정한 견해나 특정한 입장을 선호하거나 억압해서는 안된다."는 결정[38]이나, "표현의 내용 내지 주제에 관한 규제는 원칙적으로 중대한 공익의 실현을 위하여 불가피한 경우에 한하여 엄격한 요건 하에서 허용되어야 하는데 … 표현의 내용 내지 주제에 관한 규제에 해당한다."는 결정[39] 등이 그것이다.

표현 내용에 대한 제한이라고 하더라도 표현의 성격에 따라 심사의 기준을 달리하기도 한다. 상업적 표현은 표현의 자유의 보호영역에 속하지만 정치적·시민적 표현행위와 차이가 있으므로 상업광고 규제에 관한 비례원칙 심사에 있어서는 피해의 최소성 원칙은 '입법목적을 달성하기 위하여 필요한 범위 내의 것인지'를 심사하는 것으로 완화하기도 한다.[40]

내용 중립적 제한의 경우에는 비교적 완화된 심사기준을 적용한다. 내용 중립적 제한의 하나인 표현 방법에 대한 구체적 심사기준에 관하여 헌법재판소는 '표현 방법에 대한 제한은 합리적인 공익상의 이유로 비례의 원칙의 준수 하에서 가능'하다고 결정하였다.[41] 그리고 구체적으로 비례의 원칙 심사과정에서 '표현행위가 개인의 인격발현에 대하여 가지는 의미와 중요성'과 표현행위를 제한(자동차를 이용한 광고행위의 제한)해

38) 헌재 2002. 12. 18. 2000헌마764.

39) 헌재 2008. 1. 17. 2007헌마700. 재판관 송두환의 인용의견.

40) 헌재 2005. 10. 27. 2003헌가3; 헌재 2010. 7. 29. 2006헌바75. 상업광고는 표현의 자유의 보호영역에 속하지만 사상이나 지식에 관한 정치적·시민적 표현행위와는 차이가 있고, 한편 직업수행의 자유의 보호영역에 속하지만 인격발현과 개성신장에 미치는 효과가 중대한 것은 아니므로, 상업광고 규제에 관한 비례의 원칙 심사에 있어서 '피해의 최소성' 원칙은 같은 목적을 달성하기 위하여 달리 덜 제약적인 수단이 없을 것인지, 혹은 입법목적을 달성하기 위하여 필요한 최소한의 제한인지를 심사하기보다는 '입법목적을 달성하기 위하여 필요한 범위 내의 것인지'를 심사하는 정도로 완화하는 것이 상당하다고 판시한 바 있다.

41) 헌재 2002. 12. 18. 2000헌마764.

야 할 공익상의 이유를 비교형량의 방법에 의하여 판단하였다. 전형적인 과잉금지심사기준을 적용하기 보다는 비교형량의 방법에 입각하여 표현의 자유를 허용함으로써 얻을 수 있는 개인의 이익보다는 그것을 규제함으로써 얻을 수 있는 공익이 크다는 이유로 표현의 자유에 대한 침해를 인정하지 않았다.42)

그런데 의사표현 그 자체에 대한 제한이 아닌 경우에도 엄격한 심사기준을 적용한 예가 있다. 서신을 이용한 선거운동의 제한은 의사표현의 내용 그 자체가 아니라 선거운동 내지는 의사표현에 있어서 특정한 수단과 방법을 제한하는 것이라고 하면서, 이러한 의사표현의 제한은 정치적 표현의 한 형태로서 민주사회를 구성하고 움직이게 하는 요소이므로 비례원칙에 따른 엄격한 심사기준이 적용되어야 한다고 결정하였다.43)

이상과 같이 헌법재판소는 표현 내용에 근거한 제한과 내용 중립적 제한을 구분하여 각각 다른 심사기준에 따르는 것을 원칙으로 한다. 구체적인 심사과정에 있어서는 표현 내용에 근거한 제한인 경우에도 표현

42) 헌재 2002. 12. 18. 2000헌마764.

43) 헌재 2007. 8. 30. 2004헌바49. 이 사건 법률조항은 서신을 이용한 선거운동을 금지함으로써 청구인을 포함한 국민들에게 보장된 선거운동의 자유 내지 의사표현의 자유를 제한하고 있는바, 선거운동은 국민주권행사의 일환일 뿐 아니라 정치적 표현의 한 형태로서 민주사회를 구성하고 움직이게 하는 요소이므로 그 제한입법에 있어서 앞에서 본 바와 같이 비례원칙에 따른 엄격한 심사기준이 적용되어야 한다. 그러므로 이 사건 법률조항이 선거운동의 자유 등의 기본권을 제한함에 있어 준수하여야 할 과잉금지원칙을 위반하였는지 여부에 관하여 살펴본다. … 이 사건 법률조항에 의하여 제한되는 것은 선거운동 또는 의사표현의 내용 자체가 아니라 선거운동 내지 의사표현에 있어서의 특정한 수단과 방법에 한정되어 있다. 즉 모든 선거운동방법의 전반에 대한 전면적인 제한이 아니라 특히 폐해의 우려가 크다고 인정되는 서신에 의한 선거운동방법을 제한하고 그 이외의 방법은 자유롭게 선택할 수 있는 여지를 남겨 두고 있다. 따라서 후보자는 선전벽보, 선거공보, 선거공약서 등 공선법에서 허용되는 선거운동방법을 통하여 선거권자에게 자신을 충분히 알릴 수 있는 기회를 부여받고 있고, 일반 선거권자들도 인터넷·전화 등을 통하여 선거운동을 할 수 있다. 결국 이 사건 법률조항은 선거의 공정성과 기회균등을 위한 필요·최소한의 범위 내에서 선거운동의 자유를 제한하였다고 할 것이므로 침해의 최소성을 갖추었다 할 것이다.

의 성격에 따른 심사기준의 차이를 두기도 한다. 내용 중립적 제한의 경우에도 일관된 심사기준을 적용해 오고 있는 것은 아니다. 예컨대, 내용 중립적 제한의 경우에도 비교형량의 방법에 의하기도 하는가 하면, 다른 판례에서는 엄격한 심사기준을 적용하는 등 다소 일관성이 결여된 결정을 보인다.

2. 정치자금 기부행위 제한의 헌법적 평가

특정 정당이나 정치인에 대한 정치자금의 기부와 같은 정치활동은 정치적 의사표현으로 볼 수 있다는 판례의 태도는 일응 수긍할 수 있다. 그리고 정치자금의 기부를 정치적 표현의 자유의 하나의 형태로 이해한다면, 이를 규제하는 것은 표현의 자유에 대한 제한 중에서도 표현적 효과나 표현 내용 그 자체를 목적으로 하고 있지 않으므로 내용 중립적 제한으로 보는 것이 헌법재판소의 견해이다.

(1) 정치자금의 기부와 내용에 근거한 제한

우선 헌법재판소의 결정내용과 같이 정치자금의 기부를 표현 방법 등 내용 중립적 제한으로만 이해할 수 있는지는 의문이다. 정치자금의 기부는 자신의 정치적 신념을 실현하는 수단이다. 그렇기 때문에 정치자금의 기부행위를 규제하는 것은 개인이나 단체의 정치적 신념이나 확신을 규제하는 것으로 볼 수 있다. 경우에 따라서 특정 정치인이나 특정 정당에 대한 정치자금의 기부를 제한하는 것은 내용에 대한 제한 중에서도 특정한 관점에 근거하여 정치적 표현을 제한하는 한 제한이 될 수도 있다.

헌법재판소의 결정 내용처럼 정치자금을 규제하는 것이 단순히 '자금'의 사용방법과 관련한 규제만을 의미한다고 보는 것은 표현 내용이나 표현적 효과에 대한 제한의 성격을 지나치게 과소평가하고, 이를 표현

방법에 대한 제한으로만 축소해서 이해하는 것이다. 그것은 정치자금의 기부가 가지는 정치적 신념을 실현하는 수단으로서의 의미를 간과한 것이다. 대개의 경우 정치자금의 기부는 특정 정당에게 행해지고, 기부자의 특정한 정치적 신념에 기초하는 경우가 많으므로, 내용 중립적 제한이라기보다는 오히려 특정 관념 내지는 관점에 근거한 제한이 될 가능성이 크다.

(2) 내용 중립적 제한의 심사기준

헌법재판소의 결정내용처럼 정치자금 기부행위의 제한을 내용 중립적 제한으로 이해한다고 하더라도 그것에 기초한 심사기준의 적용에서도 비판의 소지가 다소 발견된다. 헌법재판소는 대상판례에서 단체의 정치자금 기부 금지를 내용 중립적 제한으로 보면서, 구체적 심사기준에서는 과잉금지심사를 하고 있다. 정치자금의 기부를 규제하는 목적은 정치자금의 기부를 통한 정치활동이 민주적 의사형성과정을 왜곡하거나 선거의 공정을 해하는 것을 방지하기 위한 것이라고 보아 목적의 정당성을 인정한다.[44] 정치자금에 대한 규제는 대의민주제의 필수적 귀결이며, 아무런 규제를 않는다면 정치권력과 금력의 결탁이 만연해지고, 필연적으로 기부자의 정치적 영향력이 증대되어 금력을 가진 소수에게 유리한 정치적 결정이 이루어지게 되어 민주주의의 기초가 훼손된다는 것이다.[45] 이러한 입법목적 달성을 위한 덜 제약적인 수단이 존재하지 않는 것이 명백하기 때문에 침해의 최소성에도 위배되지 않는다고 한다. 법익의 균형성의 관점에서도 비교형량의 방법이라기보다는 사익과 공익간의 현저한 불균형이 있었는지의 여부를 심사하고 있다.[46]

44) 단체의 정치자금 기부를 규제하는 경우, 개인에 비하여 자금동원력이 강한 단체의 이익이 과대하게 대표되는 것을 막고, 단체 구성원의 정치적 의사표현의 자유가 침해되는 것을 방지하기 위한 것이라고 한다. 헌재 2010. 12. 28. 2008헌바89.

45) 헌재 2004. 6. 24. 2004헌바16.

46) 정치자금 기부행위 규제에 의한 개인이나 단체의 정치적 표현의 자유 제한은 내용중

정치적 표현에 대한 제한으로서 내용 중립적 제한의 경우에는 비교적 완화된 심사기준을 적용하는 것이 그 동안 판례의 흐름이다. 완화된 심사기준을 적용한다고 하더라도 과잉금지심사가 완전히 배제되지는 않지만, 구체적인 심사내용에 있어서는 엄격한 심사기준의 적용과 구분되는 차별적 심사과정이 있어야 하는데, 대상판례에서는 그러한 노력이 보이지 않는다. 침해의 최소성의 관점에서도 '덜 제약적인 수단'이라는 심사기준을 대체할 수 있는 완화된 심사기준을 발견하려는 노력이 없다는 점이다. 법익의 균형성 심사에서도 엄격한 과잉금지심사에서 요구되는 것과 같이 '공익의 우월성'이나 '공익과 사익의 현저한 불균형이 없다는 점' 등을 구체적 심사기준으로 적용할 뿐, 비교형량의 방법 등은 보이지 않는다.

3. 소결

정치자금 기부행위의 규제의 성격을 정치적 표현의 자유에 대한 제한으로 보면서, 내용 중립적 제한으로 이해하는 판례의 태도는 비판의 소지가 있다. 정치적 신념을 실현하는 수단으로서의 의미를 갖는 정치자금 기부행위에 대한 제한은 정치적 표현 내용에 대한 제한으로 이해할 수도 있으며, 그것이 특정 정치인이나 특정 정당에 대한 정치자금의 규제일 경우에는 특히 관점에 근거한 제한으로 이해할 수도 있다.

정치자금의 규제를 내용 중립적 제한으로 이해하는 경우에도 구체적인 심사기준의 적용에 있어서는 이전의 결정례에 비추어 심사기준을 완화하려는 노력이 심사과정에서 나타나야 함에도 불구하고, 그러한 완

립적인 방법 제한으로서 수인 불가능할 정도로 큰 것이 아닌 반면, 금권정치와 정경유착의 차단, 선거의 공정성 확보 및 단체와의 관계에서 개인의 정치적 기본권 보호 등 이 사건 기부금지 조항에 의하여 달성되는 공익은 대의민주제를 채택하고 있는 민주국가에서 매우 크고 중요한 것이다. 따라서 법익의 현저한 불균형을 인정하기 어렵다.

화된 심사기준이나 엄격한 심사기준과는 구별되는 심사과정을 발견하기 어렵다는 점이다.

Ⅴ. 나가며

정치자금의 기부행위를 정치적 표현의 자유의 하나로 보는 것이 판례와 학계의 일반적 태도이다. 일반적인 기부행위는 일반적 행동의 자유로서 보호된다. 그렇지만 기부행위가 정치활동이나 정치적 영역에서 문제되는 경우에는 그것을 정치적 의사표현의 범주에 포함시킨다. 정치자금을 기부함으로써 기부자의 정치적 의사를 전달하려는 메시지가 충분히 관측될 수 있으며, 기부행위로서의 의미보다는 정치적 신념이나 의견이라는 의사 전달적 요소를 포함하고 있기 때문이다.

단체의 정치자금 기부행위를 제한하는 경우 헌법재판소는 표현의 자유에 대한 제약 중에서도 내용 중립적 제한에 해당한다고 하였다. 그렇지만 정치자금의 기부행위는 기부자의 정치적 신념을 실현하는 수단으로서의 의미를 갖는다. 그 때문에 정치자금 기부행위에 대한 제한은 정치적 표현 내용에 대한 제한으로 이해할 수도 있으며, 그것이 특정 정치인이나 특정 정당에 대한 정치자금의 규제일 경우에는 특히 관점에 근거한 제한으로 이해할 수도 있다.

만약 헌법재판소의 결정 내용대로 정치자금 기부행위에 대한 제한을 내용 중립적 제한으로 이해한다면 심사기준은 대체로 완화되는 것이 이전 판례의 경향에 비추어 일관성을 유지할 수 있다. 그렇지만 구체적인 심사기준의 적용에 있어서는 심사기준을 완화하려는 노력이 보이지 않는다. 완화된 심사기준을 적용하려는 노력이나 엄격한 심사기준과는 구별되는 차별화 된 심사과정이 보이지 않는다는 점은 다소 문제점으로 지적될 수 있다.

[참고문헌]

계희열, 『헌법학 (중)』, 박영사, 2007

정만희, 『헌법과 통치구조』, 법문사, 2003

유각근, "공무원 노동조합의 정치활동 범위와 한계", 『노동법학』 제36호, 2010. 12

이부하, "상징적 표현의 권리", 『공법학연구』 제6권 제2호, 2005. 6

전학선, "프랑스 교육제도와 교원의 정치활동의 자유", 『세계헌법연구』 제19권 제3호, 2013

정영화, "헌법상 공무원의 정치적 자유의 제한과 그 한계", 『헌법학연구』 제18권 제1호, 2012. 3

조재현, "정치적 표현의 자유와 표현내용에 근거한 제한, －내용 중립적 제한과 내용에 근거한 제한을 중심으로"－, 『법학연구』 제19권 제4호, 연세대학교 법학연구원, 2009. 12

최희경, "미국의 정치자금규제에 관한 헌법적 고찰", 『세계헌법연구』 제18권 제2호, 2012

최희경, "상징적 표현의 규제에 대한 심사기준", 『홍익법학』 제9권 제3호, 2008

홍완식, "법인·단체의 정치자금 기부금지", 『세계헌법연구』 제17권 제1호, 2011

G. R. Stone, "Content-neutral restrictions", University of Chicago Law Review, Winter, 1987

G. R. Stone, "Content regulation and the first amendment", William and Mary Law Review, Winter, 1983

Joseph S. Johnston, "A poisoned arrow in his quiver: Why forbidding an entire branch of government from communication with a reporter violates the first amendment", University of Baltimore Law

Review, Fall 2006

L. H. Tribe, American Constitutional Law, The Foundation Press, 2nd ed., 1988

Melissa Waller Baldwin, “An example of policy creating law through first amendment”, Ohio Nothern University Law Review, 1995

Thomas I. Emersion, “The system of freedom of expression”, (Vintage Books; A Division of Random House New York, 1971)

[Abstract]

A Study on a Limits of Political Donation and Political Speech

Jae Hyun Cho*

Political freedom have a special meaning in a democratic country. People realize the political freedom by joining a party, expression of political speech, political gathering, donating political fund, participation in election. In 2011 Hun-ba 254 and 2008 Hun-ba 89, the Korean Constitution Court ruled the related provision of the Political Fund Law that restrict the donation of organization or corporate body is constitutional. In this case, the Constitutional Court have decided that the political donation should be protected as a political speech by the constitution. And the court understand the restriction of the political donation as a content-neutral restrictions. There are three type of regulations, content-neutral restrictions, content-based restrictions, viewpoint-based restrictions in a restrictions of ‘freedom of speech’. Content-neutral restrictions limit expression without regard to the content or communicative impact of the message conveyed. Content-based restrictions limit communication because of

* Professor, Law School Dong-A University

the message it conveys. Viewpoint-based restrictions limit speech based upon the specific idea or opinion that is being expressed. Content-neutral restrictions should require intermediate scrutiny or rational basis standard(deferential review), on the other hand content-based restriction and viewpoint-based restrictions on speech receive heightened scrutiny because such restriction pose a danger censoring idea and opinions. There is a somewhat controversial in the decision of the Constitutional Court on restrictions of the donation of the political fund. The court decided that the restriction of the donation of political fund is a content-neutral restrictions, but it could be the content-based restrictions or viewpoint-based restrictions. And in the process of the examination of violation of the constitution on the freedom of speech, there was a missing the consistency, so should be need to maintain consistency in the standard of judgement.

[Keywords]
political freedom, political fundamental right, political speech, content-neutral restrictions, content-based restrictions, viewpoint-based restrictions

'공유수면에 대한 지방자치단체의 관할'에 관한 판례 검토

정해영*

* 동아대학교 법학전문대학원 교수

[국문요약]

공유수면에 대한 지방자치단체의 관할 다툼과 관련하여, 기존 법원과 헌법재판소의 태도는, '첫째, 공유수면에 대한 지방자치단체의 자치권한이 존재한다. 둘째, 자치권한의 배분은 성문법적 근거가 없는 것으로 볼 수 있으므로, 불문법(관습법) 혹은 행정판례법에 의해서 결정하여야 한다. 셋째, 국립지리원이 간행한 해상경계선을 불문법 내지 행정판례법에 의한 해상경계로 볼 수 있고, 이에 근거하여 관할을 정할 수 있다'는 것으로 요약할 수 있다. 그러나, 최근 헌법재판소 결정은, '첫째, 공유수면에 대한 지방자치단체의 자치권한이 존재한다. 둘째, 자치권한의 배분은 성문법적 근거가 없는 것으로 볼 수 있으므로, 불문법(관습법) 혹은 행정판례법이 있다면, 이에 의해서 결정하여야 한다. 셋째, 국립지리원이 간행한 해상경계선을 불문법상 해상경계로 볼 수 없으므로, 이와 같이 관습법 등이 존재하지 않는 경우, 헌법재판소에서 형평의 원칙에 따라 관할을 정하여야 하는데, 그 기준은 등거리 중간선 원칙, 지리적 특성상 일정한 도서 고려, 관련 행정구역의 관할변경, 쟁송해역에 대한 행정권한의 행사 연혁, 사무처리 실상, 주민들의 편익 등을 고려하여야 한다'는 것으로 기존 입장을 변경하였다. 변경된 헌법재판소의 결정에 따른 법원의 태도가 주목된다.

[주제어]
공유수면, 자치권한, 해상경계선, 형평의 원칙, 등거리 중간선 원칙

Ⅰ. 서론

경계가 모호한 바다의 관할구역과 관련하여 지방자치단체 사이의 분쟁이 심화되고 있다. 지방자치단체 사이의 관할권 분쟁으로 1992년 이

후 헌재에 접수된 사건만 하더라도 17건이라고 한다.[1] 경남남도와 전라남도 역시 남해, 여수 해역과 신안 가거도 등 황금어장의 조업권한을 지키기 위해 해상시위에 나서는 등 사실상 전쟁 상태라고 한다.[2] 최근에는 대법원[3]과 헌법재판소[4]가 두 달이 채 되지 않는 사이에 결론이 다른 판결을 각 선고하여, 또 다른 분쟁을 예고하고 있다.[5] 특히 헌법재판소 2015. 7. 30. 선고 2010헌라2 결정은 기존 헌법재판소의 입장을 변경하는 내용으로, 앞으로 공유수면에 대한 지방자치단체의 관할에 많은 영향을 미칠 것이다.

이하 실제 사례를 바탕으로, 대법원과 헌법재판소의 태도를 검토하기로 한다.

Ⅱ. 공유수면의 관할에 관한 대법원의 입장 검토 (대법원 2015. 6. 11. 선고 2013도14334 판결)

1. 사건의 개요

이 사건 피고인들(20명)은 경상남도 해역에서 '기선권현망어업'을 할 수 있도록 허가를 받은 사람들이다. 피고인들은 경상남도와 전라남도의 경계선 부근의 해역에서 조업을 하던 중, 해경에 적발되어 수산업법 위반으로 벌금형의 약식명령을 받았다. 피고인들은 정식재판을 청구하였으나, 1심 재판부에서 100만원의 벌금형이 선고되었다. 피고인들은 항소하

1) 국민일보(2015. 7. 27.), '바다 관할권 싸움 … 어민 등 터진다' 기사 참조.
2) 경남매일(2015. 7. 27.) '황금어장 분쟁 해결책 없는가' 기사 참조.
3) 대법원 2015. 6. 11. 선고 2013도14334 판결
4) 헌법재판소 2015. 7. 30. 2010헌라2 결정문
5) 부산일보(2015. 8. 2.), '전남과 어업권 분쟁 새 국면' 기사 참조.

였으나, 항소기각 되었고, 대법원에 상고를 하였으나, 상고 역시 기각되어 위 벌금형이 확정되었다.

2. 검사 공소사실의 요지[6)]

경상남도 해역에서 기선권현망어업을 할 수 있도록 허가를 받은 사람은 조업구역을 벗어나 조업하여서는 아니됨에도 불구하고, 피고인들은 2011. 7. 10. 12:30 무렵부터 14:40 무렵까지 경상남도와 전라남도 경계선에서 전라남도 해역 쪽으로 약 1마일 벗어난 해상에서 제일호 선단을 이용하여 기선권현망어구를 투, 양망하는 방법으로 멸치 약 100kg을 포획하여 조업구역을 위반하여 조업하였다.[7)]

3. 1심 법원의 판결 요지

(1) 변호인의 변론요지[8)]

첫째, 경상남도와 전라남도의 해상 경계에 관하여 성문의 규정이 없어 이 사건 조업행위를 벌하는 것은 죄형법정주의에 반한다.

둘째, 피고인들은 자신들의 조업행위가 조업구역을 위반한 것이 아니라고 믿었고, 정당한 이유가 있었으므로, 형법 제16조 법률에 정당한 착오가 있는 경우에 해당하여 처벌할 수 없다.

(2) 죄형법정주의와 관련하여 1심 법원의 판단

경상남도와 전라남도의 해상 경계에 관하여 성문의 규정이 없어 이

6) 광주지방법원 순천지원 2013. 1. 17. 선고 22012고정756 수산업법위반 판결 참조.

7) 피고인들의 공소사실의 사실관계는 모두 조금씩 차이가 나므로, 피고인 1을 기준으로 공소사실을 요약하였다.

8) 1심 법원이 판단한 범위 내에서 변호인의 변론요지를 정리, 요약하였다.

사건 조업행위를 벌하는 것이 죄형법정주의에 반하는지 여부

1심 법원은, 헌법재판소 2011. 9. 29. 선고 2009헌라5 결정 및 헌법재판소 2004. 9. 23. 선고 2000헌라2 결정을 그대로 원용하였고, 요약하면 아래와 같다.

첫째, 이 사건 경상남도와 전라남도의 해상 경계가 되는 경계란 일반적으로 지방자치단체의 자치권이 미치는 구역으로 공법적 권리의 범위를 말하는 것으로 그 경계란 자연적 경계이건 인위적 경계이건 불문하고 관습상 일반적으로 인정된 것이어도 상관없다.

둘째, 지방자치법 제4조 제1항은 지방자치단체의 관할구역 경계를 결정함에 있어서 '종전'에 의하도록 하고 있고, 지방자치법 제4조 제1항의 개정연혁에 비추어 보면 위 '종전'이라는 기준은 최초로 제정된 법률조항까지 순차 거슬러 올라가게 되므로 1948. 8. 15. 당시 존재하던 관할구역의 경계가 원천적인 기준이 되고, 공유수면에 대한 지방자치단체의 관할구역 경계 역시 위와 같은 기준에 따라 정해져야 한다.

셋째, 다른 특별한 사정이 없는 한 조선총독부 육지측량부가 제작한 지형도 중 1948. 8. 15.에 가장 근접한 것을 기준으로 하여 종전에 의한 해상경계선을 확인하여야 할 것이나, 지형도가 현재 존재하지 않거나 지형도상에 해상경계선이 제대로 표시되어 있지 않더라도, 국토지리정보원이 발행한 국가기본도(지형도) 중 1948. 8. 15.에 가장 근접한 것을 기준으로 하여 종전에 의한 해상경계선을 확인하여야 하고, 지형도상의 해상경계선이 명시적으로 표시되어 있지 않은 경우에는 행정관습법이 존재한다면 이에 의하고, 행정관습법이 성립하지 아니한 경우에는 지형도에 표시된 해상경계선에서 합리적으로 추단할 수 있는 해상경계선에 의하여야 한다(헌법재판소 2011. 9. 29. 선고 2009헌라5 전원재판부 참조).

다섯째, 또한 지방자치단체가 관할하는 공유수면의 행정구역 경계에 관하여는 법률로 규정하지 않고 있어서, 공유수면에 대한 행정구역을 구분하는 법률상의 경계는 존재하지 않지만, 국립지리원이 간행한 지형도상의 해상경계선을 행정구역 경계선으로 인정해온 행정관행이 존재하고

이러한 행정관행이 오랜 기간 동안 존재하여 왔고, 지형도상 해상경계선이 해상에서의 행정구역 경계선이라는 점에 대한 지방자치단체들과 일반국민들의 법적 확신이 존재한다고 할 것이므로 국립지리원이 간행한 지형도상의 해상경계선은 행정관습법상 해상경계선으로 인정될 뿐만 아니라 행정판례법상으로도 인정되고 있기 때문에 불문법상의 해상경계가 된다(헌법재판소 2004. 9. 23. 선고 2000헌라2 전원재판부 참조).

결국, 이에 비추어 보면, 전라남도와 경상남도의 해상 경계를 조선총독부 육지측량부가 제작한 지형도 또는 국토지리원이 작성한 지형도 중 1948. 8. 15.에 가장 근접한 지형도를 기준으로 하여 종전에 의한 해상경계선으로 확정하는 것이 죄형법정주의에 반한다고 볼 수 없다.

(3) 법률의 착오에 정당한 이유가 있는지 여부에 관한 1심 법원의 판단

이 사건에서 보건대, 피고인들이 주장하는 것과 같이 국립지리원이 지형도상 표기된 섬에 대한 해상 경계선은 행정구역과 관련시켜 섬의 소속을 해독하기 위한 것이라는 견해를 밝히고 있지만, 국립지리원의 섬에 대한 해상경계선은 그 자체가 도서에 대한 행정구역을 획정하고 있다고 할 것이므로 행정구역을 구분하는 경계선의 성격을 갖는다고 할 것이므로, 피고인들이 주장하는 사유들만으로는 피고인들의 행위가 조업구역을 위반한 것이 아니라고 믿은 데에 정당한 이유가 있다고 볼 수 없다.

(4) 소결론

결국 1심 법원은 1973년 국토지리정보원 지형도상의 해상경계선이 이 사건 허가 조업구역의 경계선인 경상남도와 전라남도의 도 경계선이 됨을 전제로 하여 피고인들이 그 경계선을 넘어 이 사건 허가 조업구역을 벗어나 조업을 하였다고 보아 이 사건 공소사실을 모두 유죄로 판단하고, 피고인들에 대한 수산업법 위반 사건에 대해서는 벌금형 100만원을 선고하였다.

(5) 판례에 대한 사견

위 1심 법원은 헌법재판소의 결정을 원용하여, 1973년 국토지리정보원 지형도상의 해상경계선이 이 사건 허가 조업구역의 경계선이 됨을 당연히 전제하였다. 하지만, 헌법재판소의 결정에 대한 비판은 별론으로 하더라도, 구체적으로 국토지리정보원 지형도상의 해상경계선이 어떻게 경상남도와 전라남도의 도 경계선이 되는지에 대한 구체적 판시는 없다. 즉, 피고인들의 변호인이 주장한 '경상남도와 전라남도의 해상 경계에 관하여 성문의 규정이 없어 이 사건 조업행위를 벌하는 것은 죄형법정주의에 반한다.'는 부분에 대한 정확한 판단이 필요한 것으로 생각한다. 이를 위해서 법률이 없음에도 불구하고 위 국토지리정보원 지형도상의 해상경계선을 관습법 내지 행정판례법에 의해 이 사건 허가 조업구역의 경계선이 될 수 있는지를 상세히 밝히고, 관습법 내지 행정판례법에 의한 경계선이 인정된다고 하더라도 과연 이 사건 피고인들을 처벌할 수 있는지에 대한 구체적인 논증을 하였어야 할 것으로 생각한다.

4. 항소심의 판단[9)]

(1) 변호인의 항소이유의 요지(사실오인 및 법리오해)[10)]

1) '경상남도와 전라남도 도 경계선'에 관한 사실오인, 법리오해, 죄형법정주의 위반 등(제1주장)

첫째, 1973년 국토지리정보원 지형도상의 해상경계선을 경상남도와

9) 창원지방법원 2013. 11. 1. 선고2013노508 판결

10) 위 항소심 판결문 참조.

전라남도의 도 경계선으로 하는 행정관습법이 확립되었다고 볼 수 없다. 뿐만 아니라 1920년 조선총독부 육지측량부가 제작한 지형도가 존재하고 이것이 1973년 국토지리정보원 지형도보다 우선적인 기준이 된다. 그리고 1920년 조선총독부 육지측량부가 제작한 지형도상에는 경상남도와 전라남도의 도 경계선이 분명하게 표시되어 있지 않으므로, 이 지형도상 경상남도와 전라남도의 도 경계선이 확인되지 않는다. 결국 경상남도와 전라남도의 도 경계선에 관한 법적 기준이 존재한다고 볼 수 없고, 달리 그 경계선을 확인할 기준도 없으므로 피고인들이 그 경계선을 넘어 이 사건 허가 조업구역을 벗어나 조업하였다고 확정할 수 없다.

둘째, 경상남도와 전라남도의 도 경계선에 관한 명시적 법적 기준이 있다고 보더라도, 경상남도와 전라남도의 도 경계선의 법적 성격은 경상남도와 전라남도의 관할 행정구역 경계선이 아닌 어업구역 경계선이므로, 경상남도와 전라남도의 도 경계선를 국토지리정보원 지형도상의 해상경계선에 근거하여 확정할 것이 아니라, 1982. 11. 13. 대통령령 제10945호로 개정된 수산자원보호령 제4조 제4호 관련 [별표 4] 부도에 표시된 점선(경남과 전남 사이의 섬진강 하류와 해상의 접점으로부터 경남 남해군과 전남 여수시의 중앙을 따라 그은 선, 이하 '수산자원보호령 신설 경계선'이라 한다)을 기준으로 확정하여야 한다. 수산자원 보호령 신설 경계선을 기준으로 하면 피고인들이 이 사건 허가 조업구역을 벗어나 조업을 한 것이 아니다.

결국, 피고인들이 원심은 이와 달리 보아 이 사건 공소사실을 모두 유죄로 판단하였으므로 원심판결에는 이 사건 허가 조업구역의 경계선인 '경상남도와 전라남도의 도 경계선'에 관한 사실오인, 법리오해 또는 죄형법정주의 위반 등의 위법이 있다.

2) 고의에 관한 사실오인, 법리오해 등(제2주장)

설령 1973년 국토지리정보원 지형도상의 해상경계선을 경상남도와 전라남도의도 경계선로 볼 수 있더라도, 피고인들은 그 조업을 한 해상이 이 사건 허가 조업구역 내에 있다고 인식하고 있었으므로, 피고인들에게 고의가 있었다고 볼 수 없다.

3) 법률의 착오에 관한 법리오해(제3주장)

피고인들은 조업을 한 해상이 이 사건 허가 조업구역 내에 있어 죄가 되지 아니한다고 오인하였고 그 오인에 정당한 이유가 있으므로, 형법 제16조에 따라 피고인들을 처벌할 수 없다.

(2) 항소심의 판단

1) 제1주장에 대하여

첫째, 수산업법 제61조 제2항의 위임을 받은 수산업법 시행령 제40조 제1항 관련 [별표 3] '근해어업의 조업구역과 허가정수'는 근해어업의 종류별로 조업구역 등을 정하였는데, 기선권현망어업의 조업구역을 이 사건 허가 조업구역과 전라남도의 해역으로 나누는 한편 이 사건 허가 조업구역을 "경상북도와 울산광역시 경계와 해안선의 교점에서 방위각 107도의 연장선 이남에서 경상남도와 전라남도의 도 경계선 사이의 해역"이라고 규정하고 있다.

이와 같은 규정의 문언과 아울러 수산업법이나 그 시행령에 '경상남도와 전라남도의 도 경계선'을 정의하는 별도의 규정은 없는 점, 수산업법 시행령 제40조 제1항 관련 [별표 3] '근해어업의 조업구역과 허가정수'는 이 사건 허가 조업구역 외의 다른 근해어업의 조업구역을 정할 때 특정 지방자치단체의 해안선 또는 특정 지방자치단체 사이의 경계선 등을 기준으로 하는 경우가 여럿 있는데 그 지방자치단체의 해안선 또는 그 지방자치단체 사이의 경계선 등을 정의하는 별도의 규정 역시 없는 점 등에 비추어보면, 이 사건 허가 조업구역의 기준이 되는 '경상남도와 전라남도의 도 경계선'이라 함은 경상남도와 전라남도가 지방자치단체로서 자치권을 행사할 수 있는 장소적 범위를 정하는 경계선으로서, 지방자치단체의 관할구역에 관하여 규정하고 있는 지방자치법 제4조 제1항에 따른 경상남도와 전라남도의 관할구역의 경계선을 의미한다고 봄이 타당하다. 그리고 지방자치단체의 관할구역에는 육지는 물론 공유수면인 바다도 포함되므로(대법원 2002. 12. 24. 선고 2000도1048 판결 등 참조), 결국 이 사건 허가 조업구역의 기준이 되는 '경상남도와 전라남도의 도 경계선'은 지방자치법 제4조 제1항에 따른 '경상남도와 전라남도의 해상경계선'을 의미한다.

둘째, 지방자치법 제4조 제1항의 개정 연혁 등에 비추어보면, 현행 지방자치법 제4조 제1항 본문에서 규정한 지방자치단체의 관할구역결정 기준으로서의 '종전'이라는 기준은 최초로 제정된 법률조항까지 순차 거슬러 올라가게 되므로, 1948. 8. 15. 당시 존재하던 관할구역의 경계가 원천적인 기준이 된다.

일제시대의 '일반도측량실시규정'[조선총독부 임시토지조사국 훈령 제1호, 대정3년(1914년) 1월 12일 제정]에 의거하여 일제시대 대정 7년(1918년)에 조선총독부 육지측량부가 제작한 지형도에는 도와 군 사이를 구분하는 해상경계선이 표시되어 있었다(대법원 2002. 12. 24. 선고 2000도1048 판결 에 따르면, 조선총독부 육지측량부는 1918년 이후에도 여러 차례 지형도를 제작하였는데 그 중 일부는 해상경계선이 제대로 표시되어 있지 않다고 한다). 따라서 다른 특별한 사정이 없는 이상 조선총독부 육지측량부가 제작한 지형도 중 1948. 8. 15.에 가장 근접한 것을 기준으로 하여 종전에 의한 해상경계선을 확인하여야 한다. 그러나 조선총독부 육지측량부가 제작한 지형도가 현재 존재하지 않거나 위 지형도상에 해상경계선이 제대로 표시되어 있지 않다고 하더라도, 주민, 구역과 자치권을 구성요소로 하는 지방자치단체의 본질에 비추어 지방자치단체의 관할구역에 경계가 없는 부분이 있다는 것은 상정할 수 없고, 조선총독부 육지측량부가 제작한 지형도는 해방 이후 국토지리정보원이 발행한 국가기본도에 대부분 그대로 표시되었으므로, <u>국토지리정보원이 발행한 국가기본도(지형도) 중 1948. 8. 15.에 가장 근접한 것을 기준으로 하여 종전에 의한 해상경계선을 확인하여야 할 것이다. 그리고 지형도상에 해상경계선이 명시적으</u>

로 표시되지 않은 경우에는 행정관습법이 존재한다면 이에 의하고, 행정관습법이 성립하지 아니한 경우에는 지형도에 표시된 해상경계선에서 합리적으로 추단할 수 있는 해상경계선에 의하여야 한다(헌법재판소 2009. 7. 30. 선고 2005헌라2 결정, 헌법재판소 2010. 6. 24. 선고 2005헌라9 결정 등 참조).

셋째, 원심 및 당심이 적법하게 채택·조사한 증거에 의하면, 1920년 조선총독부 육지측량부가 제작한 지형도에는 경상남도와 전라남도의 해상경계선이 일부만 표시되어 있는 사실, 한편 1973년 국토지리정보원에서 발행된 지형도에는 경상남도와 전라남도의 해상경계선이 전체적으로 표시되어 있는 사실, 국토지리정보원이 발행한 국가기본도(지형도) 중 경상남도와 전라남도의 해상경계선이 전체적으로 표시된 지형도는 발행시기별로 여러 종류가 있는데 그 중 1948. 8. 15.에 가장 근접한 것은 1973년에 발행된 지형도인 사실을 인정할 수 있다. 이와 같은 사실관계를 앞서 본 법리에 비추어보면, 1920년 조선총독부 육지측량부가 제작한 지형도상에 경상남도와 전라남도의 해상경계선이 제대로 표시되어 있지 않아 위 지도만을 가지고는 종전에 의한 경상남도와 전라남도의 해상경계선을 확인하기 어렵고 그 해상경계선이 표시된 조선총독부 육지측량부의 다른 지형도도 확인되지 않으므로, 국토지리정보원이 발행한 국가기본도(지형도) 중 1948. 8. 15.에 가장 근접한 1973년 지형도상의 해상경계선을 기준으로 하여 종전에 의한 경상남도와 전라남도의 해상경계선을 확인하여야 할 것이다. 따라서 1973년 국토지리정보원 지형도상의 해상경계선이 1948. 8. 15. 당시 존재하던 경상남도와 전라남도의 해상경계선이 된다.

넷째, 1948. 8. 15. 당시 존재하던 경상남도와 전라남도의 해상경계선은 각 법령이 관할구역을 정하는 기준으로 삼고 있는 법률 또는 대통령령에 의하여 달리 정하여진바 없고 행정관습법 등 불문법적인 근거에 의한 변경이 이루어졌다고 볼 증거도 없으므로, 현재까지 유지되고 있다고 할 것이다[피고인들은 1982. 11. 13. 대통령령 제10945호로 개정된 수산자원보호 령 제4조 제4호 관련 [별표 4] 부도상의 수산자원보호령 신설 경계선이 마련됨에 따라 경상남도와 전라남도의 해상경계선이 달리 정하여졌다는 취지의 주장을 하고 있다. 그러나 수산자원보호 령 제4조 제4호 나 그와 관련된 [별표 4] 및 그 부표는 '기선선인망(기선권현망) 어업 금지구역'을 표시하는 것일 뿐 경상남도와 전라남도의 관할구역을 정하는 법령이라고 할 수 없다. 따라서 수산자원보호령 신설 경계선의 마련으로 경상남도와 전라남도의 해상경계선이 달리 정하여졌다고 할 수 없다].

결국, 1973년 국토지리정보원 지형도상의 해상경계선이 이 사건 허가 조업구역의 경계선인 '경상남도와 전라남도의 도 경계선(해상경계선)'이 된다. 그리고 원심 및 당심이 적법하게 채택·조사한 증거에 의하면, 피고인들은 모두 1973년 국토지리정보원 지형도상의 해양경계선을 넘어가 조업을 한 사실을 인정할 수 있다. 그렇다면 피고인들은 이 사건 허가 조업구역의 경계선인 '경상남도와 전라남도의 도 경계선(해상경계선)'을 넘어 그 조업구역을 벗어나 조업을 하였다고 할 것이므로, 이 사건 공소사실은 모두 유죄로 인정된다. 같은 취지의 원심 판단은 정당하고 거기에 피고인들이 주장하는 바와 같은 사실오인, 법리오해 등의 위법이 있다고 할 수 없다. 피고인들의 이 부분 주장은 이유 없다.

나) 제2주장에 대하여

원심 및 당심이 적법하게 채택·조사한 증거에 의하여 인정되는 다음과 같은 사정들, 즉 ① 피고인들의 어업허가증에 이 사건 허가 조업구역이 명시적으로 기재되어 있는 점, ② 경상남도와 전라남도의 도 경계선는 상당히 오랜 기간 전부터 1973년 국토지리정보원에서 발행된 지형도상 해상경계선을 기준으로 형성되어 있었던 것으로 보일 뿐만 아니라 피고인들이 이 사건 조업으로 단속되기 훨씬 이전부터 1973년 국토지리정보원에서 발행된 지형도상 해상경계선을 기준으로 단속 및 처벌이 이루어져 왔던 점을 고려할 때 어업 종사자인 피고인들로서는 경상남도와 전라남도의 도 경계선에 관하여 잘 알고 있었던 것으로 보이는 점, ③

피고인들은 수사기관에서 '남해군 이리산정에서 여수시 작도를 직선으로 이은 선이 경상남도와 전라남도의 해상경계선이다'는 취지의 주장을 하였으나, 그 구체적인 근거에 관하여는 뚜렷한 진술하지 못하였던 점 등에 비추어볼 때, 피고인들에게 경상남도와 전라남도의 도 경계선을 넘어 이 사건 허가 조업구역을 벗어나 조업한다는 고의가 없었다고 보기 어렵다. 따라서 피고인들의 이 부분 주장 역시 이유 없다.

3) 제3주장에 대하여

기록에 의하면, ① 행정안전부는 '지방자치단체간 해상경계선을 구분 짓는 명문의 법률적 근거가 있는지 여부'에 관하여 '해상에서의 지방자치단체간 경계(구역)를 획정하는 법률적 근거는 없다'는 취지의 답변을 하였던 점, ② 국토지리정보원이 1973년 발행한 지형도에는 해상경계선이 표시되어 있으나, 그 뒤 발행한 지형도에는 해상경계선의 표시가 없는 점, ③ 국토지리정보원은 지형도상의 해상경계선은 도서의 소속행정관청을 쉽게 알 수 있도록 표시한 기호에 불과하고 지방자치단체의 관할구역 경계선과는 무관하다는 입장을 표명하였던 점 등 피고인들의 주장에 부합하는 듯한 사정이 있다.

그러나 앞서 살펴본 사정들에 비추어보면, 피고인들은 어업종사자로서 이 사건 허가 조업구역을 벗어난 장소임을 알면서도 경상남도와 전라남도의 도경계선을 침범하여 조업을 하였다고 보인다. 설령 피고인들이 그와 같이 조업한 것이 죄가 되지 아니한다고 오인하였다고 하더라도 이는 위에서 살펴본 사정들을 자기에게 유리하게 잘못 해석한 것에 불과하여 정당한 이유가 있는 법률의 착오에 해당한다고 볼 수 없고, 이 사건 허가 조업구역을 벗어나 조업한 경상남도 어업인 중 일부에 대하여 무죄 판결이 선고된 경우가 있었다는 사정을 아울러 고려하더라도 달리 볼 수 없다. 따라서 피고인의 이 부분 주장 역시 이유 없다.

4) 결론

항소심 역시 1973년 국토지리정보원 지형도상의 해상경계선이 이

사건 허가 조업구역의 경계선인 '경상남도와 전라남도의 도 경계선(해상경계선)'이 되므로, 피고인들이 이 사건 허가 조업구역의 경계선인 '경상남도와 전라남도의 도 경계선(해상경계선)'을 넘어 그 조업구역을 벗어나 조업을 하였다고 할 것이므로, 이 사건 공소사실을 모두 유죄로 인정하였다.

5) 판례에 대한 사견.

항소심 역시 헌법재판소의 태도를 따라 1973년 국토지리정보원 지형도상 해상경계선을 이 사건 허가 조업구역의 경계선인 경남과 전남의 도 경계선이 된다고 판단한 후, 1심과 같은 결론에 도달하였다. 다만, 1심 법원보다 구체적으로 국토지리정보원 지형도상 해상경계선이 이 사건 조업구역의 경계선으로 판단한 것으로 보인다. 하지만, 피고인들이 주장하는 죄형법정주의와 관련하여, 국민의 신체의 자유 내지 재산권을 제한하는 범죄행위에 대한 처벌 여부를 판단함에 있어서, 헌법재판소의 과거 결정의 태도를 논증하는 것보다 구체적으로 피고인들이 어떠한 근거로 처벌을 받아야 하는지에 대한 논증이 더욱 중요할 것으로 보인다. 즉, 해상경계선을 명시적인 법률로 정하지 아니한 본 사안에 있어서 어떤 근거로 해상경계선을 확정하여야 하고, 그 근거로 법원에서 새롭게 확정한 경계선을 기준으로 피고인들을 처벌할 수 있는지 등에 대한 논증이 필요할 것으로 보인다.

5. 상고심의 판단[11)]

변호인의 상고이유는 항소심과 유사하므로, 이하에서는 상고심의 판단만을 살핀다.

---

11) 대법원 2015. 6. 11. 선고 2013도14334 판결 참조.

(1) 상고이유 제1, 2점에 관하여(죄형법정주의 위반 여부 및 고의 존부)

구 수산업법(2014.3.24. 법률 제12541호로 개정되기 전의 것, 이하 '구수산업법'이라고 한다) 제98조 제8호는 '제61조의 어업조정 등에 관한 명령을 위반한 자'를 처벌하도록 규정하고 있고, 제61조 제1항은 행정관청은 어업조정 등을 위하여 필요한 사항을 명할 수 있도록 하면서 그 필요한 사항으로 제2호에서 '근해어업에 대한 조업구역의 제한이나 금지'를 규정하고 있으며, 제61조 제2항은 그에 따른 제한 또는 금지사항 등에 필요한 사항은 대통령령으로 정한다고 규정하고 있다. 구 수산업법 제61조 제2항의 위임을 받은 수산업법 시행령 제40조 제1항 관련 [별표 3] '근해어업의 조업구역과 허가정수'는 근해어업의 종류별로 조업구역 등을 정하고 있는데, 기선권현망어업의 조업구역을 '경상북도와 울산광역시 경계와 해안선의 교점에서 방위각 107도의 연장선 이남에서 경상남도와 전라남도의 도 경계선 사이의 해역'과 '전라남도의 해역'으로 나누어 규정하면서 '경상남도와 전라남도의 도경계선'의 의미에 관해서는 별도로 규정하고 있지 않다.

위와 같은 구 수산업법 및 수산업법 시행령 규정을 종합하면, 기선권현망어업의 조업구역의 경계가 되는 위 '경상남도와 전라남도의 도 경계선'은 지방자치법 제4조 제1항 에 따라 결정되는 경상남도와 전라남도의 관할구역의 경계선을 의미한다고 보아야 한다.

한편 지방자치법 제4조 제1항은 지방자치단체의 관할구역 경계를 결정함에 있어서 '종전'에 의하도록 하고 있고, 지방자치법 제4조 제1항 등의 개정 연혁에 비추어 보면 그 '종전'이라는 기준은 최초로 제정된 법률조항까지 순차 거슬러 올라가게 되므로,1948.8.15. 당시 존재하던 관할구역의 경계가 원천적인 기준이 된다고 할 수 있으며, 공유수면에 대한 지방자치단체의 관할구역 경계 역시 위와 같은 기준에 따라 1948. 8. 15. 당시 존재하던 경계가 먼저 확인되어야 할 것인데, 이는 결국 당시 해상경계선의 존재와 형태를 확인하는 사실인정의 문제라고 할 수 있다

(헌법재판소 2011.9.29.선고 2009헌라5 전원재판부 결정 등 참조).

원심은, 그 판시와 같은 이유에서 국토지리정보원이 발행한 국가기본도(지형도)중 1948.8.15.에 가장 근접한 1973년 지형도상의 해상경계선이 이 사건 허가 조업구역의 경계선인 '경상남도와 전라남도의 도 경계선(해상경계선)'이 되고 피고인들은 직접 또는 그 사용인이 모두 위 해양경계선을 넘어가 조업을 하였으므로 이 사건 공소사실이 모두 유죄로 인정된다고 판단하였다.

위 법리와 기록에 비추어 살펴보면, 원심의 위와 같은 판단은 정당하고 거기에 상고이유 주장과 같은 죄형법정주의 위반, 수산업법령상 조업구역 획정 및 도계선의 결정에 관한 법리오해 등의 위법이 없다.

(2) 상고이유 제3점에 관하여(법률상 착오)

원심은, 그 판시 사정에 비추어 보면 피고인들에게 경상남도와 전라남도의 도 경계선을 넘어 이 사건 허가 조업구역을 벗어나 조업한다는 고의가 있었다고 할 것이고, 설령 피고인들이 그와 같이 조업한 것이 죄가 되지 아니한다고 오인하였다고 하더라도 그러한 오인이 정당한 이유가 있는 법률의 착오에 해당한다고 볼 수 없다고 판단하였다.

관련 법리와 기록에 비추어 보면, 원심의 위와 같은 판단은 정당하고 거기에 상고이유 주장과 같은 고의 내지 위법성의 착오에 관한 법리오해 등의 위법이 없다.

(3) 결론

상고심 역시 헌법재판소의 결정례를 원용하여, 이 사건 허가 조업구역의 경계를 확인하는 일은 사실인정의 문제이고, 1973년 국토지리정보원 지형도상의 해상경계선이 이 사건 허가 조업구역의 경계선인 '경상남도와 전라남도의 도 경계선(해상경계선)'이 되므로, 피고인들이 이 사건 허가 조업구역의 경계선인 '경상남도와 전라남도의 도 경계선(해상경계선)'

을 넘어 그 조업구역을 벗어나 조업을 하였다고 할 것이므로, 이 사건 공소사실을 모두 유죄로 인정하였다.

(4) 판례에 대한 사견

상고심 역시 헌법재판소의 태도를 원용하여, 원심과 같은 결론에 도달하였다. 다만, 죄형법정주의에 대한 반박으로서, 이 사건 해상경계선을 확정하는 문제는 사실인정의 문제이므로, 죄형법정주의에 반하지 않는다는 취지의 설시를 한 것으로 보인다. 대법원이 헌법재판소의 결정을 존중하고 이를 따르는 것은 당연하고 바람직한 일이다. 하지만, 구체적인 논증이 필요한 피고인들에 대한 형사 책임을 인정함에 있어서, 보다 상세하게 피고인들의 처벌의 근거 등에 대한 논증을 하는 것이 중요할 것으로 생각한다. 이는 뒤에서 서술하는 것처럼 헌법재판소의 결정이 변경될 경우, 대법원의 결정 역시 변경이 필요할 수 있기 때문이다. 결국 위에서 살핀 것처럼, 해상경계선을 확정하는 것이 사실인정의 문제라고 하더라도, 이러한 사실인정을 통해서 대법원에서 확정된 해상경계선을 기준으로 기존 피고인들의 행위를 처벌할 수 있는지 등에 대한 구체적인 논증이 필요할 것으로 생각한다.

Ⅲ. 공유수면의 관할에 관한 헌법재판소의 입장 검토

위 각 심급 법원에서 원용한 공유수면의 관할에 대한 헌법재판소의 판례의 요지를 먼저 살피고, 최근 헌법재판소의 판례를 검토한다.

1. 헌법재판소 2004. 9. 23. 선고 2000헌라2 결정

(1) 다수의견(5인)[12)]

1) 수산업법 제8조 및 제41조 제2항, 공유수면 관리법 제4조 및 제5조, 연안관리법 제8조 등의 개별법률 규정들, 학계의 통설, 대법원의 판례 및 법제처의 의견을 종합하건대, 지방자치단체의 구역은 주민, 자치권과 함께 자치단체의 구성요소이며, 자치권이 미치는 관할구역의 범위에는 육지는 물론 바다도 포함되므로, 공유수면에 대한 지방자치단체의 자치권한이 존재한다.

2) 지방자치단체가 관할하는 공유수면의 행정구역 경계에 관하여는 법률로 규정하지 않고 있어서, 공유수면에 대한 행정구역을 구분하는 법률상의 경계는 존재하지 않지만, 지방자치단체 등의 행정기관이 수산업법상의 어업허가 내지 어업면허, 어업단속행위, 공유수면관리법상의 공유수면에 대한 점용 내지 사용허가 등 개별법률들에 의한 행정권한을 행사함에서 있어서 국립지리원이 간행한 지형도상의 해상경계선을 행정구역 경계선으로 인정해온 행정관행이 존재하고, 이러한 행정관행이 오랜 기간동안 존재하여 왔고, 지형도상 해상경계선이 해상에서의 행정구역 경계선이라는 점에 대한 지방자치단체들과 일반국민들의 법적확신이 존재한다고 할 것이므로, 국립지리원이 간행한 지형도상의 해상경계선은 행정관습법상 해상경계선으로 인정될 뿐만 아니라 행정판례법상으로도 인정되고 있기 때문에, 불문법상의 해상경계가 된다.

(2) 반대의견(4인)[13)]

1) 지방자치법 제4조 제1항은 육지에 대한 구역설정을 상정하여 규

12) 재판관 윤영철(재판장), 김영일, 권 성, 김효종, 송인준

13) 재판관 김경일, 주선회, 전효숙, 이상경(주심)

정한 것이지 공유수면인 바다를 대상으로 한 것이 아니므로, 위 법조항으로부터 지방자치단체의 구역에 바다가 포함된다고 해석할 수는 없고, 수산업법 제53조 및 내수면어업법 제14조는 자치단체의 구역에서 바다가 제외됨을 전제로 규정하고 있으며, 수산업법 제4조 제1항 및 제8조 제1항도 지방자치단체가 공유수면에 대하여 자치권한을 가지고 있지 않다는 근거가 되므로, 공유수면에 대한 지방자치단체의 자치권한은 존재하지 아니한다.

2) 국립지리원이 작성한 지형도의 해상에 표시된 경계표시는 도서의 소속을 표시할 뿐 지방자치단체의 관할구역을 판단하는데 아무런 법적구속력이나 입증력을 가지지 아니한다는 것이 국립지리원의 공식견해이고 정부 모든 부처간에도 다툼이 없다.

3) 바다에 대한 지방자치단체의 해상경계가 국립지리원 간행의 지형도상 해상경계에 따라서 결정되어 왔다는 오랜 관행의 존재도 다수의 견이 든 사실만으로 인정키 어려울 뿐만 아니라 그 관행에 관하여 법적 확신에 의하여 관습법이 되었다고 인정하기에 족한 증거는 없다.

4) 지방자치법 제4조 제1항에서 지방자치단체의 구역은 종전에 의한다고 규정한 것은 종전에 행정구역이 확정되어 있을 때 그 확정된 구역을 변경하지 아니하고 그대로 둔다는 것을 의미하므로, 이 사건의 경우와 같이 바다를 매립하여 생성된 토지는 종전에는 존재하지 아니하였던 새로운 토지가 생겨난 것이므로, 종전에 존재하던 것에 의하여 정하여진 기준이 적용될 여지가 처음부터 없다. 그런데 새로 조성된 육지의 행정구역을 어떻게 정할 것인지에 대하여는 아무런 법률 규정이 없으며, 시·도간 구역의 변경을 법률로 정해야 한다면 구역이 확정되어 있지 아니한 지역을 시·도로 편입하는 것도 법률로 정해야 할 것이다. 그렇다면 이 사건 제방에 대한 행정구역을 법률로 정하기 전에는 이 사건 제방은 어느 자치단체의 구역에 속한다고 확정할 수 없는데, 현재로서는

이 사건 제방에 대한 자치권한이 청구인에게 부여되어 있다고 볼 법률상의 근거가 없다.

2. 헌법재판소 2009. 7. 30. 선고 2005헌라2 결정

(1) 다수(6인) 의견[14)]

1) 현행 지방자치법 제4조 제1항은 지방자치단체의 관할구역 경계를 결정함에 있어서 '종전'에 의하도록 하고 있고, 지방자치법 제4조 제1항의 개정연혁에 비추어 보면 위 '종전'이라는 기준은 최초로 제정된 법률조항까지 순차 거슬러 올라가게 되므로 1948. 8. 15. 당시 존재하던 관할구역의 경계가 원천적인 기준이 된다. 따라서 특별한 사정이 없다면 조선총독부 육지측량부가 제작한 지형도상의 해상경계선이 그 기준이 될 것이나, 위 지형도가 현재 존재하지 않거나 위 지형도상에 해상경계선이 제대로 표시되어 있지 않더라도, 주민, 구역과 자치권을 구성요소로 하는 지방자치단체의 관할구역에 경계가 없는 부분이 있다는 것은 상정할 수 없고, 조선총독부 육지측량부가 제작한 지형도는 해방 이후 국토지리정보원이 발행한 국가기본도에 대부분 그대로 표시되었으므로, 국토지리정보원이 발행한 국가기본도(지형도) 중 1948. 8. 15.에 가장 근접한 것을 기준으로 하여 종전에 의한 해상경계선을 확인하여야 하고, 지형도상의 해상경계선이 명시적으로 표시되어 있지 않은 경우에는 행정관습법이 존재한다면 이에 의하고, 행정관습법이 성립하지 아니한 경우에는 지형도에 표시된 해상경계선에서 합리적으로 추단할 수 있는 해상경계선에 의하여야 할 것이다.

14) 이강국(재판장), 김희옥, 김종대, 민형기, 이동흡, 목영준

2) 반대(2인) 의견[15)]

지방자치단체의 관할구역에 관한 법령은 대한민국 건국 이후 현재까지 지방자치단체의 관할구역을 "단기 4281년 8월 15일 현재에 의한다" 또는 "종전에 의한다"라고만 규정하여 왔다. 그런데 육지와 섬에 대해서는 1948. 8. 15. 현재 지방자치단체의 관할구역이 정해져 있었지만, 영해구역의 해역에 대해서는 1948. 8. 15. 현재나 그 전후에 지방자치단체의 관할구역이 정해진 적이 없다.

<u>영해구역을 지방자치단체별 관할구역으로 구분하려면 현행 지방자치법 제4조 제1항에 의하여 영해구역에 대한 지방자치단체의 관할구역과 경계가 법령으로 정해져야 하지만, 아직까지 영해구역에 대한 관할구역에 관한 법령이 정비되지 있지 않은 것이다. 또 그동안의 행정관습에 의하여 영해구역 내에 지방자치단체의 관할구역과 경계가 명확하게 형성되었다고 보기도 어렵다.</u>

국토지리정보원도 영해구역에 대한 지방자치단체의 관할구역 경계선은 획정되어 있지 않다고 확인하고 있다. 그런데도 다수의견은 영해구역에 대한 지방자치단체의 관할구역이 정해져 있다고 주장하면서 국가기본도나 지형도를 근거로 내세우지만, 그러한 지도에도 섬(육지)의 행정구역을 표시하기 위한 구분선만 섬 부근에 표시되어 있을 뿐이고, 그 구분선의 위치나 모양도 지도마다 다르다. 이러한 사실은 오히려 영해구역에 대한 지방자치단체의 관할구역이 정해지지 않았음을 증명하는 것이라고 보아야 할 것이다.

이처럼 영해구역에 대한 지방자치단체의 관할구역이 정해지지 않았기 때문에 이 사건 쟁송해역이 옹진군의 관할구역에 속하는지 태안군의 관할구역에 속하는지 알 수 없다. 따라서 태안군수의 이 사건 해사채취허가처분이 옹진군의 해역관할권한이나 골재채취허가권한을 침해하였는지 여부도 판단할 수 없다. 영해구역에 대하여 지방자치단체의 관할구역

15) 재판관 조대현, 송두환

과 경계가 법령으로 정해져야 비로소 판단할 수 있게 될 것이다.

따라서 이 사건 심판청구는 청구인의 해역관할권의 범위와 그 관할권이 침해되었는지 여부를 판단할 수 없기 때문에 기각할 수밖에 없다.

3. 헌법재판소 2010. 6. 24. 선고 2005헌라9 결정

1) 다수(7인)의견[16)]

1) 지방자치법 제4조 제1항에 규정된 지방자치단체의 구역에는 육지는 물론 바다도 포함되므로 공유수면에 대한 지방자치단체의 자치권한이 존재하고, 육지가 바다로, 바다가 육지로 변화된다 하더라도 그 위의 경계는 의연히 유지되므로 종래 특정한 지방자치단체의 관할구역에 속하던 공유수면이 매립되는 경우에도 법령에 의한 경계변경이 없는 한, 그 매립지는 당해 지방자치단체의 관할구역에 편입된다.

2) 지방자치법 제4조 제1항은 지방자치단체의 관할구역 경계를 결정함에 있어서 '종전'에 의하도록 하고 있고, 위 조항의 개정연혁에 비추어 보면 위 '종전'이라는 기준은 최초로 제정된 법률조항까지 순차로 거슬러 올라가게 되므로 결국 1948. 8. 15. 당시 존재하던 관할구역의 경계가 원천적인 기준이 된다 할 것인데, 지방행정구역 중 해상경계선은 조선총독부 육지측량부가 제작한 지형도상에 표시되어 있었고, 이는 해방 이후 간행된 국가기본도에도 대부분 그대로 표시되었으므로 다른 특별한 사정이 없는 이상 국토지리정보원에서 간행된 국가기본도가 해상경계선 확정의 중요한 기준이 된다 할 것이다.

16) 재판관 이강국(재판장), 이공현, 김희옥, 김종대, 민형기, 이동흡, 목영준

(2) 반대(2인) 의견[17)]

지방자치단체의 관할구역에 관한 법령은 대한민국 건국 이후 현재까지 지방자치단체의 관할구역을 "단기 4281년 8월 15일 현재" 또는 "종전"에 의하는 것으로만 규정해 오고 있는데, 육지와 섬에 대해서는 1948. 8. 15. 현재 지방자치단체의 관할구역이 정해져 있었지만, 영해구역의 해역에 대해서는 1948. 8. 15. 현재나 그 전후로도 법령의 정비가 이루어지지 않고 있고, 그동안의 행정관습에 의하여 영해구역 내에 지방자치단체의 관할구역과 경계가 명확하게 형성되었다고 보기도 어렵다.

바다를 매립하여 육지를 조성하는 경우에는 매립지를 조성한 주체와 목적, 비용부담관계, 매립지의 이용상황, 인접지와의 연결관계, 행정관할의 효율성 기타 모든 사정을 종합하여 매립지에 대한 행정관할구역을 법령으로 정하는 것이 타당하다.

다수의견은 영해구역에 대한 지방자치단체의 관할구역이 정해져 있다고 주장하면서 국가기본도나 지형도를 근거로 내세우지만, 국가기본도상의 해상경계선은 섬의 소속을 표시하는 것에 불과하고 지방자치단체 관할권의 범위를 확정하는 법적 기준이 될 수는 없다.

지방자치단체 사이에 현실적으로 존재하는 관할분쟁을 해결할 필요가 있다고 하더라도, 그러한 분쟁을 해결할 기준은 헌법과 법령에 의하여 정해져야 하고, 헌법재판소가 권한쟁의의 심판기준을 입법할 수는 없다 할 것인데, 이 사건 계쟁지역과 관련하여 매립 전의 바다에 대해서나 매립 후의 육지에 대해서나 지방자치단체의 관할구역을 정하는 법령이 제정된 바 없어, 이 사건 청구인 또는 피청구인 부산광역시 등의 어느 일방도 이 사건 계쟁지역에 대한 관할권을 주장할 법적 근거가 없다 할 것이므로, 이 사건 심판청구는 모두 기각되어야 할 것이다.

---

17) 재판관 조대현, 송두환

4. 헌법재판소 2011. 9. 29. 선고 2009헌라5 결정

1) 다수(7인)의견[18)]

(1) 구 지방자치법 제4조 제1항은 지방자치단체의 관할구역 경계를 결정함에 있어서 '종전'에 의하도록 하고 있고, 구 지방자치법 제4조 제1항의 개정연혁에 비추어 보면 위 '종전'이라는 기준은 최초로 제정된 법률조항까지 순차 거슬러 올라가게 되므로 1948. 8. 15. 당시 존재하던 관할구역의 경계가 원천적인 기준이 된다. 따라서 특별한 사정이 없다면 조선총독부 육지측량부가 제작한 지형도상의 해상경계선이 그 기준이 될 것이나, 위 지형도가 현재 존재하지 않거나 위 지형도상에 해상경계선이 제대로 표시되어 있지 않더라도, 주민, 구역과 자치권을 구성요소로 하는 지방자치단체의 관할구역에 경계가 없는 부분이 있다는 것은 상정할 수 없고, 조선총독부 육지측량부가 제작한 지형도는 해방 이후 국토지리정보원이 발행한 국가기본도에 대부분 그대로 표시되었으므로, 국토지리정보원이 발행한 국가기본도(지형도) 중 1948. 8. 15.에 가장 근접한 것을 기준으로 하여 종전에 의한 해상경계선을 확인하여야 하고, 지형도상의 해상경계선이 명시적으로 표시되어 있지 않은 경우에는 행정관습법이 존재한다면 이에 의하고, 행정관습법이 성립하지 아니한 경우에는 지형도에 표시된 해상경계선에서 합리적으로 추단할 수 있는 해상경계선에 의하여야 할 것이다.

2) 반대(1인)의견[19)]

영해구역을 지방자치단체별 관할구역으로 구분하려면 법령에 의하여 영해구역에 대한 지방자치단체의 관할구역과 경계가 정해져야 하지만, 1948. 8. 15. 당시는 물론 그 전후로도 지방자치단체의 관할구역이

18) 재판관 이강국(재판장), 김종대, 민형기, 이동흡, 목영준, 박한철, 이정미

19) 재판관 송두환

법령으로 정해진 적이 없고, 또 그 동안의 행정관습에 의하여 영해구역 내에 지방자치단체의 관할구역과 경계가 명확하게 형성되었다고 보기도 어렵다.

다수의견은 영해구역에 대한 지방자치단체의 관할구역이 정해져 있다고 보면서 국가기본도상의 해상경계선을 근거로 내세우고 있으나, 국가기본도상의 해상경계선은 섬의 소속을 표시하는 것에 불과하고, 지방자치단체 관할권의 범위를 확정하는 법적 기준이 될 수는 없다.

지방자치단체 사이에 현실적으로 존재하는 관할분쟁을 해결할 필요가 있다고 하더라도, 그러한 분쟁을 해결할 기준은 헌법과 법령에 의하여 정해져야 하고, 헌법재판소가 권한쟁의의 심판기준을 입법할 수는 없다 할 것인데, 이 사건 계쟁지역과 관련하여 매립 전의 바다에 대해서나 매립 후의 육지에 대해서 지방자치단체의 관할구역을 정하는 법령이 제정된 바 없어, 청구인이 이 사건 계쟁지역에 대하여 관할권을 주장할 법적 근거가 없다고 할 것이므로, 피청구인 연수구에 대한 심판청구는 기각되어야 할 것이다.

5. 헌법재판소 2015. 7. 30. 선고 2010헌라2 결정

(1) 다수(6인)의견[20]

1) 지방자치법 제4조 제1항에 규정된 지방자치단체의 구역은 주민·자치권과 함께 자치단체의 구성요소이고, 자치권이 미치는 관할구역의 범위에는 육지는 물론 바다도 포함되므로, 공유수면에 대해서도 지방자치단체의 자치권한이 미친다.

2) <u>지방자치법 제4조 제1항은 지방자치단체의 관할구역 경계를 결정함에 있어서 '종전'에 의하도록 하고 있고, 지방자치법의 개정연혁에</u>

20) 재판관 박한철(재판장), 이정미, 김이수, 김창종, 안창호, 서기석

비추어 보면 위 '종전'이라는 기준은 최초로 제정된 법률조항까지 순차 거슬러 올라가게 되므로 1948. 8. 15. 당시 존재하던 관할구역의 경계가 원천적인 기준이 된다. 그런데 지금까지 우리 법체계에서는 공유수면의 행정구역 경계에 관한 명시적인 법령상의 규정이 존재한 바 없으므로, 공유수면에 대한 행정구역 경계가 불문법상으로 존재한다면 그에 따라야 한다. 그리고 만약 해상경계에 관한 불문법도 존재하지 않으면, 주민, 구역과 자치권을 구성요소로 하는 지방자치단체의 본질에 비추어 지방자치단체의 관할구역에 경계가 없는 부분이 있다는 것을 상정할 수 없으므로, 헌법재판소가 지리상의 자연적 조건, 관련 법령의 현황, 연혁적인 상황, 행정권한 행사 내용, 사무 처리의 실상, 주민의 사회·경제적 편익 등을 종합하여 형평의 원칙에 따라 합리적이고 공평하게 해상경계선을 획정할 수밖에 없다.

3) 국가기본도상의 해상경계선은 국토지리정보원이 국가기본도상 도서 등의 소속을 명시할 필요가 있는 경우 해당 행정구역과 관련하여 표시한 선으로서, 여러 도서 사이의 적당한 위치에 각 소속이 인지될 수 있도록 실지측량 없이 표시한 것에 불과하므로, 이 해상경계선을 공유수면에 대한 불문법상 행정구역에 경계로 인정해 온 종전의 결정(헌재 2004. 9. 23. 2000헌라2 결정 등)은 이 결정의 견해와 저촉되는 범위 내에서 이를 변경하기로 한다.

4) 양 지방자치단체의 이익을 동등하게 다루고자 하는 규범적 관념에 기초한 등거리 중간선 원칙, 안면도와 황도, 죽도와 같이 이 사건 공유수면에 위치한 도서들의 존재, 서산군에 편제되어 있던 죽도리가 홍성군 소속으로 변경되는 것을 내용으로 하는 관련 행정구역의 관할 변경, 행정권한의 행사 연혁이나 사무 처리의 실상, 죽도와 이 사건 쟁송해역이 지리적으로나 생활적으로 긴밀히 연계되어 있는 상황 등을 고려하여 형평의 원칙에 따라서 해상경계선을 획정하면, 이 사건 쟁송해역의 해상경계선은 청구인과 피청구인의 육상지역과 죽도, 안면도, 황도의 각 현

행법상 해안선(약최고고조면 기준)만을 고려하여 등거리 중간선 원칙에 따라 획정한 선으로 함이 타당하다.

(2) 반대(2인) 의견[21)]

지방자치단체의 경계를 획정하기 위해서는 주민들의 생활권역에 대한 종합적 고려가 있어야 한다. 따라서 해상경계를 확정할 때에는 분쟁대상 해역의 해저 지형이나 해류 등의 자연조건이 주민들의 생활에 어떤 영향을 미치는지 확인할 필요가 있다. 그러나 법정의견은 등거리 중간선 원칙이라는 획일적인 척도로 공유수면의 해상경계선을 획정하고 있다는 문제가 있다.

이 사건에서 청구인이 피청구인과 그 지역 주민들이 관리하고 있는 해역을 자신의 관할구역으로 주장하기 위해서는, 위와 같은 전반적 상황에 기초하여 이 사건 쟁송해역이 청구인 주민들의 생활권역과 밀접한 관련이 있다는 점을 구체적으로 증명하여야 하는데, 제출한 증거를 모두 살펴보아도 이 사건 쟁송해역이 청구인의 관할에 속한다는 점을 인정하기에는 부족하다. 따라서 이 사건 심판청구는 기각되어야 한다.

(3) 반대(1인) 의견[22)]

공유수면을 지방자치단체의 관할구역으로 인정하려면 법률로 정해야 하는데, 정부 수립 이후 그 동안 법령으로 바다에 대한 지방자치단체의 구역을 확정한 적도 없으며 이에 관한 행정관습도 없다. 또한 국가가 바다에 관하여 지방자치단체의 일반적인 관할구역을 정하여야 하는 것은 아니다. 법정의견은 분쟁 해결의 필요성에만 의존하여 정부수립 당시 지방자치법의 기준에 따라 존재하던 종전의 구역 경계를 확인하지 아니한

21) 재판관 강일원, 조용호

22) 재판관 이진성

채 확인이라는 명목으로 법령상의 근거도 없이 등거리 중간선을 그어 새롭게 지방자치단체의 일반적 관할구역을 창설하고 있다. 그러나 헌법재판소는 근거법령이 없는데도 지방자치단체의 자치권한을 새로 창설하는 방법으로 입법기능이나 행정기능을 수행할 수는 없다. 따라서 이 사건 심판청구는 기각되어야 한다.

Ⅳ. 대법원과 헌법재판소의 판례에 대한 검토

본 사건의 쟁점은 지방자치단체 간에 공유수면의 관할을 어떻게 배분하여 확정할 것인지에 있다. 지방자치단체간의 공유수면의 관할을 확정하기 위해서는, 첫째, 지방자치단체의 (바다인) 공유수면에 대한 자치권한이 존재하는지, 둘째, 자치권한이 존재한다면, 자치권한의 배분(관할)에 관한 성문법적 근거가 있는지, 셋째, 성문법적 근거가 없다면, 불문법적 근거가 있는지, 넷째, 불문법적 근거가 있다면 그 기준 및 요건이 무엇인지, 다섯째, 불문법적 근거가 없다면, 관할 확정 및 배분을 누가, 어떠한 기준으로 할 것인지, 마지막으로 구체적 사안에 위 요건들을 적용하는 것 이라고 할 수 있다.

1. 법원 판결 및 과거 헌법재판소 결정에 대한 검토

첫째, 지방자치단체의 공유수면에 대한 자치권한이 존재하는지에 대해서는, 개별 법률,[23] 학설[24] 및 대법원 판례[25]가 공유수면 관할에 대한

---

23) 헌법재판소 2004. 9. 23. 선고 2000헌라2 결정 참조.
'현행법상 지방자치단체에게 공유수면을 관할할 수 있는 자치권한을 직접 부여하는 규정은 존재하지 않으나, 관련된 개별 법률들은 각 지방자치단체가 관할하는 공유수면이 있음을 전제로 하여 여러 규정들을 두고 있다. 즉, 수산물 생산을 자치사무로 규정하고 있는 지방자치법 제9조 제2항 제3호 나목 뿐만 아니라, 바다에서의 어업에 관한

헌법재판소 2004. 9. 23. 선고 2000헌라2 헌법재판소의 결정례가 존재하기 전부터 인정을 해 온 것으로 보인다. 위 헌법재판소 2000헌라 2 결정도, "수산업법 제8조 및 제41조 제2항, 공유수면 관리법 제4조 및 제5조, 연안관리법 제8조 등의 개별법률 규정들, 학계의 통설, 대법원의 판례 및 법제처의 의견을 종합하건대, 지방자치단체의 구역은 주민·자치권과 함께 자치단체의 구성요소이며, 자치권이 미치는 관할 구역의 범위에는 육지는 물론 바다도 포함되므로, 공유수면에 대한 지방자치단체의 자치권한이 존재한다."라고 판시하였다.

둘째, 자치권한 배분(관할)에 대한 성문법적 규정에 대해서는, 법원, 헌재 공히 이를 존재하지 않는 것으로 보고 있는 것으로 파악된다.

셋째, 불문법적 근거와 관련하여, 본 사안의 법원의 태도 및 과거

면허권한을 시장·군수 등에게 부여하고 있는 수산업법 제8조 및 제41조 제2항, 공유수면의 관리와 점·사용허가권을 규정하고 있는 공유수면관리법 제4조 및 제5조, 지방항만을 관리하도록 하고 있는 항만법 제22조, 연안관리지역계획을 수립하도록 규정하고 있는 연안관리법 제8조, 공유수면에서의 골재채취허가권한을 규정하고 있는 골재채취법 제22조 등은 법률 자체에 의거하여 해양에 관한 관리·감독권한을 시장·군수 등에게 부여하고 있다.'

24) 헌법재판소 2004. 9. 23. 선고 2000헌라2 결정 참조.
'학계의 통설에 의하면, 지방자치단체의 관할구역은 국가의 영토를 지방자치단체별로 분할한 것이고 국가의 영토에는 육지 외에 영해·영공까지도 포함되므로, 지방자치법 제4조 제1항에 규정된 지방자치단체의 관할구역에는 육지 외에 하천·호소 등 수면과 육지에 접속된 바다인 공유수면도 포함된다고 한다.'

25) 헌법재판소 2004. 9. 23. 선고 2000헌라2 결정 참조.
{대법원은 2002. 12. 24. 선고 2000도1048 판결에서 "현행 지방자치법과 구 지방자치법에 의하면, '지방자치단체의 명칭과 구역은 종전에 의하고…'라고 규정하고 있는데, 여기서 구역이라고 함은 육지 뿐만 아니라 그 구역 내의 하천·호수·수면 등은 물론 그 지역에 접속하는 영해와 그 상공 및 지하도 포함된다고 볼 것이고, 특정지역은 그 지역이 속하는 시·군·구와 같은 기초자치단체의 일부를 형성하는 동시에 그 시·군·구를 포괄하고 있는 광역시·도와 같은 광역자치단체의 구역의 일부를 당연히 형성하는 것"이라고 판시함으로써, 공유수면도 지방자치단체의 구역에 속하므로 지방자치단체의 관할권한이 바다에도 미친다는 것을 확인하였다[이와 같은 취지로 판시한 대법원 2002. 9. 24. 선고 2002도1032 판결{공2002. 11. 15. (166), 2625}; 1978. 4. 25. 선고 78누42 판결; 1970. 4. 28. 선고 70누8 판결 등 참조].}

헌법재판소의 태도에 의하면, "지방자치단체가 관할하는 공유수면의 행정구역 경계에 관하여는 법률로 규정하지 않고 있어서, 공유수면에 대한 행정구역을 구분하는 법률상의 경계는 존재하지 않지만, 지방자치단체 등의 행정기관이 수산업법상의 어업허가 내지 어업면허, 어업단속행위, 공유수면관리법상의 공유수면에 대한 점용 내지 사용허가 등 개별법률들에 의한 행정권한을 행사함에서 있어서 국립지리원이 간행한 지형도상의 해상경계선을 행정구역 경계선으로 인정해온 행정관행이 존재하고, 이러한 행정관행이 오랜 기간동안 존재하여 왔고, 지형도상 해상경계선이 해상에서의 행정구역 경계선이라는 점에 대한 지방자치단체들과 일반국민들의 법적확신이 존재한다고 할 것이므로, 국립지리원이 간행한 지형도상의 해상경계선은 행정관습법상 해상경계선으로 인정될 뿐만 아니라 행정판례법상으로도 인정되고 있기 때문에, 불문법상의 해상경계가 된다." 라는 위 2000헌라2 헌재결정례가 계속적으로 원용되고 있다.

넷째, 불문법의 기준에 대해서, 위 2000헌라2 결정에 의하면, "관습법이란 국민의 전부 또는 일부 사이에 다년간 계속하여 같은 사실이 관행으로 반복됨으로써 일반국민의 법적 확신을 얻어 성립하는 법규범을 말한다. 관습법의 성립요건에 대한 통설인 법적 확신설에 의할 때, 행정관습법이 성립하기 위해서는 특정한 행위를 통한 행정관행이 존재하고, 이러한 행정관행이 오랜 기간 동안 반복하여 존재하며, 이러한 행정관행에 대한 행정기관과 일반국민들의 법적 확신이 존재해야 한다."라고 기준을 밝히고 있다.

한편, 위 결정은 행정판례법과 관련하여, "행정쟁송에 관한 법원의 판결은 추상적인 행정법규를 구체화하여 그 내용을 명확히 하며, 관습법의 존재와 내용을 명확하게 할 뿐만 아니라 성문법과 관습법이 모두 존재하지 아니한 경우에는 행정상의 법의 일반원칙을 적용하여 구체적으로 법을 선언한다. 이러한 판결에 의하여 성립하는 법규범이 판례법이다." 라고 하여, 행정판례법에 의한 공유수면 관할 배분의 기준이 될 수 있음을 밝힌 것으로 보인다.

결론적으로, 최근 아래 헌법재판소 결정이 나오기 전까지, 법원과 헌법재판소의 태도는, '첫째, 공유수면에 대한 지방자치단체의 자치권한이 존재한다. 둘째, 자치권한의 배분은 성문법적 근거가 없는 것으로 볼 수 있으므로, 불문법(관습법) 혹은 행정판례법에 의해서 결정하여야 한다. 셋째, 국립지리원이 간행한 해상경계선을 불문법 내지 행정판례법에 의한 해상경계로 볼 수 있고, 이에 근거하여 관할을 정할 수 있다'는 것으로 요약할 수 있다.

그런데, 헌법재판소의 2004. 9. 23. 선고 2000헌라2 결정 이후, '국립지리원이 간행한 지형도상의 해상경계선은 행정관습법상 해상경계선으로 인정될 뿐만 아니라 행정판례법상으로도 인정되고 있기 때문에, 불문법상의 해상경계가 된다'는 논증이 지속적으로 원용되고 있는데, 이는 반대의견에서 밝히는 바와 같이 한계가 있는 주장이고, 일반적, 추상적으로 인용하기는 무리가 있었던 것으로 보인다. 특히, 구체적인 사건의 해결이 필요한 법원이 이러한 결론을 그대로 따르는 것은 바람직하지 않을 뿐만 아니라, 일반 국민들의 기본권 보장에 역행할 우려가 있을 것이다. 이러한 점은 이하 최근 헌법재판소의 변경된 결정에 따른 여파를 고려하면 더욱 그러하다.

2. 최근 헌법재판소 결정에 대한 검토

최근 헌법재판소의 결정은, 기본적으로 과거 헌법재판소의 태도와 크게 다르지 않다. 다만, 과거 국립지리원이 간행한 해상경계선을 불문법 내지 행정판례법에 의한 해상경계로 볼 수 없다는 취지의 결정을 하고, 이에 반하는 과거 헌재 결정을 변경한다는 판시를 한 것이 기존 헌법재판소의 결정례와 다른 내용이다.

즉, 최근 헌법재판소는 2015. 7. 30. 선고 2010헌라2 결정을 통해서, "국가기본도상의 해상경계선은 국토지리정보원이 국가기본도상 도서 등의 소속을 명시할 필요가 있는 경우 해당 행정구역과 관련하여 표시한 선으로서, 여러 도서 사이의 적당한 위치에 각 소속이 인지될 수 있도록 실지측량 없이 표시한 것에 불과하므로, 이 해상경계선을 공유수면에 대한 불문법상 행정구역에 경계로 인정해 온 종전의 결정(헌재 2004. 9. 23. 2000헌라2 결정 등)은 이 결정의 견해와 저촉되는 범위 내에서 이를 변경하기로 한다."고 결정함으로서, 현재까지 관습법으로 인정한 국가기본도상의 해상경계선을 공유수면에 대한 불문법상 행정구역이 아니라고 판시하여, 새로운 분쟁이 발생할 여지를 남긴 것이다.

한편, 위와 같이 공유수면의 관할에 대한 불문법상의 기준이 없어진 경우, 어떤 기준에 의해 공유수면에 대한 권한을 배분할 것인지에 대해서, 헌재는, "양 지방자치단체의 이익을 동등하게 다루고자 하는 규범적 관념에 기초한 등거리 중간선 원칙, 안면도와 황도, 죽도와 같이 이 사건 공유수면에 위치한 도서들의 존재, 서산군에 편제되어 있던 죽도리가 홍성군 소속으로 변경되는 것을 내용으로 하는 관련 행정구역의 관할 변경, 행정권한의 행사 연혁이나 사무 처리의 실상, 죽도와 이 사건 쟁송해역이 지리적으로나 생활적으로 긴밀히 연계되어 있는 상황 등을 고려하여 형평의 원칙에 따라서 해상경계선을 획정하면, 이 사건 쟁송해역의 해상경계선은 청구인과 피청구인의 육상지역과 죽도, 안면도, 황도의 각 현행법상 해안선(약최고고조면 기준)만을 고려하여 등거리 중간선 원칙에 따라 획정한 선으로 함이 타당하다."라고 하여, 헌법재판소가 '등거리 중간선 원칙'에 따라 확정한 선을 지방자치단체의 공유수면에 대한 관할 기준이 된다고 판시하였다.

즉, 헌법재판소는 과거의 관습법에 의한 관할 기준인 국가기본도상의 해상 경계선 이론을 변경하면서, 결국 성문법, 관습법 등이 존재하지 않는 경우, 궁극적으로 헌법재판소가 '지리상의 자연적 조건, 관련 법령의 현황, 연혁적인 상황, 행정권한 행사 내용, 사무 처리의 실상, 주민의 사회·경제적 편익 등을 종합하여 '형평의 원칙'에 따라 합리적이고 공평하게 이 사건 쟁송해역에서의 해상경계선을 획정할 수밖에 없다' 판시하면서, 형평의 원칙에 따라 이 사건 쟁송해역에서의 해상경계선을 획정함에 있어 고려해야 할 구체적인 요소들을 아래와 같이 설시하였다.

첫째, 등거리 중간선 원칙이 고려되어야 하고, 둘째, 이 사건 공유수면의 지리적 특성상 일정한 도서들의 존재를 고려해야 하며, 셋째, 관련 행정구역의 관할 변경도 고려되어야 하고(헌재 2006. 8. 31. 2003헌라1 참조), 넷째, 이 사건 쟁송해역에 대한 행정권한의 행사 연혁이나 사무처리의 실상, 주민들의 편익도 함께 살펴보아야 한다고 판시하였다.

결론적으로, 최근 헌법재판소 결정에 의하면, 헌법재판소의 태도는, '첫째, 공유수면에 대한 지방자치단체의 자치권한이 존재한다. 둘째, 자치권한의 배분은 성문법적 근거가 없는 것으로 볼 수 있으므로, 불문법(관습법) 혹은 행정판례법이 있다면, 이에 의해서 결정하여야 한다. 셋째, 관습법 등이 존재하지 않는 경우, 헌법재판소에서 형평의 원칙에 따라 관할을 정하여야 하는데, 그 기준은 등거리 중간선 원칙, 지리적 특성상 일정한 도서 고려, 관련 행정구역의 관할변경, 쟁송해역에 대한 행정권한의 행사 연혁, 사무처리 실상, 주민들의 편익 등을 고려하여야 한다는 것으로 요약할 수 있다.

최근 헌법재판소의 결정은, 헌법재판소가 2004. 9. 23. 선고 2000헌라2 결정 이후, '국립지리원이 간행한 지형도상의 해상경계선은 행정관습법상 해상경계선으로 인정될 뿐만 아니라 행정판례법상으로도 인정되고 있기 때문에, 불문법상의 해상경계가 된다'는 논증을 변경한 것으로 의미가 크다. 위에서 살핀 바와 같이, 구체적으로 관습법 내지 판례법이 성립하는지 여부에 대한 판단을 하지 않고, 추상적으로 위 헌법재판소 결정을 원용한 다른 결정례 및 각급 법원들의 태도를 고려하면, 앞으로 많은 변화가 있을 것으로 생각한다. 하급심 법원 역시 추상적 결정의 원용이 아니라 구체적 사안의 판단이 필요할 것이므로, 일응 과거의 결정을 변경한 것은 타당한 것으로 생각한다. 하지만, 반대의견에서 주장한 것처럼, 헌법재판소가 설정한 등거리중간선 원칙의 타당성 내지 헌법재판소가 공유수면의 관할을 창설하는 역할을 하는 것이 타당한지에 대한 논의는 계속될 것으로 생각한다. 앞으로 입법적인 해결이 필요한 이유이다.

5. 결론

공유수면의 관할에 대한 최근 대법원, 헌법재판소의 판례를 검토하였다. 최근 대법원, 헌법재판소의 태도는 결과에 있어서 차이를 보이는데, 이는 최근 대법원 판례가 최근 헌법재판소의 변경된 입장을 고려하지 못한 이유가 큰 것으로 보인다. 앞으로 공유수면의 관할과 관련된 대법원과 헌법재판소의 사건은 더욱 많아질 것으로 보인다. 장래 대법원을 비롯한 법원이 공유수면의 관할에 대한 어떠한 태도를 취할 지는 주목해야 할 부분이다. 하지만, 대법원 및 하급법원이 취한 공유수면의 관할에 대한 태도를 보건대, 헌법재판소의 입장이 변경된 시점에서 과거 헌법재판소의 입장을 따른 판례는 앞으로 변경될 수 밖에 없을 것으로 판단한다. 하급법원의 보다 구체적인 논증이 필요할 것으로 보이고, 장기적으로 입법에 의한 해결책을 마련하는 것이 타당할 것으로 생각한다.

[참고문헌]

허영, 한국헌법론, 박영사(2015)
허영, 헌법이론과 헌법, 박영사(2015)
허영, 헌법소송법론, 박영사(2015)
허영, 전광석, 판례헌법, 신조사(2002)
헌법재판소, 헌법재판실무제요(2008).

[참고판례]

헌법재판소 2015. 7. 30. 선고 2010헌라2 결정
헌법재판소 2011. 9. 29. 선고 2009헌라5 결정

헌법재판소 2010. 6. 24. 선고 2005헌라9 결정
헌법재판소 2009. 7. 30. 선고 2005헌라2 결정
헌법재판소 2006. 8. 31. 선고 2003헌라1 결정
헌법재판소 2004. 9. 23. 선고 2000헌라2 결정
대법원 2015. 6. 11. 선고 2013도14334 판결
대법원 2002. 12. 24. 선고 2000도1048 판결
대법원 2002. 9. 24. 선고 2002도1032 판결
대법원 1978. 4. 25. 선고 78누42 판결
대법원 1970. 4. 28. 선고 70누8 판결
창원지방법원 2013. 11. 1. 선고2013노508 판결
광주지방법원 순천지원 2013. 1. 17. 선고 22012고정756 판결

[Abstract]

A Case Review on the 'Jurisdiction of Public Waters between Autonomous Local Governments'

Hae Young Jung*

There had been controversies over the jurisdiction of public waters between autonomous local governments.

The Supreme court and Constitutional court have had decisions that A) The right to local self-government of the autonomous local government guaranteed under Section 1 of Article 117 of the Constitution includes the authority to exercise its self-government right within its jurisdictional area. While there is no provision under the current law directly providing the local

* Lawyer of Law Firm, 'Geum-Hae', Adjunct Professor at Law School of Dong-A University

government with self-governing right over the public waters, relevant provisions of the individual statutes contain various provisions on the premise of the existence of the public waters that is subject to the jurisdiction of each local government. Also, the established position in academia, the precedents of the Supreme Court and the opinion of the Ministry of Government Legislation, as considered in totality, recognize the existence of the self-governing authority of the local government over the public waters. B) Unlike land, with respect to the ocean, there is no area specified to be subject to the jurisdiction of a particular local government by way of the lot number assigned to real estate, nor is there a statute directly delimitating the demarcation between the administrative districts. C) However, first, there exists an administrative custom recognizing the maritime demarcation on the topographical map published by the National Geography Institute(hereinafter referred to as the 'maritime demarcation on the map') as the demarcation between different administrative districts in the exercise of the administrative authority over maritime affairs by the local government; second, such administrative custom has been in existence for a considerably long period of time; and, third, there exists a legal conviction with respect thereto on the part of the local governments and the general citizenry. Thus, the maritime demarcation on the map is acknowledged as the maritime demarcation, also under the precedents in the administrative law. Therefore, the 'previous jurisdictions' within the meaning of the above provision of the Local Autonomy Act may be confirmed by the maritime demarcation on the map, in the case of the public waters.

Korean Courts, including The Supreme court, have followed those precedents of the constitutional court. But recently constitutional court reversed its opinion about the third issue 'C' as follows.

'The maritime demarcation on the topographical map published by the National Geography Institute merely indicates the affiliation of the islands and does not have any binding legal force or weight as proof in the determination of the geographical jurisdiction of the local government. Therefore, the demarcation may not be determined by adopting this as the standard. In addition, there is no evidence sufficient to prove the existence of the time-long custom of deciding the maritime delimitation of the local government pursuant to the maritime demarcation on the map or the existence of the legal conviction with respect to such custom.

In case that there is no custom deciding the maritime delimitation of the local government, like this, the constitutional court must decide the jurisdiction according 'The principle of Equity'. This means that deciding the maritime delimitation, the court consider 'The Principle of Equal distance median line', circumstances of the area, the changes of administrative district, history of administrative authority of the area, reality of exercise of administration and the benefit of the residents, etc.

The future attitude of the supreme courts, in accordance with the change in decision of Constitutional Court, is noteworthy. Eventually legislation in jurisdiction of public waters is needed in the future..

[Keywords]

Public waters, Jurisdiction of public waters, Maritime demarcation on the map, Legal conviction, Maritime delimitation of the local government, The principle of Equity, T he Principle of Equal distance median line

憲法判例研究 總目次

(1권~15권)

[憲法判例研究(1)]

인터넷 規制制度와 憲法裁判所決定 ………… 明載眞
制限立法의 解釋原則으로서의 憲法裁判上의 모호성에 의한 無效의 法理 ………… 胄小永
還 買 權
－憲裁決 1997. 6. 26, 96헌바94 土地收用法 제71조 제7항 違憲訴願과 관련하여－ ………… 鄭然宙
都市開發을 위한 民官協力
－獨逸建築法典上의 開發契約 등을 中心으로(公用換地, Umlegung 포함, 土地收用前의 合意, 土地收用 자체에 대한 合意)－ ………… 金性洙
高校平準化制度의 違憲與否
－初·中等教育法施行令 제77조 제2항 등 違憲確認事件 (2002헌마188)과 관련하여－ ………… 張永喆
核廢棄物處分政策에 관한 憲法的 考察
－美國에서의 論議를 中心으로－ ………… 金炳錄
Entwicklung und Stand der Verfassungsgerichtsbarkeit in Korea ………… 許 營
憲法裁判에서의 假處分 ………… 黃致連
憲法裁判所 決定主文의 類型 ………… 金顯哲
憲法裁判所法 제68조 제1항에 대한 憲法裁判所 決定 (憲裁決 1997. 12. 24, 96헌마172·173(병합))의 問題點 ………… 朴炅澈
서평: 한 法學者의 빗나간 憲法사랑
－박홍규의 '그들이 憲法을 죽였다(개마고원, 2001년)'를 위한 提言 ………… 李鍾秀

[憲法判例研究(5)]
2002년의 重要憲法判例 ………… 許 營
제 1 부 特輯: 平等權
憲法上의 正義의 原理와 平等權 ………… 明載眞
恣意禁止와 比例性의 原則 ………… 朴眞完

婚姻과 同姓間의 生活共同體
－BVerfGE(2002. 7. 17)＝NJW 2002,
S. 2543ff. 評釋－ ······ 李憲衍
女性割當制의 違憲性 ······ 趙在炫
美國聯邦大法院의 性差別에 관한 平等權審査 ······ 金顯哲
職業選擇의 自由와 平等權
－公務員의 自動資格附與制度를 中心으로－ ······ 李丞祐
教育平等權 ······ 張永喆
選擧에 있어서의 平等具現에 관한 考察
－現行法上의 選擧公營制 檢討를 中心으로－ ······ 曺小永
제2부 一般論文
解放後 3년간의 憲法構想 ······ 全光錫
브렌넌(Brennan)의 自由民主主義
－少數意見을 中心으로－ ······ 成鮮濟
映畵上映等級分類保留와 言論·出版의 自由
－憲裁決 2001. 8. 30, 2000헌가9 映畵振興法
제21조 제4항 違憲提請事件을 中心으로－ ······ 鄭然宙
憲法附則 제5조에 대한 試論 ······ 田鶴善
豫算法의 基本原則과 財政法의 課題 ······ 金性洙
警察法上 責任論의 새로운 出發
－一般的 平和攪亂禁止義務에서 協力義務로의 變化－ ······ 李起椿
美國의 인터넷藥局의 現況과 問題點 ······ 金東健

[憲法判例研究(6)]
2003년 重要憲法判例 ······ 金光錫
慣習憲法이 提起하는 憲法理論的 問題點
－신행정수도의건설을위한특별조치법 違憲決定
(憲裁決 2004. 10. 21, 2004헌마554·566(병합))에
대한 評釋－ ······ 李鍾秀

規制의 必要性과 規制方法論에 대한 憲法的 評價
－大學內에서의 敵意的 表現行爲에 대한 制限學則을
中心으로－ ········· 曺小永
憲法 제21조가 放送에 대해 갖는 意味는 무엇인가? ········· 高旼秀
民族文化遺産에 대한 公用收用
－憲裁決 2003. 1. 30, 2001헌바64 舊傳統寺刹保存法
제6조 제1항 제2호 등 違憲訴願事件을 中心으로－ ········· 鄭然宙
憲法裁判에서 立法形成의 自由와 立證責任
－反對意見의 意義와 機能－
選擧權年齡에 대한 憲裁決定評釋(憲裁決 2003. 11. 27,
2002헌마787, 2003헌마516(병합)) ········· 李憲衍
輕犯罪處罰法과 卽決審判節次法에 관한 憲法的 照明
－憲裁決 2004. 9. 23, 2002헌가17·18(병합)과 관련하여 ········· 張永喆
Alter und Alterungsprozesse im Rechtsleben in Korea ········· 許 營
盧武鉉 大統領에 대한 彈劾審判 ········· 許 營
大統領 盧武鉉에 대한 彈劾審判決定의 評釋 ········· 李丞祐
機關訴訟과 權限爭議의 關係 ········· 金基震
獨逸行政法에서의 意圖된 裁量理論과 裁量統制 ········· 金性洙
計劃變更請求權과 取消訴訟의 取消要件
－文化財保護區域 指定解除申請에 따른 拒否處分取消訴訟
(大判 2004. 4. 27, 2003두8821)을 中心으로－ ········· 宋東洙

[憲法判例研究(7)]
2004년 重要憲法判例 ········· 李憲衍
2005년 前半期의 重要憲法判例 ········· 許 營
身上公開制度와 細部情報公開制度(案)에 대한 憲法的 檢討
－憲裁決 2003. 6. 26, 2002헌가14 中心으로－ ········· 鄭然宙
個人情報保護와 프라이버시影響評價 ········· 趙在炫
憲法上 政敎分離原則과 文化國家原理 ········· 崔祐禎

宗教의 自由의 客觀的 價値秩序性에 관한 小考
－獨逸聯邦憲法裁判所의 ‘히잡 (kopftuch)
判決(BVerfGE 108, 282)’을 中心으로 ······ 朴揆煥
環境調整用地의 社會的 羈束性
－獨逸 土地區劃節次上 私的 配分用地의 法的 性格을 中心으로 ······ 鄭慧英
地方自治에서의 電子民主主義 ······ 曺小永
財政과 憲法
－財政憲法改正의 必須性 ······ 李悳衍
道路交通法 第71條의 15 第2項 違憲提請事件
－憲裁決 2005. 7. 21, 2004헌가30 ······ 金柱暻
金融保險會社 議決權制限에 대한 憲法的 評價 ······ 金光錫

[憲法判例研究(8)]

2005年度 後半期 및 2006年度 前半期의 重要憲法判例 ······ 鄭然宙
‘新行政首都의 建設을 위한 特別措置法’ 違憲決定
(憲裁決 2004. 10. 21, 2004헌마554·566(併合))의
憲法理論的 問題點 ······ 朴炅澈
最近 判例들에서 나타난 憲法裁判所의 政黨觀
－政黨法上의 政黨登錄制度와 登錄取消制度를 다룬
憲法裁判所의 最近 決定(憲裁決 2006. 3. 30, 2004헌마246;
憲裁決 2006. 4. 27, 2004헌마562)을 中心으로－ ······ 李鍾秀
賃貸借保險金 返還保護保險加入强制制度의 憲法的 正當性
－契約自由에 관한 憲法裁判所決定分析과 批判을 中心으로－ ······ 張永喆
按摩師資格 ‘非盲除外基準’에 대한 憲裁決定 評釋 ······ 李悳衍
按摩師制度에 대한 憲裁決定의 評釋 ······ 李丞祐
言論의 公正報道와 取材源保護 ······ 趙在炫
訂正報道請求權에 대한 憲法的 評價
－言論仲裁法과 憲裁決 2006. 6. 29, 2005헌마165를 中心으로－ ······ 曺小永
放送委員會의 ‘放送評價에관한規則’에 대한 憲法的 問題點 ······ 崔祐禎

集會 및 示威에 관한 法律 第11條의 問題點과 改正方案
 －憲裁決 2003. 10. 30, 2000헌바67·83(併合)과 憲裁決
 2005. 11. 24, 2004헌가17을 中心으로－ ……… 李熙勳
獨逸聯邦憲法裁判所 分離理論의 韓國的 受用 ……… 金顯哲
行政情報共同利用의 法原則 ……… 全光錫
將來의 犯罪搜査를 위한 指紋情報의 使用과 法律留保
 －同時에 憲法裁判所의 2005. 5. 26. 決定
 (99헌마513事件)에 대한 評釋－ ……… 孫載榮
基本權과 個人的 公權 ……… 金基震

[憲法判例研究(9)]

2007年度 憲法判例의 動向 ……… 金鎭坤
判例評釋
 －條約批准에 대한 國會同意 관련 個別 國會議員의
 權限爭議審判 請求人適格(憲裁決 2007. 7. 26, 2005헌라8) ……… 李憲衍
公營放送의 獨立保障을 위한 現行法上의 問題
 －KBS의 人的 構成의 獨立性을 中心으로－ ……… 崔祐禎
憲法判例에서 나타난 納稅者의 協力義務에 관한 考察
 －舊 相續稅및贈與稅法 第78條 第1項 違憲訴願
 (憲裁決 2006. 4. 27, 2003헌바79)－ ……… 朴贊權
規範效力과 事例研究方法 ……… 李丞祐
獨逸 聯邦憲法裁判所와 美國 聯邦大法院의 違憲審査基準論 ……… 李相莖
命令·規則에 대한 司法審査
 －憲法裁判의 觀點에서 본－ ……… 金河烈
憲法訴願의 直接性 要件 ……… 金顯哲
美國 聯邦大法院의 UNITED STATES v. GRACE,
 461 U.S. 171 (1983) 飜譯 ……… 黃致連·李熙勳

[憲法判例研究(10)]

2008年의 重要 憲法判例 ……… 明載眞

基本權保護義務違反의 審査基準
－憲裁決 2008. 7. 31, 2006헌마711을 中心으로－ ······························ 張永喆
民法 第764條의 違憲與否에 관한 憲裁決定에 대한 批判的 檢討
－1991. 4. 1, 89헌마160 全員裁判部 決定－ ······································ 曺小永
(舊) 附加價値稅法 第30條 第1項에 대한 憲裁 2001. 4. 26,
99헌바108·2000헌바3·2001헌바1(倂合) 決定의 妥當性
－課稅要件 明確主義를 中心으로－ ·· 李熙勳
基本權侵害事例의 研究方法 ·· 李丞祐
BTL事業費 處理方式의 合憲性과 國會議員의
權限爭議審判 請求人適格
－憲裁決定 評釋(2008. 1. 17, 2005헌라10) ·· 李憲衍
大統領의 憲法訴願에 대한 適法性 認定判示의 問題點
(憲裁決 2008. 1. 17, 2007헌마700, 憲裁公報 136, 217－257) ··········· 許 營
福祉國家의 正當性 ··· 全光錫

[憲法判例研究(11)]
2009년 중요헌법판례 ··· 정필운
성폭력범죄자에 대한 성충동 약물치료처분의 헌법적 재조명 ······················ 이상경
공인중개사의 실거래가신고의무제도의 문제점 ······························ 이승우·신희동
장애인고용부담금의 헌법적 정당성 및 제도적 타당성 ······························ 전광석
헌법정책적 측면에서 헌법재판소와 법원의 관계 ····································· 황치연
주문선택의 기술
－규범의 위헌성을 확인하였을 때에 연방헌법재판소의 변형재판 ·········· 허완중 역
Die Kunst der Tenorierung
－Die Entscheidungsvarianten des Bundesverfassungsgerichts
bei Normbeanstandungen ··· Stefan Korioth

[憲法判例研究(12)]
2010년도 헌법판례의 동향 ··· 김진곤
미디어렙제도에 관한 쟁점과 입법적 과제 ·· 고민수

헌법상 건강권의 개념 및 그 내용 ········· 김주경
헌법재판의 심사기준 ········· 황치연
입법자에 대한 연방헌법재판소 규범폐기재판의 기속력
········· 슈테판 코리오트, 허완중 옮김
법령 헌법소원의 청구기간에 관한 몇 가지 쟁점 ········· 오 훤

[憲法判例硏究(13)]
2011년 중요헌법판례 ········· 조재현, 정필운
'거창사건'에 대한 대법원판결(2008.5.29. 2004다33469) 평석
–'견벽청야'(堅壁淸野)의 군사작전과 법리구성의
구조적 유사점을 주목하며– ········· 이덕연
정당해산심판에 대한 헌법적 및 정치적 이해 ········· 전광석
이슬람 연방국가원리의 비교법적 고찰
–아랍에미리트 연방제도를 중심으로– ········· 박규환
무죄추정원칙에 관한 헌법재판소 판례 검토
–헌재 2010.9.2. 2010헌마418 결정에 대한 평석을 중심으로– ········· 김현철
인터넷상 정치적 표현행위의 헌법적 보호범위에 관한 검토
–헌재 2011.12.29. 2007헌마1001 등 결정을 중심으로– ········· 조소영
물기본권에 관한 연구 ········· 김성수
행정입법의 정비에 관한 연구 ········· 김기진
헌법재판소결정의 기속력 ········· 허완중

[憲法判例硏究(14)]
2012년 헌법판례 동향 ········· 장철준
환자의 생명 종결 결정에 관한 헌법적 고찰 : 한국과
미국의 헌법 판례를 중심으로 ········· 엄주희
군 징계권, 수사권, 사법권에 대한 헌법적 검토 ········· 이세주
인터넷 실명제의 도입과 헌법재판소 결정 ········· 김현귀
헌재 2010. 11. 25. 2009헌라12 결정에 대한
헌법소송법적 문제점 ········· 박경철

대의제도 및 대의의 '본질개념'을 중심으로 해서 본
'현상학과 Leibholz의 헌법학방법론' – 우리(공법학자)의
입장에서 주목해야 하는 시사점과 단서 ································ 이덕연
법률의 위헌심사기준 ································ 요셉 이슨제 · 허완중 옮김

[憲法判例硏究(15)]
2013년 중요헌법판례 ································ 박찬권 · 정필운
힘의 척도로서 법 ································ 아르투어 카우프만 / 이덕연 · 강신일 옮김
'헌법적 정체성'의 확립과 '자기교육'으로서 헌법교육 ································ 이덕연
미국헌법상 평등이론의 전개와 적극적 차별시정조치 ································ 이병규
교원지위 법정주의의 헌법적 의미 ································ 조소영
지방자치단체 파산제도에 관한 재조명 ································ 이상경
법원에서의 헌법판단 ································ 김예영

韓國憲法判例硏究學會 定款

1999. 5. 15. 제정
2004. 5. 15. 개정
2009. 5. 23. 개정
2011. 6. 25. 개정

제 1 장 總 則

제 1 조(명칭) 본 학회는 "한국헌법판례연구학회(Korean Association of Constitutional Case Studies)"라 한다.

제 2 조(사무소) 본 학회의 주사무소는 서울특별시에 둔다.

제 3 조(목적) 본 학회는 헌법판례의 연구를 통하여 법학계와 법조계 및 연구기관 등과의 교류를 꾀하고 헌법학과 헌법실무의 발전에 이바지함을 목적으로 한다.

제 4 조(사업) 본 학회는 제3조의 목적을 달성하기 위하여 다음의 사업을 한다.

1. 연구발표회 및 학술강연회의 개최
2. 학회지, 논문집 기타 도서의 간행
3. 국내외 연구단체와의 교류
4. 기타 필요한 사업

제 2 장 會 員

제 5 조(종류 및 자격) ① 회원의 종류는 정회원, 준회원 및 단체회원으로 나눈다.

② 정회원은 본 학회의 목적에 찬동하는 대학교수, 박사학위소지자, 판사, 검사, 변호사, 군법무관, 5급 이상의 공무원으로 한다.

③ 준회원은 본 학회의 목적에 찬동하는 대학원 박사과정 또는 석사과정에 재학 중인 자 및 기타 연구기관에 재직 중인 자로 한다.

④ 단체회원은 본 학회의 목적에 찬동하여 본 학회에 가입한 국내외의 단체로 한다.

제 6 조(가입 및 탈퇴) ① 정회원 또는 준회원이 되고자 하는 자는 정회원 2인 이상의 추천을 받아 가입신청서를 제출하고 이사회의 승인을 얻어야 한다.

② 단체회원이 되고자 하는 자는 가입신청서를 제출하여 이사회의 승인을 얻어야 한다.

③ 회원이 탈퇴하고자 하는 때에는 미리 그 뜻을 본 학회에 통지하여야 한다.

④ 회원이 본 학회의 명예를 훼손하거나 회칙을 위반한 때에는 이사회의 의결을 거쳐 제명할 수 있다.

제 7 조(권리 및 의무) ① 모든 회원은 본 학회의 각종 사업에 자유로이 참여하고, 본 학회의 각종 간행물을 배포받을 권리를 가진다.

② 모든 회원은 본 학회의 모든 회칙을 준수하고 각종 회비를 납부할 의무를 진다.

③ 학회의 각종 선출에 관한 권리는 정회원에 한하여 행사할 수 있다.

제3장 任 員

제 8 조(종류 및 정수) 본 학회에 다음의 임원을 둔다.

1. 회장 1인
2. 부회장 약간인
3. 상임이사 약간인
4. 이사 약간인
5. 감사 2인
6. 명예회장 1인
7. 고문 약간인

제 9 조(선임 및 임기) ① 회장·부회장·이사 및 감사는 정회원 중에서 총회가 선임한다.

② 상임이사는 이사 중에서 회장의 추천으로 이사회가 선임한다.

③ 임원의 임기는 2년으로 하되, 연임할 수 있다.

제 10 조(직무) ① 회장은 본 학회를 대표하고, 會務를 통할한다.

② 부회장은 회장을 보좌하며, 회장이 闕位되거나 사고로 인해 그 직무를 수행할 수 없을 때에는 부회장 중에서 연장자가 그 직무를 대행한다.

③ 상임이사는 총무, 연구, 재무, 출판, 섭외, 법무 등의 업무를 분담·처리한다.

④ 이사는 이사회 구성원으로서 본 학회의 운영에 관한 중요사항을 심의·의결한다.

⑤ 감사는 본 학회의 업무와 회계에 관하여 감사한다.

제 11 조(명예회장 및 고문) ① 본 학회에 명예회장 1인 및 고문 약간인을 둘 수 있다.

② 명예회장 및 고문은 본 학회의 발전에 기여한 공로가 있는 정회원 중에서 이사회가 추천한다.

③ 명예회장 및 고문은 종신직으로 한다.

제 12 조(간사) ① 본 학회에 간사 약간인을 둘 수 있다.

② 간사는 정회원 또는 준회원 중에서 회장이 임명한다.

③ 간사의 임기는 2년으로 한다.

④ 간사는 회장의 명을 받아 각종 기록의 작성, 연락의 전달, 행사의 준비 기타 會務執行을 보좌한다.

제 4 장 機 關

제 13 조(총회의 소집) ① 정기총회는 매년 1회 소집하고, 임시총회는 이사회 또는 회원 10인 이상의 요구에 따라 수시로 소집한다.

② 총회는 회장이 소집하고, 그 의장이 된다.

③ 총회는 재적회원 3분의 1이상의 출석과 출석회원 과반수의 찬성으로 의결한다. 다만 可否同數일 때에는 의장이 결정권을 가진다.

④ 총회의 소집은 회의 7일 전까지 회의의 목적, 일시 및 장소를 명시하여 공고하여야 한다.

제 14 조(총회의 권한) 총회는 다음 사항을 의결한다.

1. 회칙의 개정
2. 임원의 선출
3. 업무계획의 승인
4. 예산 및 결산의 승인
5. 이사회가 附議하는 사항
6. 기타 필요한 사항

제 15 조(이사회의 소집) ① 이사회는 회장, 부회장 및 이사로 구성하며, 감사는 이사회에 출석하여 발언할 수 있다.

② 이사회는 필요에 따라 회장이 소집하고, 그 의장이 된다. 다만 재적구성원 3분의 1이상 또는 감사의 요구가 있을 때에는 회장은 이사회를 소집하여야 한다.

③ 이사회는 재적구성원 과반수의 출석과 출석인원 과반수의 찬성으로 의결한다. 다만 可否同數일 때에는 의장이 결정권을 가진다.

④ 이사회는 필요에 따라 회의 소집하지 않고, 書面 決議로 의결에 갈음할 수 있다.

제 16 조(이사회의 권한) 이사회는 다음 사항을 의결한다.

1. 규칙의 제정과 개정
2. 회원의 가입승인 및 제명결정
3. 이사의 선임
4. 총회의 소집 및 부의사항의 심의
5. 기타 회장이 부의하는 사항

제 17 조(상임이사회)

① 상임이사회는 회장, 부회장 및 상임이사로 구성한다.

② 상임이사회는 회장이 필요에 따라 수시로 소집한다.

③ 상임이사회는 회무집행에 관한 중요사항을 심의한다.

④ 상임이사회는 의결사항이 있으면, 이사회의 의결에 관한 규정을 준용한다.

제5 장 財 政

제 18 조(재원) ① 본 학회의 재원은 연회비, 임원찬조비, 참가회비, 기부금 기타 수입으로 충당한다.

② 연회비, 임원찬조금 및 참가회비는 이사회에서 정한다.

제 19 조(예산 및 결산) ① 본 학회의 회계연도는 매년 1. 1.부터 12. 31.까지로 한다.

② 회장은 회계연도 초에 그 해의 예산안을 작성하여 총회의 승인을 받아야 한다.

③ 회장은 회계연도 초에 전 해의 결산안을 작성하여 총회의 승인을 받아야 한다.

제6장 委員會

제20조(학회지편집위원회) ① 학회에 회지의 게재논문조사·편집 및 간행을 위하여 헌법판례연구학회지편집위원회를 둔다.

② 학회지편집위원회는 회장이 위촉하는 부회장 1인과 약간 명의 위원으로 구성한다.

③ 학회지편집위원회는 회지에 게재하고자 하는 논문의 심사 및 편집과 간행에 관한 전반적인 사업을 관장하며, 그 구성과 사업에 관한 세부적인 사항은 따로 규정한다.

제20조의 2(연구윤리위원회) ① 본 학회는 연구윤리의 확립, 연구부정행위의 예방 및 조사를 위하여 연구윤리위원회를 둔다.

② 연구윤리위원회는 회장이 위촉하는 부회장 1명을 포함하여 약간 명의 위원으로 구성하며, 위원의 임기는 2년으로 한다.

③ 연구윤리위원회의 위원장은 위원 중에서 호선한다.

④ 연구윤리위원회는 의결사항이 있으면, 이사회의 의결에 관한 규정을 준용한다.

⑤ 연구윤리위원회의 운영에 관한 사항은 따로 정한다.

제7장 學術賞

제21조(학술상) ① 회원의 학술연구를 장려하기 위하여 학회에 학술상제도를 둔다.

② 학술상에 관한 사항은 따로 규정으로 정한다.

제8장 慶弔事

제22조(경조사) 학회는 회원상호간의 친목과 협조를 도모하기 위하여 경조사에 관한 사항을 따로 규정한다.

附 則

제1조(시행일) 이 회칙은 1999. 5. 15. 부터 시행한다.

제2조(임원 및 회원에 대한 경과조치) 이 회칙 시행당시의 회장, 부회장 및 기존회원은 이 회칙에 의하여 선임 및 가입한 것으로 본다.

제 3 조 이 회칙 시행 당시에 이 회칙에 의하여 새로 설치될 기관의 권한에 속하는 직무를 행하고 있는 기관은 이 회칙에 의하여 새로운 기관이 설치될 때까지 계속하여 그 직무를 행한다.

附 則

(시행일) 본 규정은 2004. 5. 15.부터 효력이 발생한다.

附 則

(시행일) 본 규정은 2009. 5. 23.부터 효력이 발생한다.

附 則

(시행일) 본 규정은 2011. 6. 25.부터 효력이 발생한다.

學會誌編輯·刊行規程

제 1 조(헌법판례연구) "憲法判例研究"誌는 한국헌법판례연구학회의 학회지로서 회원의 연구논문을 게재한다.

제 2 조(발행횟수) 학회지는 연 1회 이상 정기적으로 간행함을 원칙으로 한다.

제 3 조(학회지편집·간행위원회의 구성과 권한) ① 학회지편집·간행위원회(이하 "위원회"라 한다)는 회장이 위촉하는 부회장 1인, 총무이사, 학술이사, 출판이사로 구성하며 임기는 3년으로 한다.

② 위원회는 학회지에 게재하고자 하는 논문의 심사와 편집 및 간행에 관한 사항을 관장한다.

제 4 조(논문심사절차와 기준) ① 위원회의 논문심사절차는 다음과 같다.

a) 1단계 전공심사: 전공 여부 합치심사

b) 2단계 내용심사: 투고논문 내용검토

c) 3단계 종합심사: 게재 여부 최종확정

② 위원회의 논문심사기준은 다음과 같다.

a) 연구주제의 타당성, 시의성, 적합성

b) 연구주제의 독창성, 참신성

c) 연구의 목적, 내용, 방법의 논리성

d) 논문투고자의 최근 5년간 연구발표실적의 양과 질적 수준

e) 연구결과의 학문적 기여도

③ 위원회의 위원들은 각 항목별로 A－C까지로 심사하되 종합심사결과 논문심사위원 4분의 3 이상이 평점 "B" 이상을 부여하여야 게재할 수 있다.

제 5 조(논문투고세칙) ① 학회지에 발표되는 논문은 미발표연구물이어야 한다.

② 위원회는 심사결과에 따라서 논문의 수정이나 보완을 요구할 수 있다.

③ 위원회는 회비를 납부하고 논문을 게재하고자 하는 회원에게 소정의 게재료를 부과할 수 있다.

附則

이 규정은 1999년 5월 15일부터 시행한다.

憲法判例硏究 〔16〕

초판인쇄 | 2015년 6월 18일
초판발행 | 2015년 6월 22일

편 자 | 사단법인 한국헌법판례연구학회
발 행 인 | 위 호 준
발 행 처 | 도서출판 집현재
04092 서울특별시 마포구 토정로
198번지 204호
전화 (02)332-4922 Fax (02)3142-4922
홈페이지: www.jhjbook.co.kr
e-mail: jyp4922@naver.com

출판등록 | 2010년 10월 25일
등록번호 | 제105-91-57581호

정가 35,000원

ISBN 978-89-97304-49-3
ISBN 978-89-97304-15-8(세트)
ISBN 1228-6567 16